Harald Stockert / Andreas Henn

MANNHEIM!

GESCHICHTE ERZÄHLT IN VERGLEICHENDEN ANSICHTEN

THEN AND NOW: A COMPARATIVE PICTORIAL HISTORY

verlag regionalkultur

Bildrechte:
Linke Seiten:
Foto Thomas, Mannheim: 122
Französisches Verteidigungsministerium, Paris: 16
Landesamt für Geoinformation und Landentwicklung Baden-Württemberg, Karlsruhe: 12, 130
Reiss-Engelhorn-Museen, Mannheim: 12, 14, 24 (Mitte), 38 (Mitte), 44 (Mitte)
Alle übrigen Bilder: Stadtarchiv Mannheim – Institut für Stadtgeschichte
Rechte Seiten:
Alle Fotografien von Andreas Henn, Stadtarchiv Mannheim – Institut für Stadtgeschichte

Titelbild:
Blick vom Wasserturm in die Quadrate. Fotos, 1935 und 2012.
Stadtarchiv Mannheim – Institut für Stadtgeschichte

Bibliographische Information der Deutschen Bibliothek:
Die Deutsche Bibliothek verzeichnet diese Publikation in der Deutschen Nationalbibliographie; detaillierte Daten sind im Internet über http://dnb.ddb.de abrufbar.

Titel:	Mannheim!
Untertitel:	Geschichte erzählt in vergleichenden Ansichten
Herausgeber:	Stadtarchiv Mannheim – Institut für Stadtgeschichte
Herstellung:	verlag regionalkultur (vr)
Autor:	Harald Stockert
Fotografien:	Andreas Henn
Layout/Satz:	Jochen Baumgärtner/Manuel Brödner (vr)
Umschlaggestaltung:	Jochen Baumgärtner (vr)
Übersetzung:	Nadine L. Sauer

ISBN: 978-3-89735-761-7

Diese Publikation ist auf alterungsbeständigem und säurefreiem Papier (TCF nach ISO 9706) gedruckt entsprechend den Frankfurter Forderungen.

Heidelberg – Ubstadt-Weiher – Basel

Korrespondenzadresse:
Bahnhofstraße 2 · 76698 Ubstadt-Weiher · *Telefon* 07251 36703-0 · *Telefax* 36703-29
E-Mail kontakt@verlag-regionalkultur.de · *Internet* www.verlag-regionalkultur.de

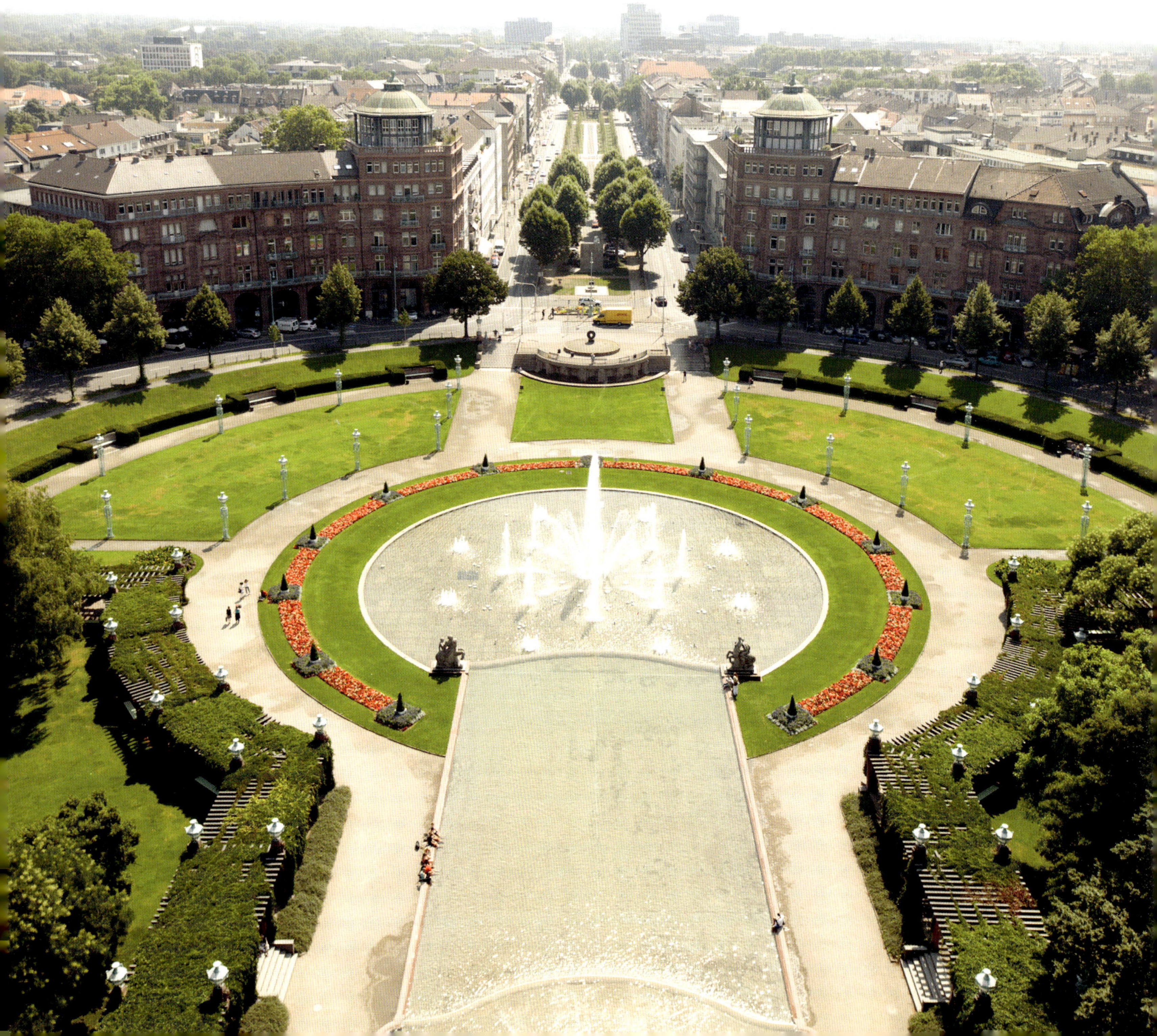

Die Stadt Mannheim durchlebte in ihrer bisherigen Geschichte eine Entwicklung mit Höhen und Tiefen. Zeiten des wirtschaftlichen und gesellschaftlichen Aufbruchs wechselten mit Phasen tiefer Erschütterungen, ja schweren existenziellen Krisen, die zu völliger Neuorientierung zwangen. Begreift man Geschichte als ein Wechselspiel der Kräfte, deren Auf und Ab einer Sinuskurve ähnelt, so ist im Falle Mannheims festzustellen, dass hier die Ausschläge nach oben wie nach unten weitaus intensiver ausfielen als in vielen anderen deutschen Städten. Fundamental waren die Zerstörungen der Stadt im Dreißigjährigen Krieg, 1688/89 wie auch zwischen 1943 und 1945. Und umso glanzvoller waren die „goldenen Zeiten" Mitte des 18. Jahrhunderts unter Kurfürst Karl Theodor, als Mannheim den Rang einer europäischen Kulturmetropole innehatte, oder um 1900, als die Stadt nach den Worten des Reichstagsabgeordneten Ludwig Frank wie „ein Stück junges Amerika im alten Europa" wirkte. Das Resultat dieser bemerkenswerten Entwicklungen offenbart sich auch im heutigen Erscheinungsbild der Stadt. Dem frühneuzeitlichen Geist einer Idealstadt entsprechend weist Mannheim bis heute rechtwinklige Straßenzüge auf, das berühmte „Quadrateschema", beherbergt zudem eines der größten Barockschlösser Europas. Jedoch sind Bauten des Barocks wie aus der wilhelminischen Gründerzeit infolge starker Zerstörungen vergleichsweise selten zu finden. Und ausgerechnet ein technischer Funktionsbau, ein Wasserturm mit neobarockem Aussehen, fungiert bis heute als Wahrzeichen der Stadt.

Durchaus ambitioniert ist daher das Unterfangen, dem sich Harald Stockert und Andreas Henn vom Stadtarchiv – Institut für Stadtgeschichte gestellt haben: ein Gang durch die Geschichte Mannheims anhand vergleichender Stadtansichten. In chronologischer Reihenfolge zeichnet Autor Dr. Harald Stockert die historische Entwicklung Mannheims nach. Er konzentriert sich auf die Schlüsseldaten der Mannheimer Stadtgeschichte seit 1607 und versteht es doch, die strukturellen Merkmale zu verdeutlichen. Seine Darstellung bezieht die neuesten historischen Erkenntnisse aus der dreibändigen „Geschichte der Stadt Mannheim" ein, die in den Jahren 2007–2009 gleichfalls im verlag regionalkultur erschienen ist.

Umrahmt wird der Text von Bildern der historisch bedeutsamen Orte der Mannheimer Stadtgeschichte. Historischen Aufnahmen, in der Regel aus den Beständen des Stadtarchivs – Institut für Stadtgeschichte, werden moderne Fotografien gegenübergestellt, die Andreas Henn fertigte. Dabei wurde möglichst auf die gleiche Perspektive geachtet, so dass mancher Vergleich einer Örtlichkeit im historischen wie aktuellen Gewand für Überraschungen bei der Leserschaft sorgen dürfte.

Das vorliegende Buch gibt damit einen Überblick sowohl zur Geschichte der Quadratestadt als auch zu ihrem ehemaligen wie heutigen Aussehen. Die Kurztexte in Koppelung mit den Bildansichten dürften auf breites Interesse stoßen. Sie eignen sich zudem als Einstieg ins Thema und richten sich daher nicht nur an die Mannheimerinnen und Mannheimer. Da Mannheim sich in den vergangenen Jahren einer zunehmenden Attraktivität bei internationalen Besuchern erfreut, wird der Band in zwei Sprachen veröffentlicht. Eigens für auswärtige Gäste wird zudem ein Überblick über touristische Highlights in Mannheim gegeben. Der innovative Charakter wie auch die fotografische Qualität entsprechen aufs Beste der Zielstellung der „Freunde des Stadtarchivs Mannheim – ISG e.V.", Interesse, Freude und Stolz auf diese Stadt und ihre Geschichte zu wecken. Vor diesem Hintergrund war es eine Selbstverständlichkeit für den Förderverein, die Drucklegung des Bandes zu unterstützen und die Lektüre seinen Mitgliedern wie der breiten Öffentlichkeit zu empfehlen. Wir sind sicher, dass der eine oder andere Leser beim Durchblättern mehrfach erstaunen und rufen wird: „Mannheim!"

Mannheim, im Oktober 2012

Dr. Udo Bieller	Dr. Ulrich Nieß
Vorsitzender	Institutsleiter
ISG-Freunde	Stadtarchiv Mannheim – ISG

The history of the city of Mannheim has been one fraught with many highs and lows. Times of economic and social optimism have alternated with phases of deep depression, even existential crises of survival, which demanded a completely new orientation. If history should be viewed as a give and take of forces, whose movements up and down resemble a bell curve, then it is easy to see that for Mannheim, the swings to the top and to the bottom seem to be much more spiked than in many other German cities. Crucial has been the destruction of the city, during the Thirty Years' War, in 1688/89 and again during World War II between 1943 and 1945. All the more dazzling was the "golden age" of the mid-18th century under Prince-Elector Karl Theodor, when Mannheim was considered a cultural center in Europe, or the years around 1900, when the city, in the words of the Member of Parliament Ludwig Frank, was "a bit of young America in old Europe." The results of this astounding development can be seen in the city's present-day appearance. Reflecting the ideals of its Early Modern beginnings, Mannheim of today remains a city of right-angled streets, the heritage of the famous "plan of squares," and boasts as well one of the largest Baroque castles in Europe. And yet other Baroque buildings and those of the Wilhelmine period are comparatively difficult to find, due to major damage or destruction. Of all things, a technical monument like the Neo-baroque Water Tower is today the most well-known city landmark.

Harald Stockert and Andreas Henn of the City Archives and Institute for City History have set themselves this certainly ambitious task: a walk through the history of Mannheim as mirrored in comparative pictures. In chronological order, author Dr. Harald Stockert traces Mannheim's historical development. In concentrating on key events in the city's history since 1607, he has been able to explain the importance of structural features through those years. His descriptions reflect the latest historical knowledge to be found in the three-volume "Geschichte der Stadt Mannheim," also published by the verlag regionalkultur, in 2007–2009.

Accompanying the text are pictures of historically important sites of Mannheim's past. Historical photographs, for the most part taken from the collections in the City Archives and Institute for City History, are shown juxtaposed with modern pictures shot by Andreas Henn. As much as possible, he attempts to reproduce the same perspective, so as to allow for the comparison of a "then and now," which might surprise some readers.

This book thus provides an overview of the history of the "City of the Squares" as well as a picture of its past and present face. The short texts together with the photographs, drawings and paintings should meet with wide interest among readers. They are a perfect introduction into the subject and are directed not only at a Mannheim public. Since the city has in the last years enjoyed growing popularity among foreign visitors, the volume has been published in a bilingual edition. A list of tourist highlights in Mannheim has been added especially for out of town guests. The innovative character of the book and its high photographic quality reflect the major goals of the "Friends of Mannheim City Archive – ISG e.V.," to awaken interest, enjoyment and pride in our city and its history. In this context, it was clear that the ISG Friends should support the publication of this book and recommend it to its members as well as to the wider public. We are certain that many readers will be amazed and exclaim, "Mannheim"!

Mannheim, October 2012

Dr. Udo Bieller *Chairman* *of ISG Friends*	*Dr. Ulrich Nieß* *Director,* *City Archives of Mannheim*

Dieses Buch will etwas Neues wagen. Es bietet eine chronologische Darstellung der Stadtgeschichte Mannheims, parallel dazu illustrieren historische wie aktuelle Bilder die Örtlichkeiten des Geschehens. Ein historisches Ereignis wird gleichsam im heutigen Stadtbild verankert.
Diese Darstellungsform ist Herausforderung wie Risiko zugleich. Denn Einzeldaten bergen immer die Gefahr der Überhöhung eines singulären Ereignisses, wodurch langfristige Entwicklungen verdeckt werden können. Der Bau des Mannheimer Wasserturms 1889 lässt sich eben viel leichter beschreiben und bildlich darstellen als das im gleichen Zeitraum zu verzeichnende enorme Wachstum der Mannheimer Bevölkerung. Dabei ist letzteres realiter für die Geschichte der Stadt zweifelsohne weit wichtiger gewesen, während der Turm primär die Aufgabe hatte, die wachsende Bevölkerung mit sauberem Trinkwasser zu versorgen. Inzwischen ist er jedoch zu einer Herzensangelegenheit der Mannheimerinnen und Mannheimer geworden. Es ist daher die Absicht, im vorliegenden Buch beiden Sichtweisen gerecht zu werden und die scheinbar singulären Ereignisse in einen längeren Entwicklungsstrang der Stadtgeschichte einzubinden.
Dass dabei die Auswahl der Ereignisse aus der Stadtgeschichte wie auch der mit ihnen in Beziehung gesetzten Örtlichkeiten nicht einfach war, soll an dieser Stelle nicht verschwiegen werden. Insbesondere die bildliche Untermalung von Ereignissen aus dem 17. Jahrhundert konnte nur mit Hilfe von Grafiken und Stichen bewerkstelligt werden, zumal es im Stadtbild keine baulichen Überreste aus jener Zeit mehr gibt. Für die späteren Jahrhunderte fiel dies deutlich leichter, gibt es hier doch zahlreiche bauliche Anknüpfungspunkte. Mehr noch, für manche Baulichkeiten boten sich gleich mehrere chronologische Bezüge. Beispielhaft sei das Stadthaus in N 1 genannt, das sich etwa als Sinnbild für die kurfürstliche Wirtschaftspolitik im 18. Jahrhundert, als Zeichen für die Modernisierung der Stadtverwaltung um 1900 oder auch für den Wiederaufbau der Stadt in neuem Gewand in der Nachkriegszeit hätte verwenden lassen. Auf jede dieser naheliegenden Optionen wurde im Übrigen verzichtet, stattdessen erfolgte die Verknüpfung mit einem heute eher weniger bekannten Ereignis, das gleichwohl Sinnbild für eine ganze Epoche war.
Mit der Gegenüberstellung von historischen und aktuellen Aufnahmen erhält der Band neben der chronologischen eine zusätzliche Ebene. Über das Medium Bild können die teilweise drastischen Veränderungsprozesse veranschaulicht werden, die Mannheim im Laufe seiner Geschichte durchlief. Deutlich wird dabei, dass die Stadt eben nicht mehr „aus einem Guss“ ist, sondern die Brüche im Stadtbild dominieren. Bewusst wurde dabei das Doppelschema von alten und neuen Bildern aus gleicher Perspektive zuweilen durchbrochen, um die im Text angesprochenen Entwicklungen und Ereignisse durch zusätzliche Bilder zu illustrieren.
Zugegebenermaßen ist die Auswahl der Ereignisse wie auch der Bildvorlagen subjektiv. Dennoch geben sie einen Überblick über die wichtigsten historischen Entwicklungslinien Mannheims. Außerdem will das Buch dazu anregen, die einzelnen Stationen selbst vor Ort zu erkunden und sich die Geschichte der Stadt Mannheim zu Fuß zu erarbeiten.
Den Rundgang sollen dabei die geographischen Koordinaten erleichtern, die den Beschreibungen beigegeben wurden. Mit Hilfe eines GPS-gestützten Navigationssystems, wie sie derzeit alle modernen Smartphones oder auch Tablet-PCs enthalten, können somit auch ortsunkundige Besucher und Besucherinnen ohne größere Schwierigkeiten sowohl die touristischen Highlights wie auch die manchmal eher versteckten Stellen entdecken, die nichtsdestoweniger von historischer Relevanz für die Entwicklung der Stadt waren.

Mannheim, im Oktober 2012

Dr. Harald Stockert	Andreas Henn
Autor	Fotograf

This book attempts something new. It offers a chronological perspective of the history of Mannheim, along with historical as well as modern pictures illustrating its most important sites. Thus, historical events are anchored in the present-day cityscape. This framework presents both a challenge and a risk. The importance of individual events must not be overstated at the expense of obscuring long-range developments. The construction of the Mannheim Water Tower in 1889 is much easier to explain and depict photographically than the enormous growth of the city's population at the time. And yet in reality, the latter is of much greater importance to Mannheim's history, while the tower fulfilled only its primary function of providing the growing population with clean drinking water. Today, however, the Water Tower has become a beloved landmark for all of Mannheim's citizens. In this book, we therefore intend to present both points of view equally and integrate seemingly singular events into the much longer timeline of the city's history.

That the choice of these events in the city's history as well as their relationship to certain locations was not easy, should not go unmentioned. The illustrations accompanying the texts on events which took place in the 17th century could only be provided in paintings, drawings and copperplate engravings, especially since no buildings remain in the city to bear witness to that era. For later centuries it was much easier to find many existing architectural examples. In addition, for many buildings it was possible to find more than one chronological reference. A good example is the Stadthaus (City House) in N 1, once the symbol for the economic policy of the Palatinate in the 18th century, for the modernization of the city administration around 1900, as well as for the reconstruction of the city in its modern form in the years after World War II. Rather than choosing any of these options, we used a different and today much less well known event as a symbol for the entire epoch.

Beyond its chronological framework, this book is all the more interesting because of the juxtaposition of historical and present-day photographs. The medium of photography can illustrate best the sometimes drastic changes which Mannheim has undergone through time. It becomes clear that the city just is not "of a piece," but that stylistic breaks characterize the cityscape. The double-tracked form of old and new pictures taken from the same perspective is sometimes abandoned, so that the text describing certain developments and events can be accompanied by more pictures.

The choice of historical events, as well as the pictures, is admittedly subjective. But these events provide an overview of the most important historical developments in Mannheim through the years. This book also wishes to encourage readers to seek out the individual locations on foot and experience for themselves the history of Mannheim. A tour of the city is made easier with the geographic coordinates listed underneath each chapter heading. With the help of a GPS device such as most modern smartphones or tablets have, they allow visitors from out of town to find the tourist highlights without problem, even those that are, in spite of their historical importance for the development of the city, sometimes tucked away in hidden corners.

Mannheim, October 2012

Dr. Harald Stockert — *Author*
Andreas Henn — *Photographer*

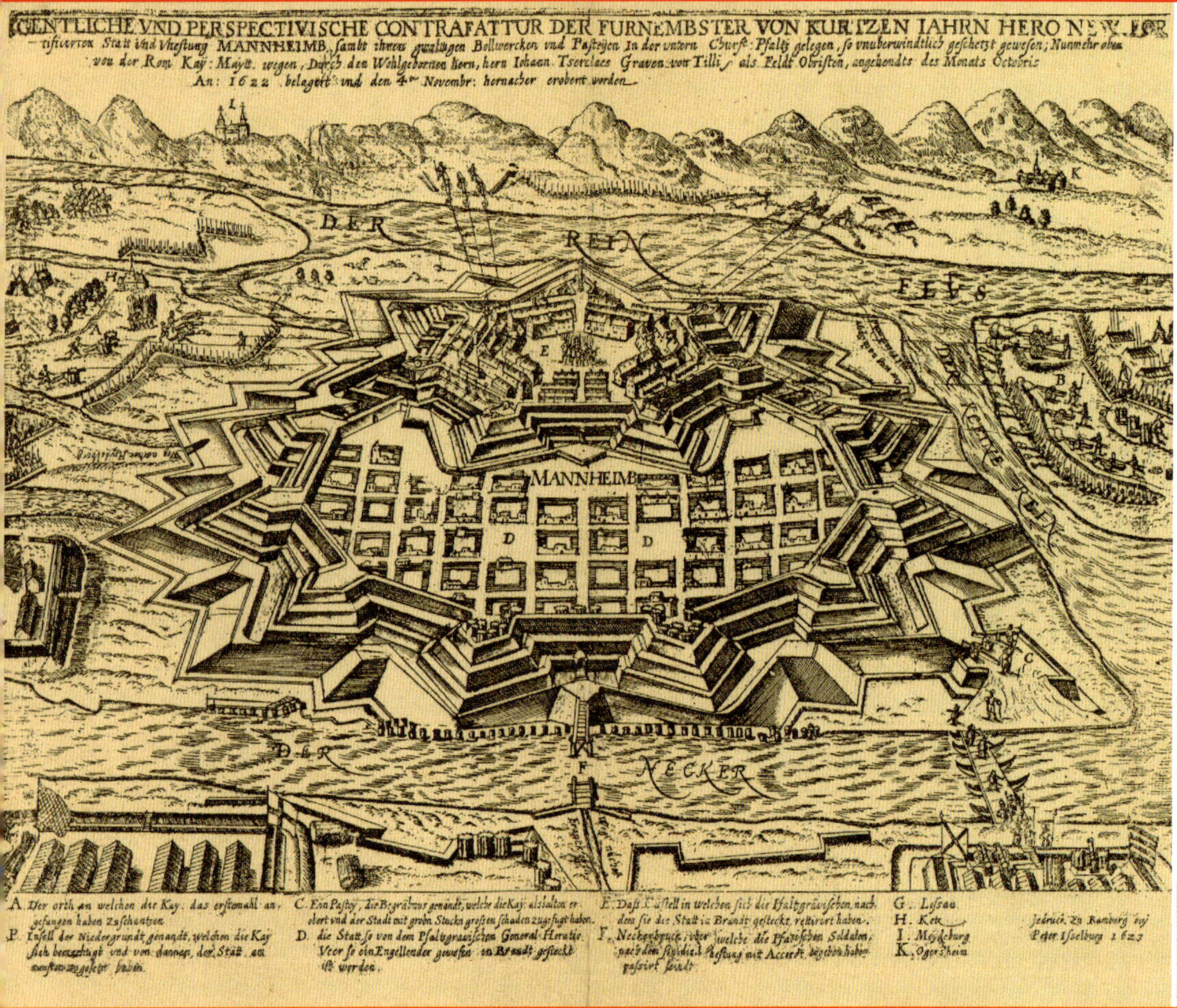

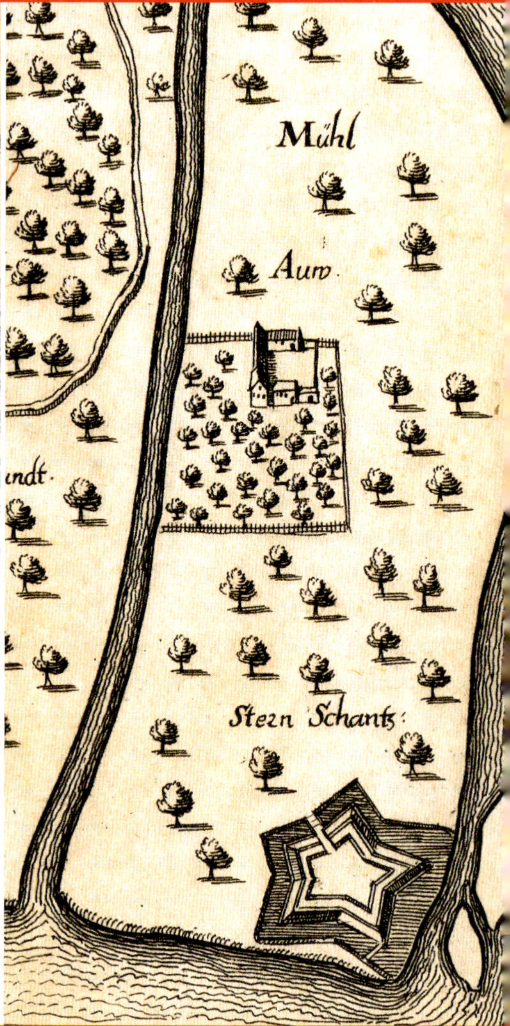

1606/07 Ehemalige Sternschanze (heute im Neckar, Höhe Neckarvorlandstraße 62)

Unter widrigsten Wetterverhältnissen fand am 17. März 1606 ein Aufsehen erregendes Ereignis statt: Kurfürst Friedrich IV. von der Pfalz legte den Grundstein für die Stadt Mannheim sowie die zugehörige Festung Friedrichsburg. Die Handlung selbst wurde direkt am Zusammenfluss von Rhein und Neckar vollzogen. Dort entstand mit der sogenannten Sternschanze ein Vorwerk des Festungsgürtels, der Mannheim und die Friedrichsburg zu einem strategisch wichtigen Bollwerk der Reformierten im Reich machen sollte.
Knapp ein Jahr später, am 24. Januar 1607, erließ Friedrich IV. Privilegien für die Stadt Mannheim, die in vier Sprachen veröffentlicht wurden. Diese richteten sich vor allem an ausländische Zuwanderer, die mit Steuervergünstigungen und billigen Bauplätzen nach Mannheim gelockt werden sollten. Wie sehr diese Maßnahme den Geist der Glaubenskämpfe atmete, zeigte die Vorschrift, dass die Neuankömmlinge sich zur reformierten Konfession zu bekennen hatten. Dennoch bilden die Stadtprivilegien die Geburtsurkunde für das multikulturelle Mannheim von heute.

(links) Vogelschau auf Mannheim und Festung Friedrichsburg. Druck von Peter Isselburg, 1623.
(Mitte) Sternschanze. Ausschnitt aus: Doppelsternanlage Mannheim und Festung Friedrichsburg. Kupferstich von Matthaeus Merian, 1622.
(rechts) Die ehemalige Sternschanze und damit der Grundstein von Mannheim ist im heutigen Neckar, gegenüber Musikpark und Verbindungskanal anzusiedeln. Foto, 2012.

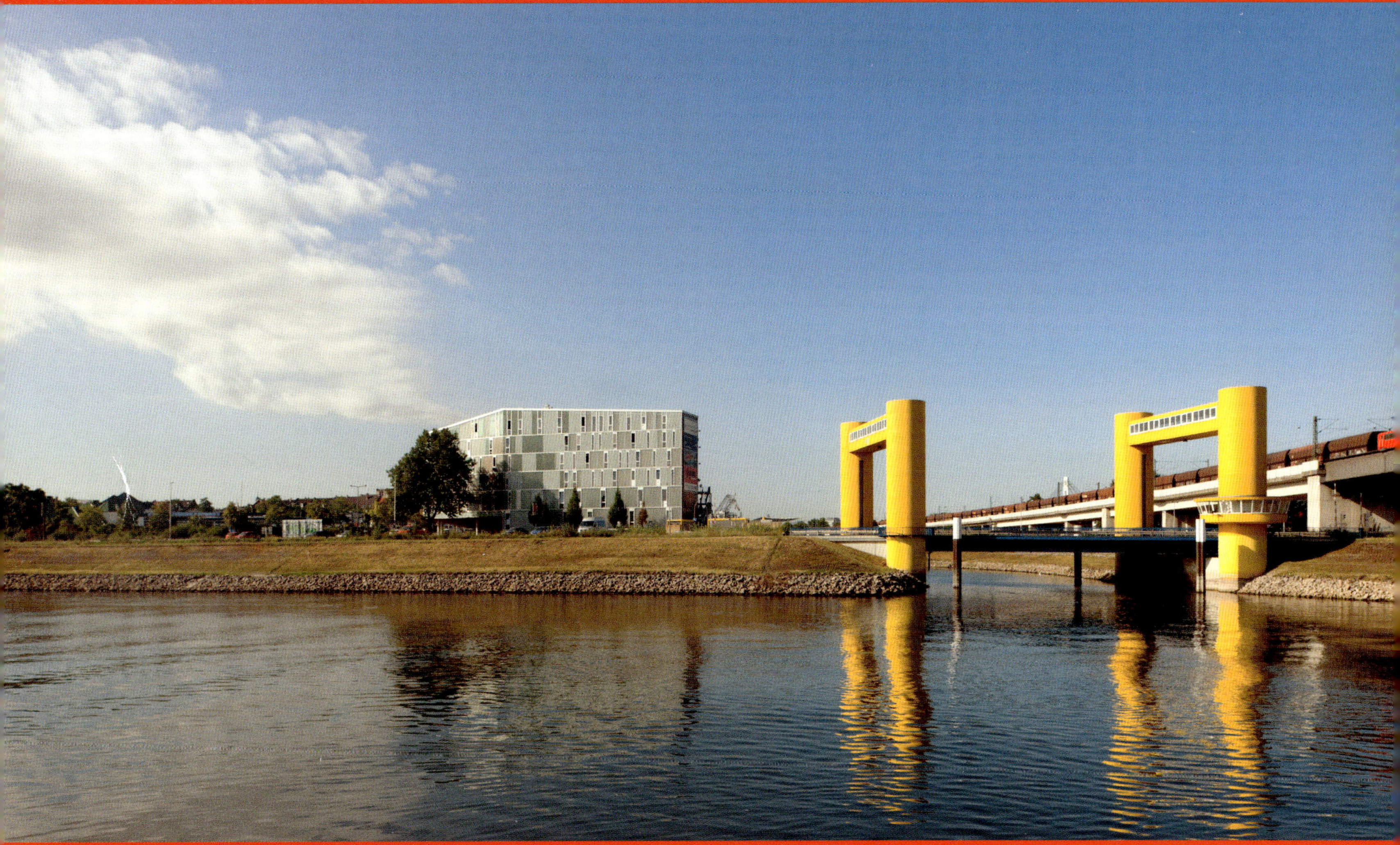

The former starshaped fortifications (today in the Neckar River bed, at Neckarvorlandstraße 62) 1606/07

17 March 1606 is a momentous date: in spite of the day's terrible weather, Prince-Elector of the Palatinate Friedrich IV laid the foundation stone for the city of Mannheim as well as the fortifications of Friedrichsburg. This ceremony took place just at the confluence of the Rhine and the Neckar rivers. The starshaped fortifications became the initial line of defense making Mannheim and the Friedrichsburg a stronghold for the Reformed church of the Holy Roman Empire.
Barely a year later, on 24 January 1607, Friedrich IV granted Mannheim city privileges, which were published in four languages. These privileges were especially aimed at foreign immigrants in order to entice them with tax concessions and promises of cheap land to come to the city.
The struggle between religious factions can be seen clearly in the fact that all newcomers were required to convert to the Reformed church. Still, this granting of city privileges can be viewed as the birth of the multi-cultural Mannheim of today.

(left) A bird's-eye view of Mannheim and the fortifications of Friedrichsburg. Print by Peter Isselburg, 1623.
(middle) Starshaped-fortifications. The double-star fortifications of Mannheim and Friedrichsburg (detail). Copperplate by Matthaeus Merian, 1622.
(right) The early star-fortifications, and thus the foundations of Mannheim, are located in today's Neckar River bed, across from the Music Park and the connecting canals of the harbor. Photo, 2012.

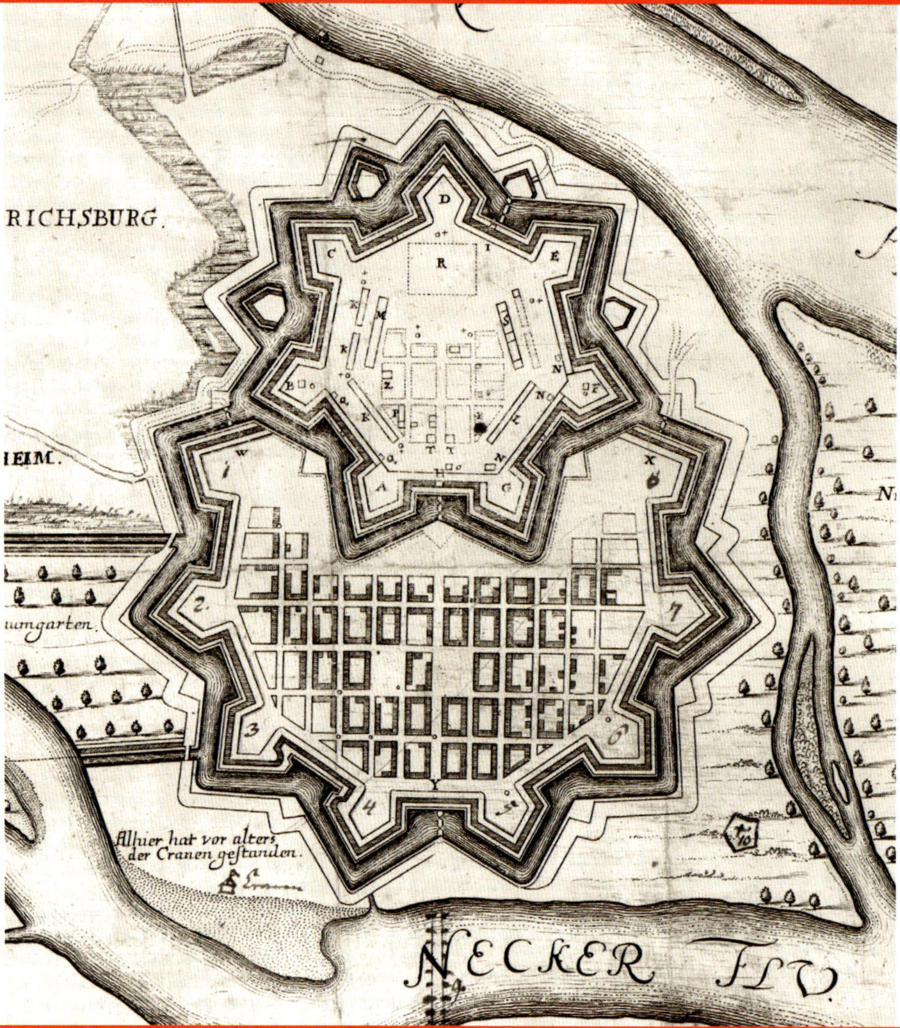

1652 Die Quadrate werden zum Markenzeichen (Mannheim-Innenstadt)

Es ist vor allem dem Kurfürsten Karl Ludwig zu verdanken, dass Mannheim nach der Zerstörung im Dreißigjährigen Krieg wieder aufgebaut wurde. Die von ihm 1652 erlassenen Privilegien gelten als zweite Geburtsurkunde der Stadt, die in den folgenden Jahren dank der Anwerbung von Zuwanderern zu ansehnlicher Größe anwuchs. Vor allem Angehörige der begünstigten reformierten Konfession aus Frankreich, den Niederlanden und dem Reich zog es nach Mannheim, doch auch Lutheraner, Mennoniten, Katholiken oder Juden. Sie gaben der Stadt ein multireligiöses und -nationales Gepräge.

Beibehalten wurde dabei die alte Doppelsternanlage aus Friedrichsburg und Mannheim. Doch während für die Festung mit einem Schloss und Militärgebäuden ein neuer Grundriss vorgesehen war, wurde in der Stadt das alte Quadrateschema wieder verwendet. Dieses galt immer noch als angemessene Form einer rational durchgeplanten Siedlung, um den Herrscherwillen im Zeitalter des Absolutismus baulich zu dokumentieren. Der Grundriss hat sich bis heute erhalten und gilt als Charakteristikum der „Quadratestadt Mannheim".

(links) Der alte und neue Grundriss der Stadt Mannheim und der Festung Friedrichsburg. Kupferstich von Jacob van Deyl, 1663 (Ausschnitt).
(rechts) Blick auf das heutige Quadrateschma in der Innenstadt. Foto, 2012.

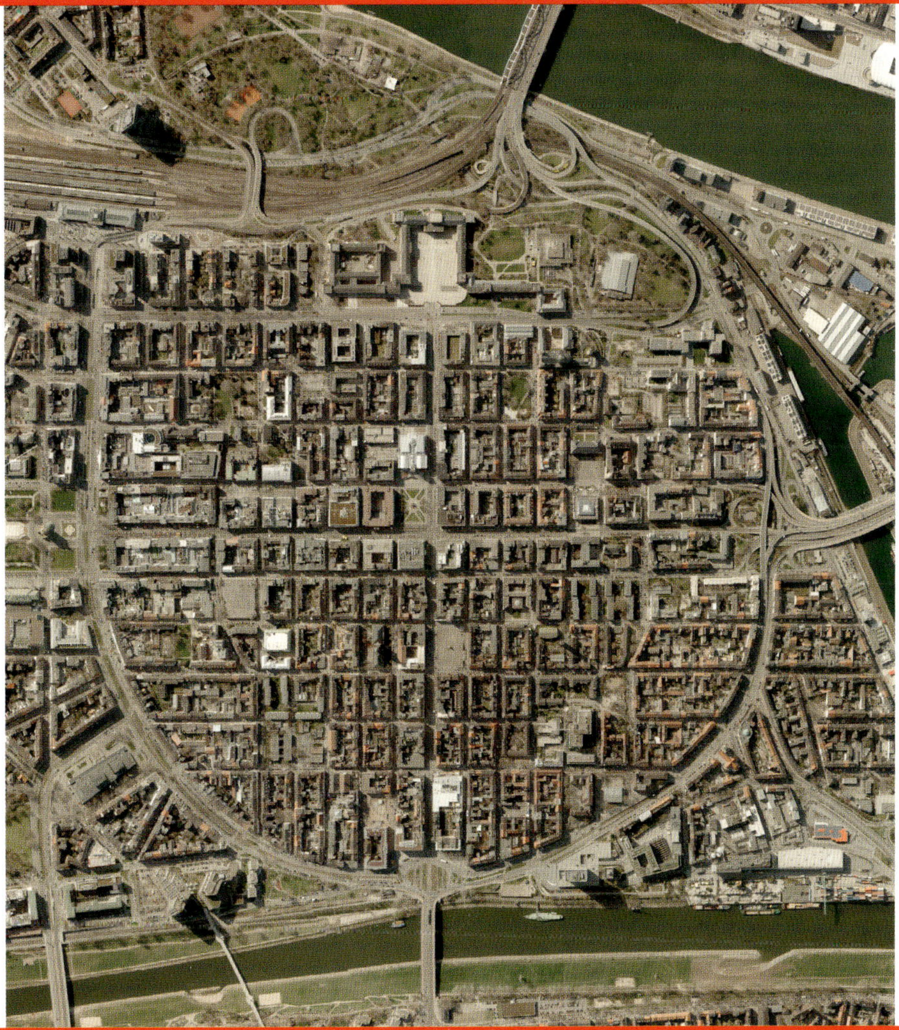

The squares become landmarks (Mannheim city center) 1652

It was especially thanks to Prince-Elector Karl Ludwig that the city of Mannheim was rebuilt after its destruction during the Thirty Years' War. The city rights and privileges he granted in 1652 can be considered the second "birth certificate" of the city, which grew considerably in the following years with the recruitment of many new inhabitants. Members of the favored Reformed faith from France, the Netherlands and the rest of the Empire in particular found their way to Mannhein, but also Lutherans, Mennonites, Catholics or Jews. Together, they gave the city its multi-religious and multi-national stamp.

The old double-star fortifications were retained from Friedrichsburg and Mannheim. Although the fortress with a castle and military buildings were to be newly planned, the city itself kept its old pattern of squares. This was still considered to be the best design for a rationally planned settlement reflecting the ruler's power in the age of absolutism. This layout is still visible today and is characteristic of Mannheim, the "City of the Squares."

(left) The old and new layout of the city of Mannheim and the fortifications of Friedrichsburg (detail). Copperplate engraving by Jacob van Deyl, 1663.
(right) A view of the present-day right-angled pattern of the city center. Photo, 2012.

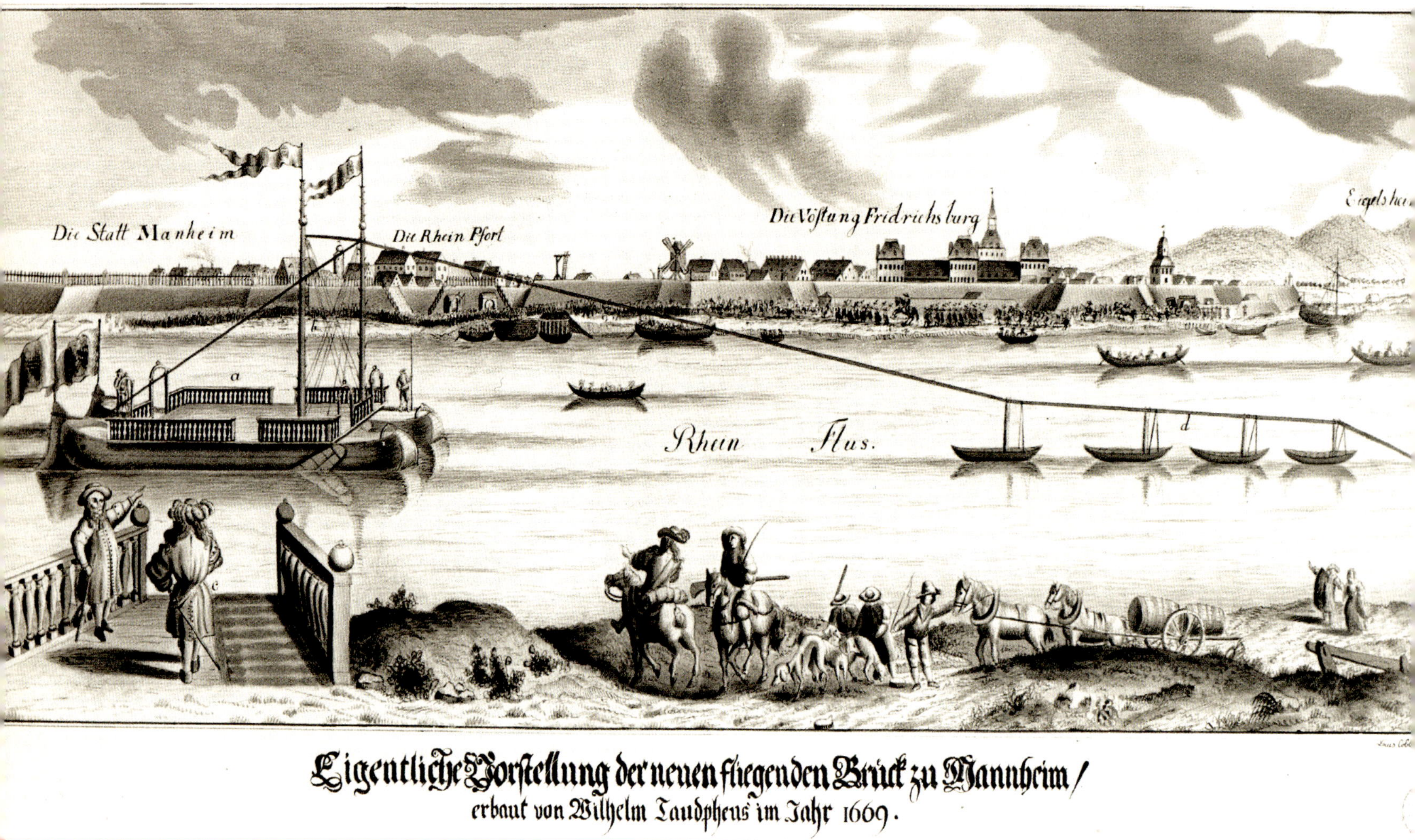

1669 Die „fliegende Brücke“ über den Rhein (Mannheim, Rheinufer)

Es war der Wunsch des Kurfürsten, das wieder gegründete Mannheim zu einem regionalen Handelszentrum mit Strahlkraft über die Kurpfalz hinaus auszubauen. Die Abschaffung des Gewerbe- und Zunftzwangs sollte die Stadt für Kaufleute ebenso attraktiv machen wie die Beibehaltung des Messeprivilegs von 1613. Andererseits galt es, mit der Anlegung von Schiffslandeplätzen, dem Bau eines Krans am Neckar und nicht zuletzt durch die Verbesserung der Verkehrsanbindungen über Rhein und Neckar, die Infrastruktur der Stadt auszubauen. Spektakulär war hierbei vor allem die 1669 eingerichtete „fliegende Brücke“ – eine Fährverbindung, die Massentransporte von bis zu 400 Personen über den Rhein ermöglichte. Verkehrsstaus und technische Unzulänglichkeiten verhinderten jedoch, dass sich die mit ihr verknüpften Hoffnungen erfüllten; gleiches galt auch für die Zunftfreiheit, die zwar durchaus auswärtige Siedler anzog, jedoch auf entschiedenen Widerstand des lokalen Handwerks stieß. Letzten Endes sollte Mannheim bis ins 19. Jahrhundert kaum über den Status eines lokalen Handelsplatzes hinauskommen.

(links) Die „fliegende Brücke“ mit Ansicht von Stadt und Festung vom linken Rheinufer aus. Kupferstich von Wilhelm Taudpheus, 1669.
(rechts) Blick vom Ludwigshafener Rheinufer auf Mannheim. Foto, 2012.

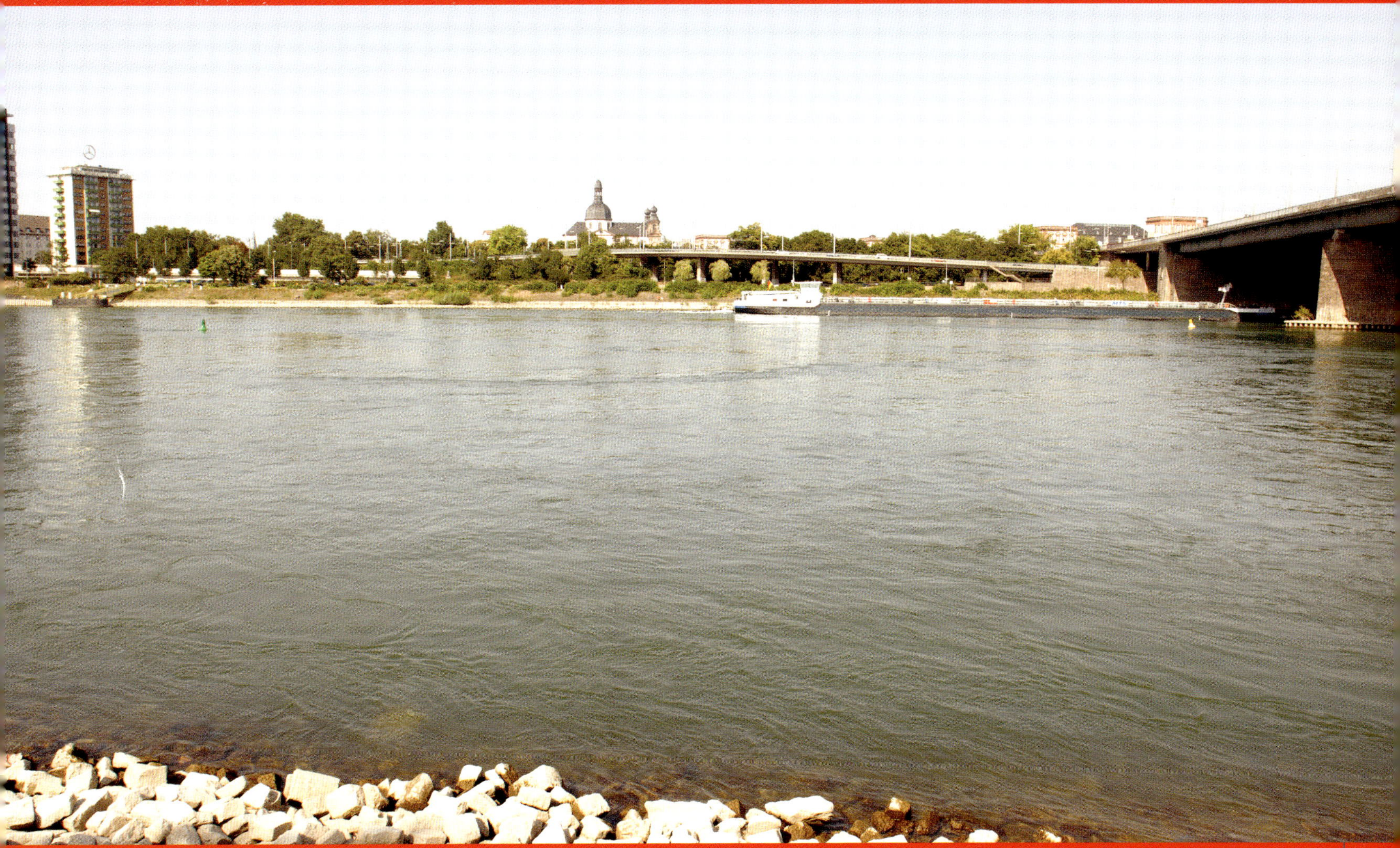

The "Flying Bridge" over the Rhine (Mannheim, Rhine riverbank) *1669*

It was the Prince-Elector's wish that a re-founded city of Mannheim would become a regional center of commerce with influence beyond the entire Electoral Palatinate. The abolishment of trade and guild requirements, along with the retention of the fair privileges from 1613, was intended to make the city attractive for merchants. But it was also important to develop the infrastructure of the city with the construction of harbors, a crane on the Neckar and not least through the improvement of transportation over the Rhine and the Neckar. A spectacular example of this planning was especially the "Flying bridge," built in 1669 – a ferry system making possible the mass transportation of up to 400 people over the Rhine. However, traffic jams and technical inadequacies hampered the desired improvements. The same can be said for the abolishment of guild rules, which although it drew settlers from outside the city, also met with stubborn opposition from local tradesmen. In the end, up until the mid-19th century, Mannheim would hardly rise above the status of a smallish local trade center.

(left) The "Flying Bridge" with a view of the city and the fortress from the left bank of the Rhine. Copperplate engraving by Wilhelm Taudpheus, 1669.
(right) A view over the Rhine to Mannheim from the Ludwigshafen side. Photo, 2012.

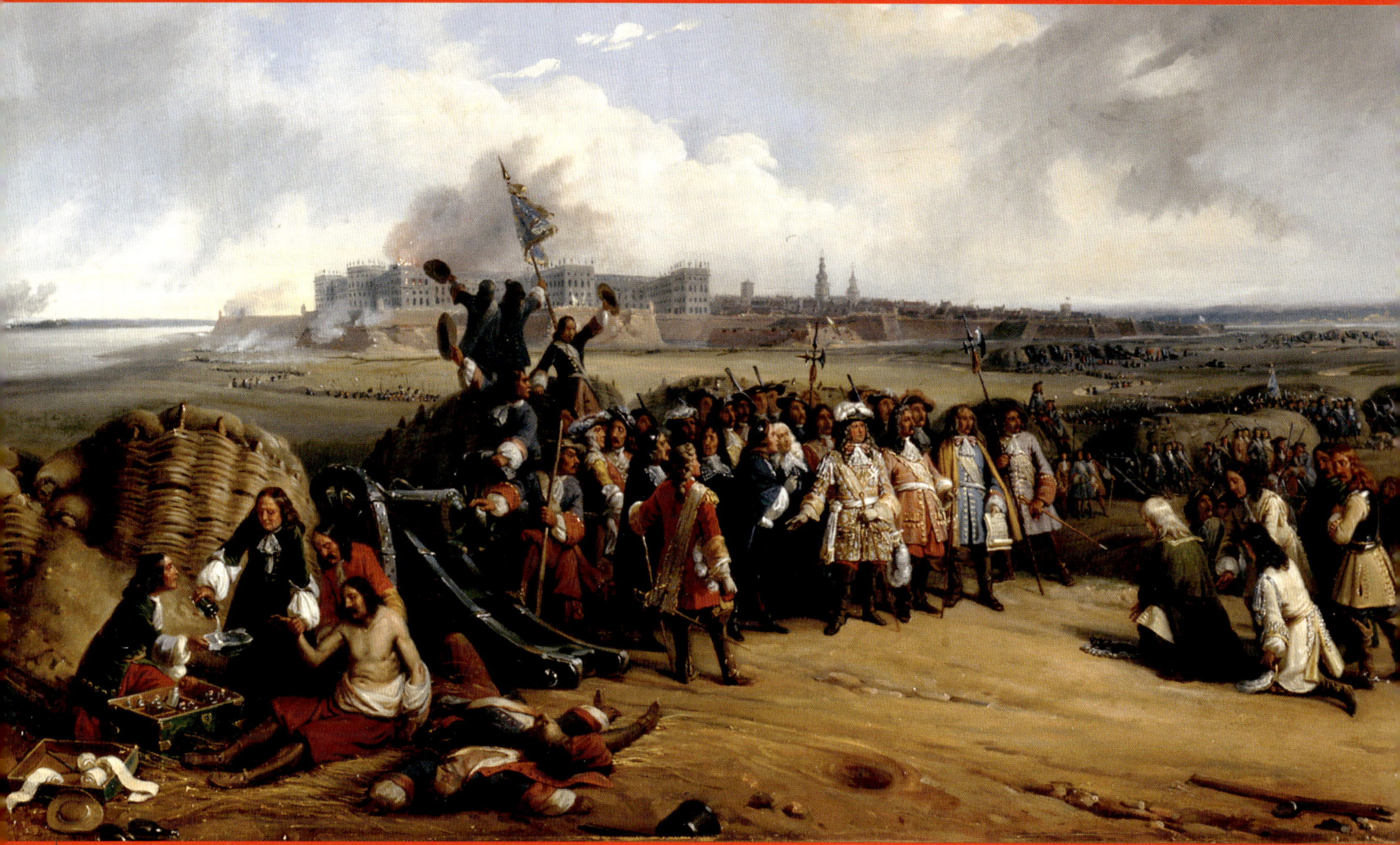

1689 Die Zerstörung Mannheims (Mannheim-Innenstadt, Bahnhofsbrücke)

Eine der tiefsten Zäsuren in der Mannheimer Stadtgeschichte markiert die Jahreswende 1688/89. Der französische König Ludwig XIV. hatte angeordnet, Mannheim zu zerstören, so „dass kein Stein auf dem andern bleibt". Diesem Befehl folgten die französischen Truppen, nachdem zuvor die Bevölkerung vertrieben worden war. Die Zerstörung Mannheims wie auch weiterer pfälzischer Städte geschah aus kurzfristigen strategischen Gesichtspunkten und stellte den traurigen Tiefpunkt im Ringen um die Vorherrschaft in Europa dar. Auch wenn Mannheim ab 1698 wiederaufgebaut werden sollte – die Verwüstung der Kurpfalz belastete das Verhältnis zwischen Frankreich und Deutschland nachhaltig. In den Kriegen des 19. und 20. Jahrhunderts wurde diese Politik der verbrannten Erde immer wieder als Beweis für die Erbfeindschaft heraufbeschworen. Erst nach Kriegsende 1945 kam es sukzessive zu einer Aussöhnung zwischen den Völkern, protokolliert im Élysée-Vertrag vom 22. Januar 1963. Motoren der Aussöhnung waren nicht zuletzt die Städte. So schloss Mannheim bereits 1959 eine Städtepartnerschaft mit Toulon.

(links) Die Kapitulation Mannheims 1688 aus der Sicht eines französischen Malers des 19. Jahrhunderts. Die Stadt wird mit Schloss und den drei Kirchen im Erscheinungsbild des 18. Jahrhunderts dargestellt. Gemälde von Henri Théophile Pingret, 1837.
(rechts) Blick von der Bahnhofsbrücke über das Gleisbett zum Schloss. Seit 2007 existiert eine direkte ICE-Verbindung von Mannheim nach Paris. Foto, 2012.

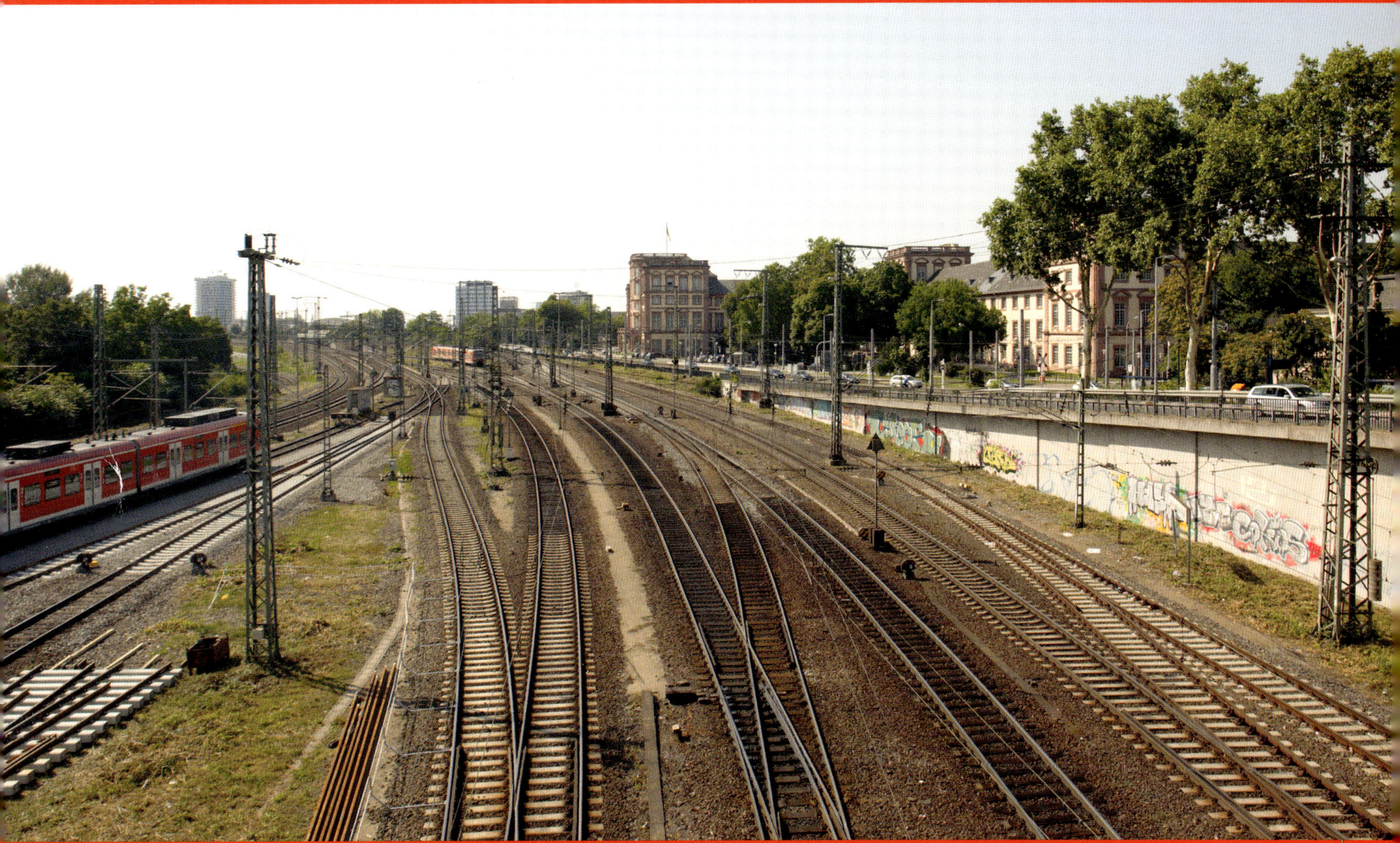

The destruction of Mannheim (Mannheim city center, train station bridge) 1689

One of the profoundest breaks in the history of the city of Mannheim occurred in the years 1688/1689. The French king Louis XIV had ordered that Mannheim be destroyed so that "not one stone would be left standing on another." The French troops carried out this order after having expelled the population. The destruction of Mannheim, as well as other cities in the Palatinate, followed only very short-sighted considerations and represents the sad low-point in the struggle for domination in Europe. Even though Mannheim would be rebuilt after 1698, the devastation of the Electoral Palatinate strained the relationship between France and Germany for generations to come. During later wars in the 19th and 20th centuries, this policy of scorched earth would be brought up again and again as proof of France as the arch-enemy. A slow reconciliation could only begin after the end of World War II in 1945, and was agreed upon in the Élysée Treaty of 22 January 1963. Mannheim became a sister-city to Toulon as early as 1959. Beyond this official step, many bridges were built through private initiatives, thanks to which the friendship between the two countries could be filled with life.

(left) Mannheim's surrender in 1688 from the viewpoint of a 19th century French painter.
The city and its castle and three churches are portrayed as they were in the 18th century. Painting by Henri Théophile Pingret, 1837.
(right) A view of the train station bridge across the tracks to the castle. A direct ICE-connection has existed between Mannheim and Paris since 2007. Photo, 2012.

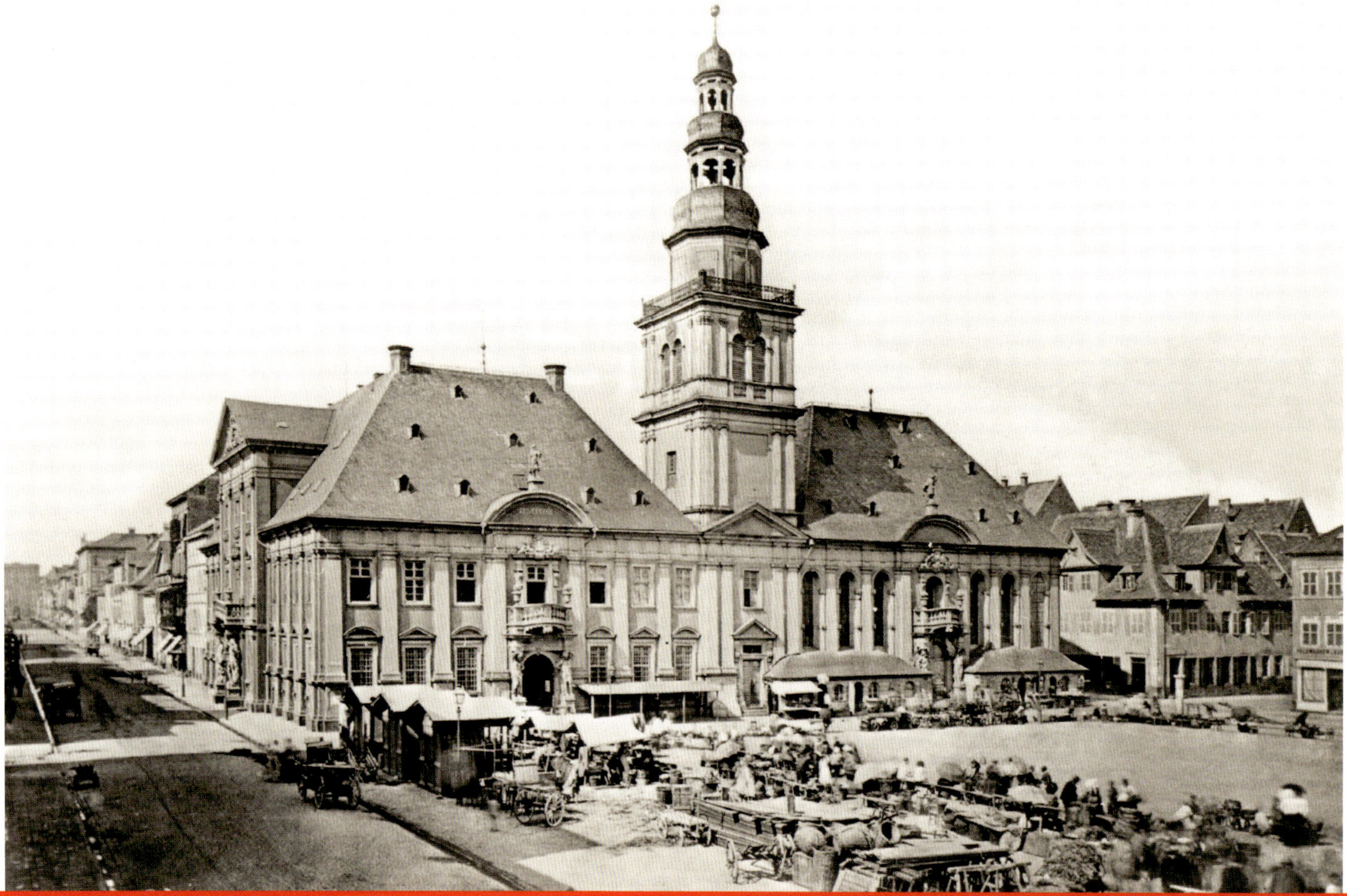

1701 Rathaus und St. Sebastianskirche (Mannheim-Innenstadt, F 1, 5–6)

Als am 5. Oktober 1701 die Grundsteinlegung für den neuen Rathausturm gefeiert wurde, herrschte Übereinstimmung darüber, dass hier am Marktplatz ein Doppelbau entstehen sollte. Der östliche Flügel war für das neue Rathaus vorgesehen, doch was sollte auf der anderen Seite des Turms entstehen? Die Meinungen gingen auseinander. Letzten Endes war es der Kurfürst Johann Wilhelm selbst, der die Entscheidung fällte: Nichts anderes als eine katholische Kirche sollte hier gebaut werden. Wie kaum ein anderes Gebäude in der Stadt symbolisiert seither der Doppelbau mit Rathaus und der neuen St. Sebastianskirche den konfessionellen Wechsel in der Kurpfalz. Dieser hatte 1685 mit dem Übergang der Herrschaft von der reformierten Linie Pfalz-Simmern zu den katholischen Pfalz-Neuburgern seinen Ausgang genommen. Die Politik der neuen Herren zielte darauf ab, den Katholizismus durchzusetzen und in der Bevölkerung zu verbreiten. Vor diesem Hintergrund setzte die neue Kirche in Mannheim einen wichtigen Akzent.

(links) Blick auf Rathaus und St. Sebastianskirche mit dem Marktplatz. Foto, um 1877.
(rechts) Altes Rathaus und die heutige Untere Pfarrkirche St. Sebastian. 2012 erhielten beide einen neuen Farbanstrich. Foto, 2012.

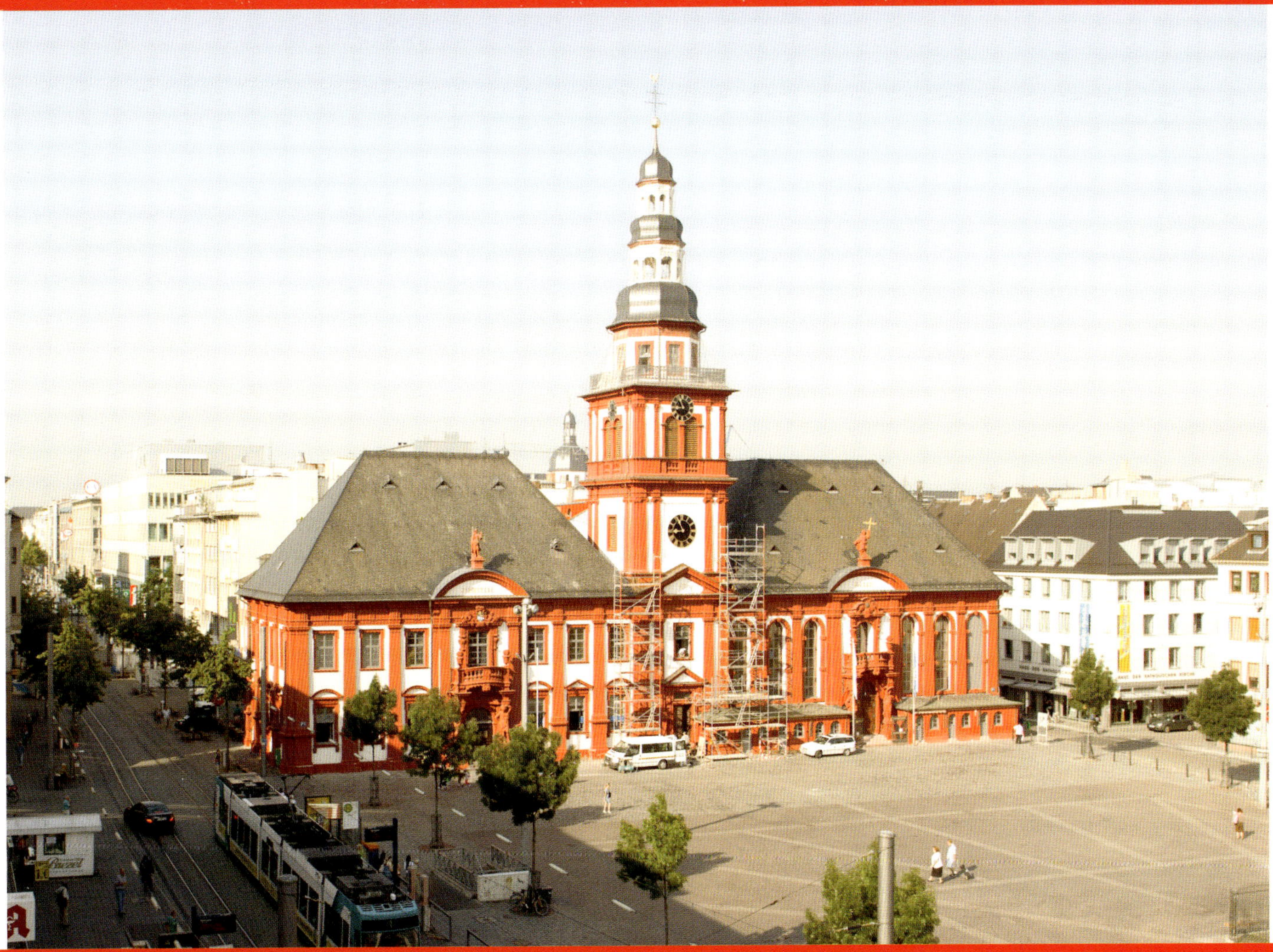

City Hall and St. Sebastian's Church (Mannheim city center, F 1, 5–6) *1701*

On 5 October 1701, the day the cornerstone for the new City Hall tower was laid, agreement was widespread that a double construction should be built here on the Market Square. The east wing was reserved for the City Hall, but what should occupy the other side of the tower? Opinions differed. Finally, it was Prince-Elector Johann Wilhelm himself, who made the decision: nothing less than a Catholic church should be built here. Construction was begun in 1706, and by 1710 most of the building was ready for use – the City Hall rooms had already been moved into in 1705. As possibly no other building in the city, the double construction of the City Hall and St. Sebastian's Church on the Market Square symbolized the change of faiths in the Palatinate. This had begun with the succession of the Reformed rulers of the Pfalz-Simmern line by the Catholic Pfalz-Neuburg line in 1685. The new rulers' political ambition was to reestablish Catholicism and spread it throughout the region. Against this background, the new church in Mannheim was an important landmark.

(left) A view of the City Hall and St. Sebastian's Church with the Market Square. Photo, circa 1877.
(right) The Old City Hall and the present-day Lower St. Sebastian's Church. The facades of both buildings were freshly painted in 2012. Photo, 2012.

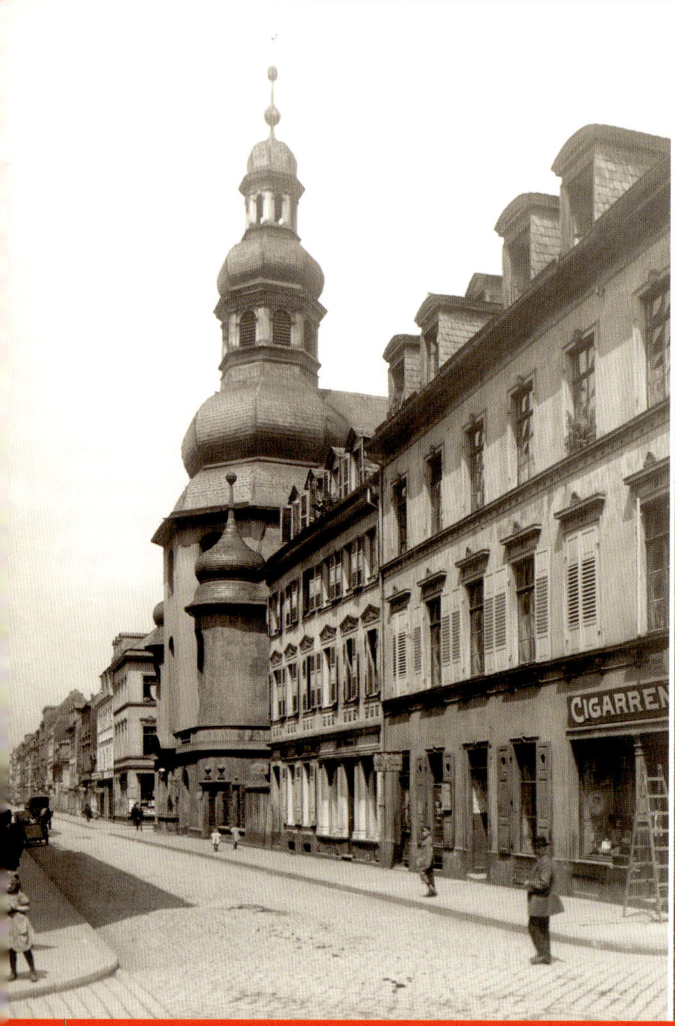

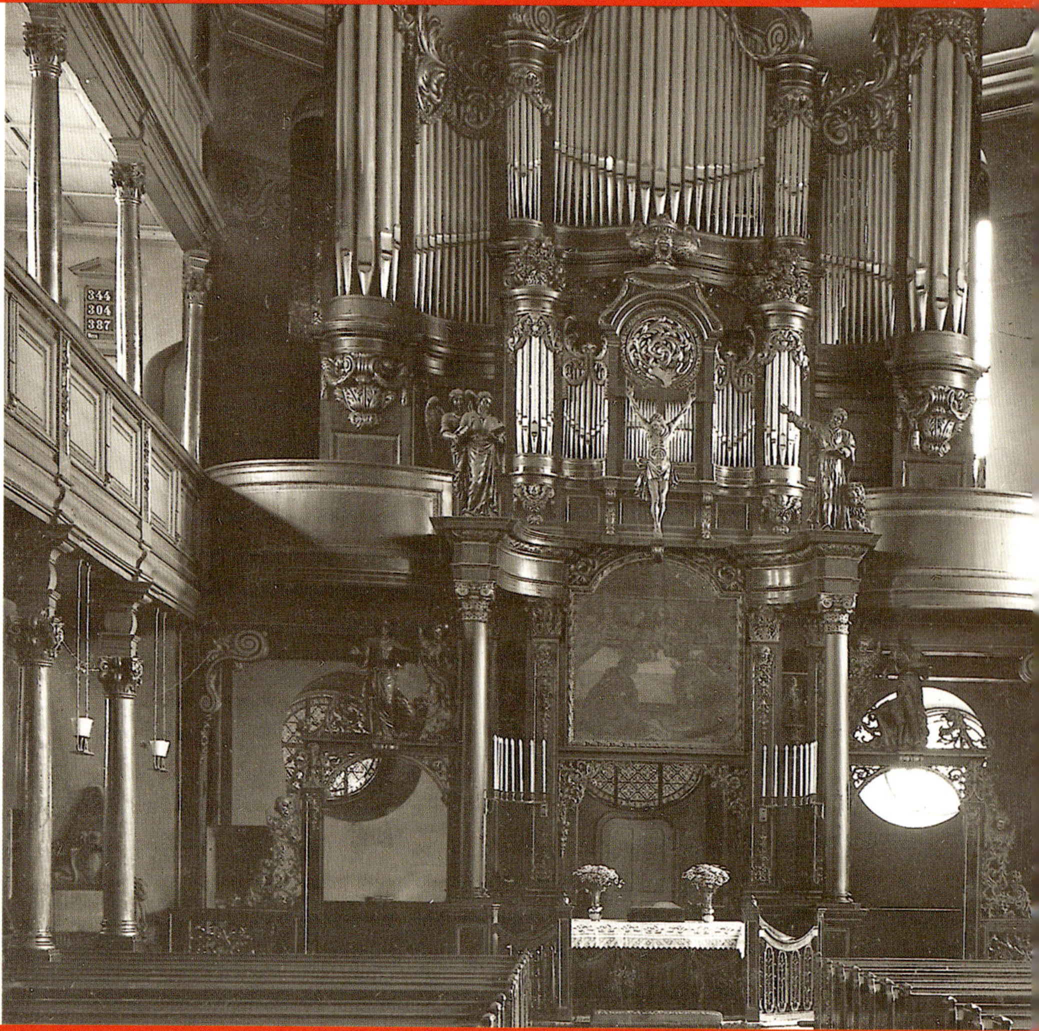

1709 Trinitatiskirche (Mannheim-Innenstadt, G 4, 18)

Nachdem die Religionsdeklaration von 1705 den Reformierten, Lutheranern und Katholiken in der Kurpfalz freie Religionsausübung garantiert hatte, entstanden in der Folgezeit zahlreiche Kirchen in Mannheim – schließlich wollte jede Konfession über ein eigenes Gotteshaus verfügen. Ausgerechnet den ansonsten benachteiligten Lutheranern gelang es als erster Gemeinde, ihren Bau fertig zu stellen. Am 1. Oktober 1709 konnte die Einweihung der Trinitatiskirche gefeiert werden. Der Kirchenbau war ein enormer finanzieller Kraftakt, der dank großzügiger Spenden realisiert werden konnte, um die in ganz Europa geworben wurde. Leichter hatten es da schon die vom Kurfürsten unterstützten Katholiken mit ihrer Kirche am Marktplatz sowie die finanzkräftigeren Reformierten, die in R 2 eine Doppelkirche mit deutschem und wallonischem Teil errichteten. Diese Vielfalt Mannheims im Kirchenbau wurde zum Sinnbild der multikonfessionellen Kurpfalz, die sich trotz anfänglicher Konflikte bald durch religiöse Toleranz auszeichnete.

(links) Blick auf die Trinitatiskirche mit dem Kirchenschiff auf der Westseite des Quadrats. Foto, um 1914.
(Mitte) Blick in die Trinitatiskirche vor der Zerstörung. Foto, um 1920.
(rechts) Nach der vollständigen Zerstörung im Zweiten Weltkrieg wurde die Trinitatiskirche nach Plänen des Architekten Helmut Striffler 1959 wieder aufgebaut. Das Kirchenschiff erstreckt sich seither über die gesamte Südseite des Quadrats. Foto, 2012.

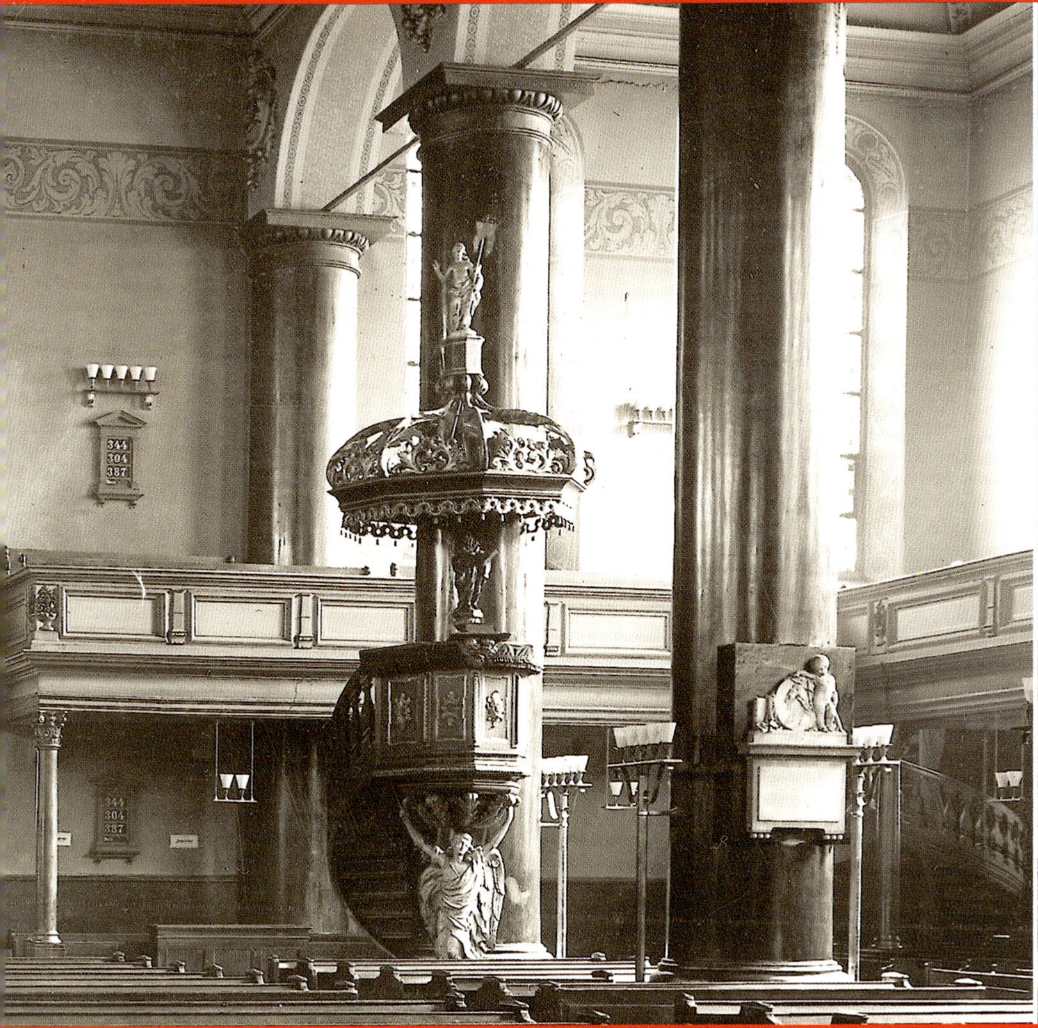

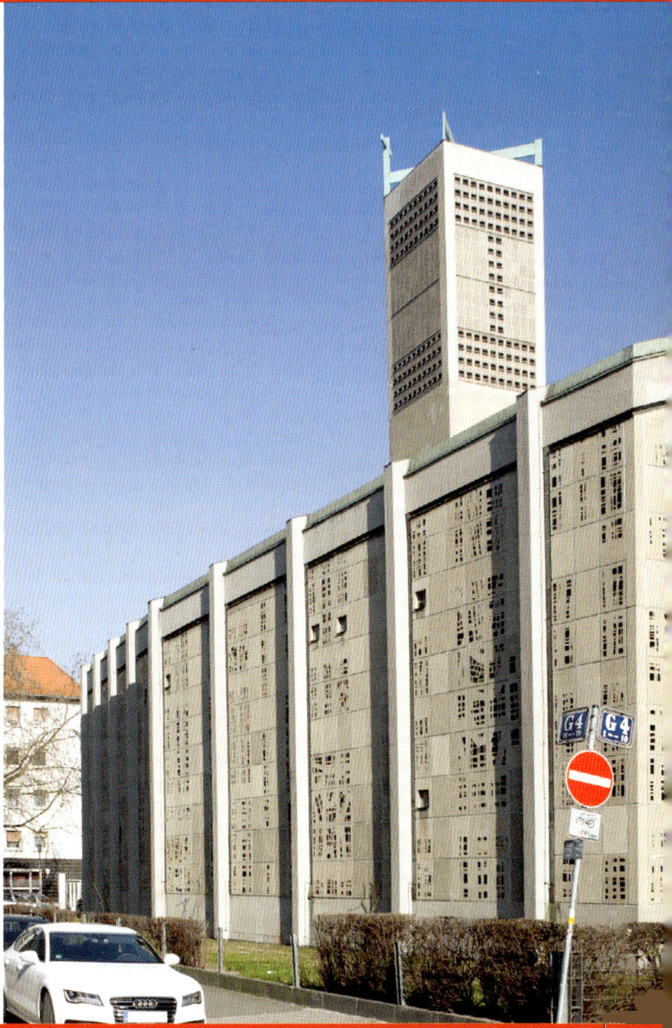

Trinity Church (Mannheim city center, G 4, 18) 1709

After the Religions Declaration of 1705 guaranteed the free practice of the Reformed, Lutheran and Catholic faiths, numerous churches were founded in Mannheim during the following years – each faith wanted to have its own church building. Surprisingly, it was the otherwise discriminated-against Lutherans who finished their building first. The dedication of the Trinity Church was celebrated on 1 October 1709. The construction of the church was an immense financial burden which could only be hefted through generous donations from throughout Europe. The Catholics, supported by the Prince-Electors, had an easier time with their church on the Market Square, as well as the financially prosperous Reformed church, which built a combined German and Walloon church in R 2. This diversity of churches in Mannheim became a symbol of the multi-faith Electoral Palatinate, which, despite initial conflict, was distinguished by its religious tolerance.

(left) A view of Trinity Church with its nave on the west side of the square. Photo, circa 1914.
(middle) A view inside Trinity Church before its destruction. Photo, circa 1920.
(right) After its complete destruction in World War II, Trinity Church was rebuilt in 1959 according to plans by architect Helmut Striffler. Since then, the nave extends over the south side of the square. Photo, 2012.

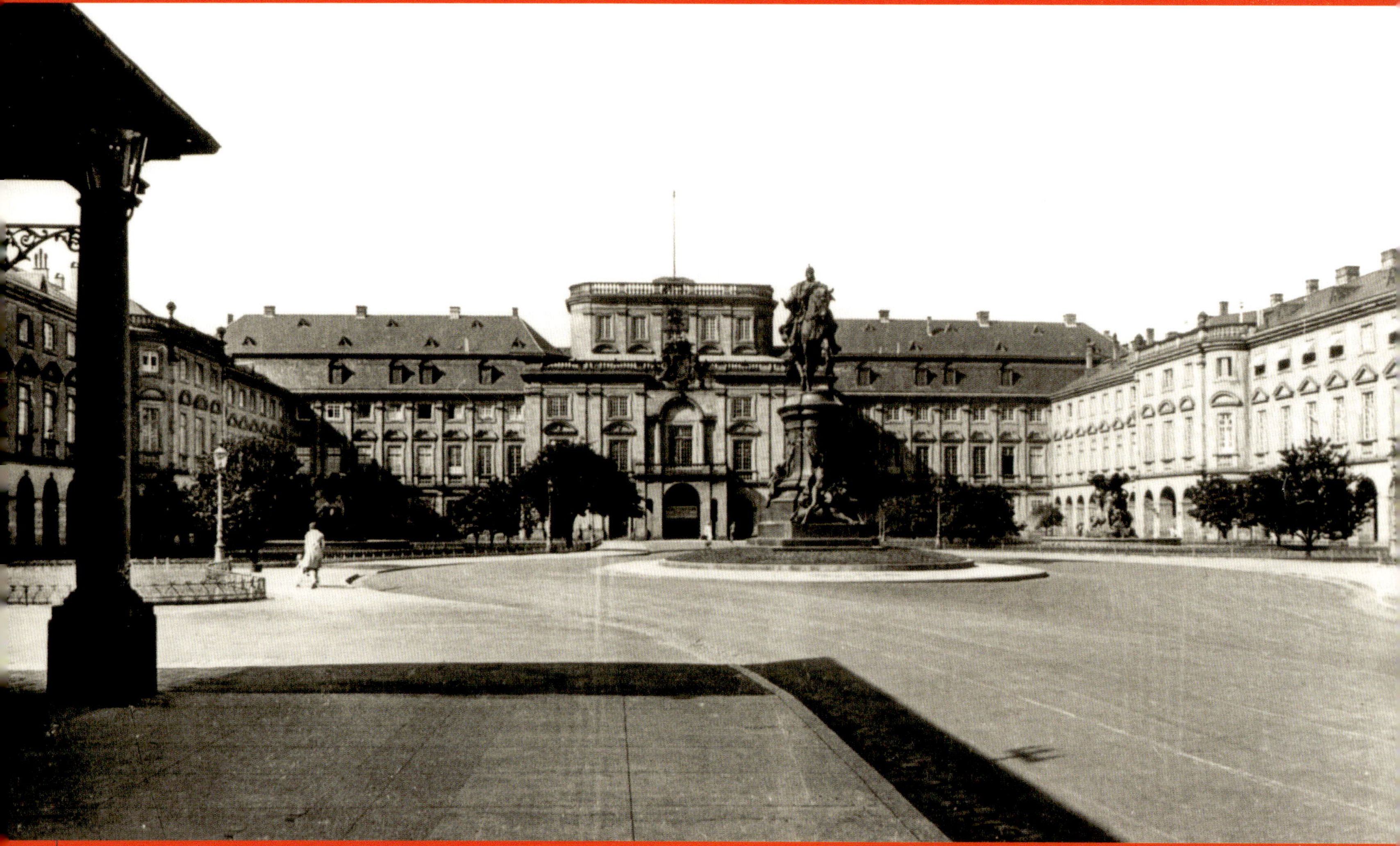

1720 Kurfürstliches Schloss (Schloss)

Am 12. April 1720 fällte Kurfürst Karl Philipp die Entscheidung, den kurpfälzischen Hof und die Regierung von Heidelberg nach Mannheim zu verlegen. Auf dem Gelände der ehemaligen Friedrichsburg ließ er den Grundstein für das neue Schloss legen. Auch wenn der Kurfürst bereits 1731 ins Schloss übersiedelte – die Bauarbeiten zogen sich bis 1760 hin. Geschätzte zwei Millionen Gulden kostete die Anlage, die zu den größten ihrer Art gehörte und den Machtanspruch der Kurfürsten unterstrich. Für Mannheim hatte dies tiefgreifende Folgen. Zusammen mit den Hofleuten, Beamten und sonstigen Amtsträgern zog es zahlreiche Künstler, Handwerker, Geschäftemacher, Dienstboten und Tagelöhner in die Stadt, die hier auf ein Auskommen hofften. Binnen 20 Jahren sollte sich die Bevölkerung von 5.600 (1719) auf fast 20.000 (1739) nahezu vervierfachen. Die Prachtentfaltung des Hofs seit 1743 unter Kurfürst Karl Theodor, die von ihm betriebene Förderung von Kunst und Wissenschaften und nicht zuletzt die berühmte „Mannheimer Schule" machten die Quadratestadt zu einem über die Grenzen des Reiches hinaus bekannten Kulturzentrum in Europa.

(links) Blick auf das Schloss. Foto, um 1926.
(rechts) Nach dem Zweiten Weltkrieg wurde das Schloss wieder aufgebaut. Foto, 2012.

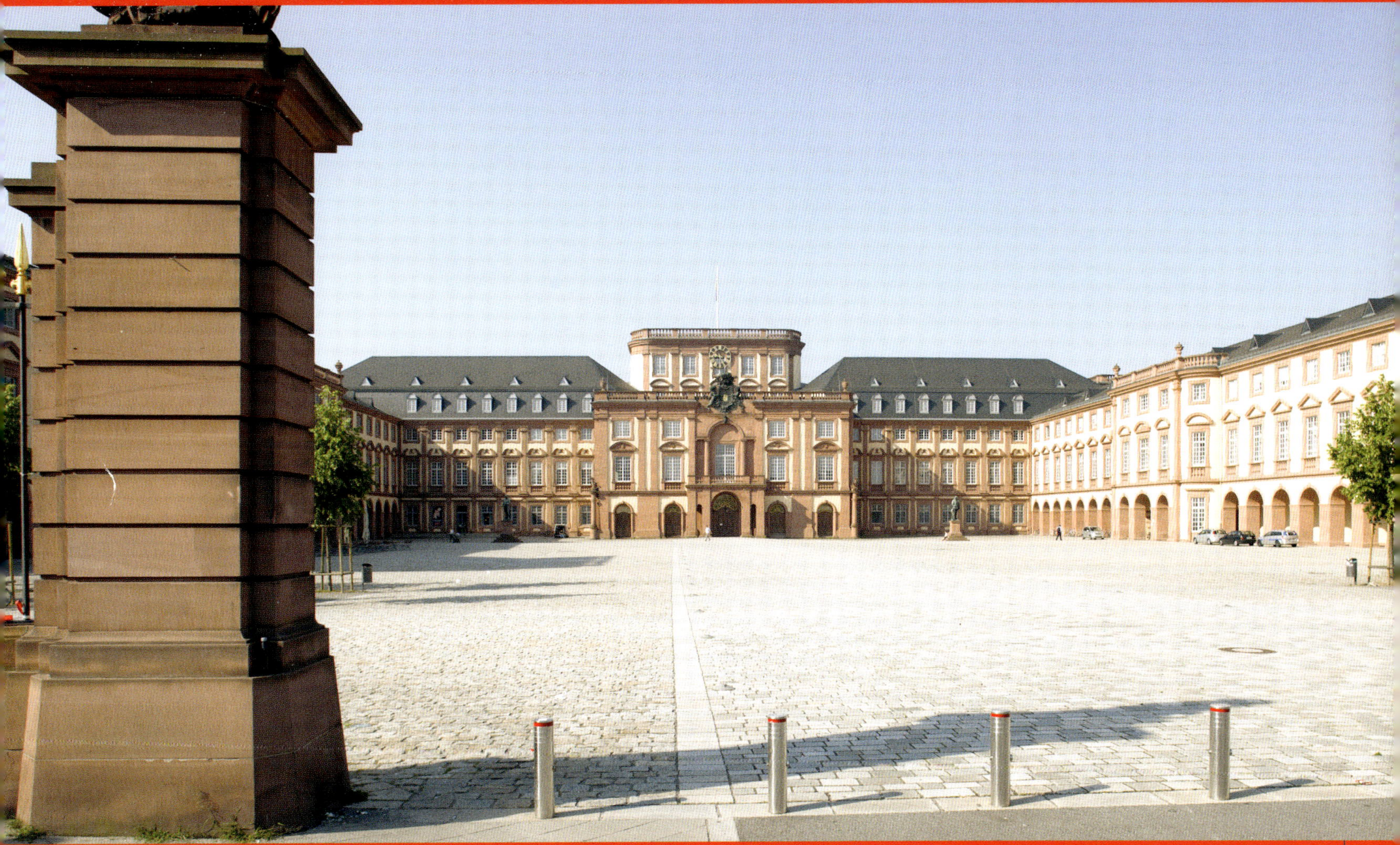

The Prince-Elector's Castle (Castle) 1720

On 12 April 1720, Prince-Elector Karl Philipp decided to move his Palatine court and government from Heidelberg to Mannheim. He had the cornerstone laid for a new castle on the site of the earlier fortifications of Friedrichsburg. Although the Prince-Elector moved into the castle in 1731, construction there continued until 1760. The structure, one of the largest of its kind, cost an estimated two million gilders, and exemplified the Prince-Elector's claim to power. This had far-reaching consequences for Mannheim. Together with the courtiers, officials and other functionaries, uncounted artists, craftsmen, merchants, servants and laborers came to the city, all hoping for employment. Within 20 years, the population would almost quadruple, increasing from 5,600 in 1719 to some 20,000 in 1739. The magnificence of the court after the succession of Prince-Elector Karl Theodor in 1743 and his support for the arts and sciences, and not least the "Mannheim School," made the "City of the Squares" famous beyond the borders of the Empire as a cultural center in Europe.

(left) A view of the castle. Photo, circa 1926.
(right) The castle was rebuilt after World War II. Photo, 2012.

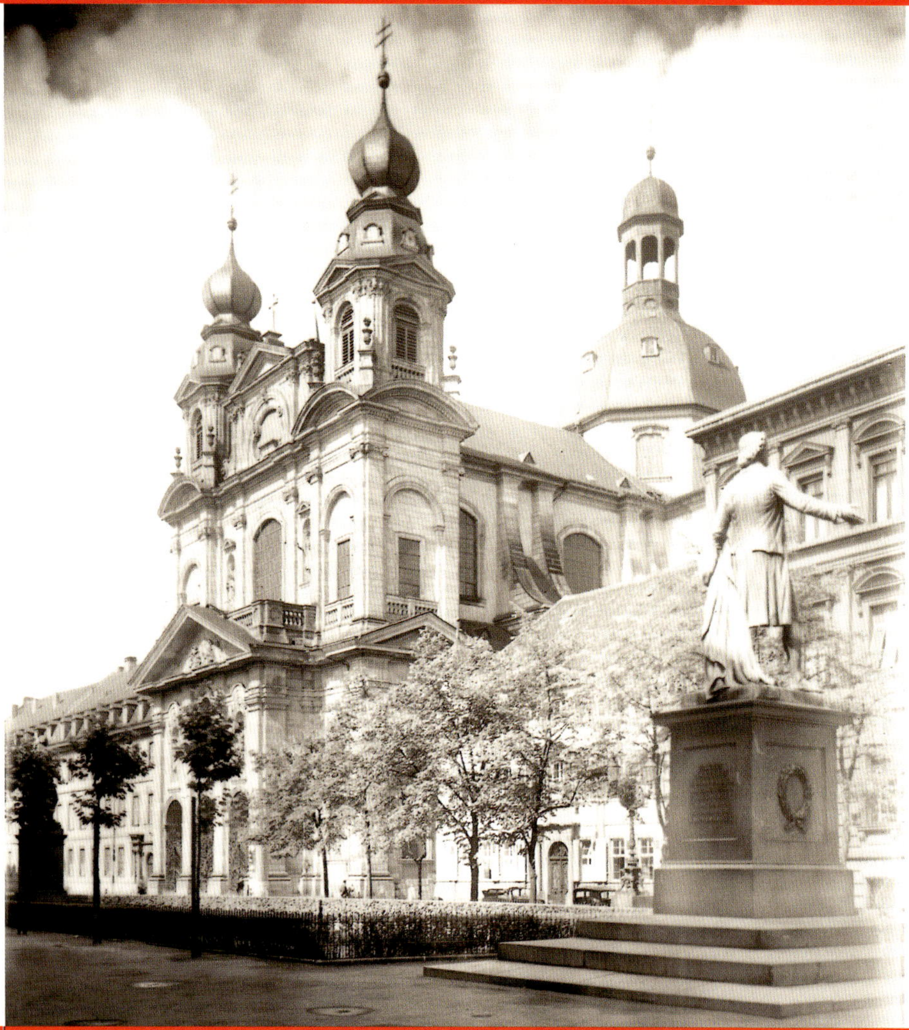

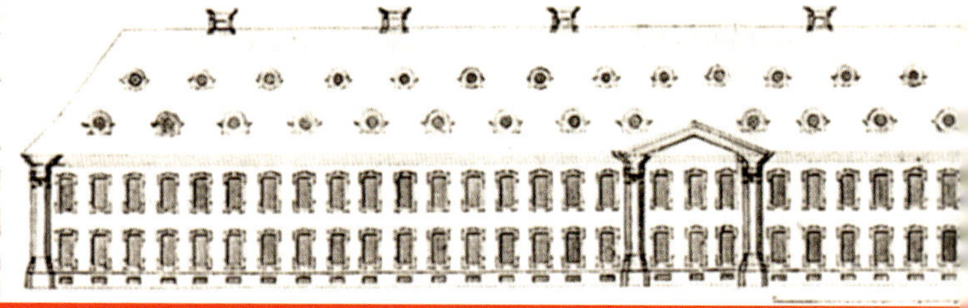

1733 Die Jesuitenkirche (Mannheim-Innenstadt, A 4, 2)

Neue Impulse bekam der Katholizismus in Mannheim mit der Übersiedlung von Hof und Regierung nach 1720. Als Motor agierte der Jesuitenorden, der von Kurfürst Karl Philipp nachhaltig unterstützt wurde. Die Patres taten sich als erfolgreiche Missionare hervor, betätigten sich als Beichtväter und Seelsorger, engagierten sich für Arme und Kranke. Mit vielerlei Frömmigkeitsübungen wie Prozessionen und Wallfahrten suchten sie Andersgläubige zur Konversion zu bewegen. Die enorme Bedeutung des Ordens manifestierte sich in baulicher Hinsicht im Jesuitenkolleg, vor allem aber in der direkt angrenzenden Jesuitenkirche, deren Grundsteinlegung 1733 erfolgte. Dieser gewaltige Gebäudekomplex war in unmittelbarer Nachbarschaft des Schlosses gelegen und unterstrich das enge Bündnis mit dem Kurfürsten. Der Bau der Kirche wurde 1756 abgeschlossen und gab Mannheim das Gepräge einer katholischen barocken Residenzstadt. Als Architekt fungierte der auch für den Schlossbau verantwortliche Italiener Alessandro Galli da Bibiena. Der Einfluss der Jesuiten brachte Mannheim den zweifelhaften Ruf eines „neuen Jerusalem“ ein.

(links) Blick auf Jesuitenkirche mit Schiller-Denkmal im Vordergrund. Foto, um 1907.
(Mitte) Kolleg und Kirche der Jesuiten. Zeichnung, 1753.
(rechts) Trotz schwerer Schäden im Zweiten Weltkrieg wurde die Jesuitenkirche wiederaufgebaut und zuletzt 2004 im Innenraum restauriert. Foto, 2012.

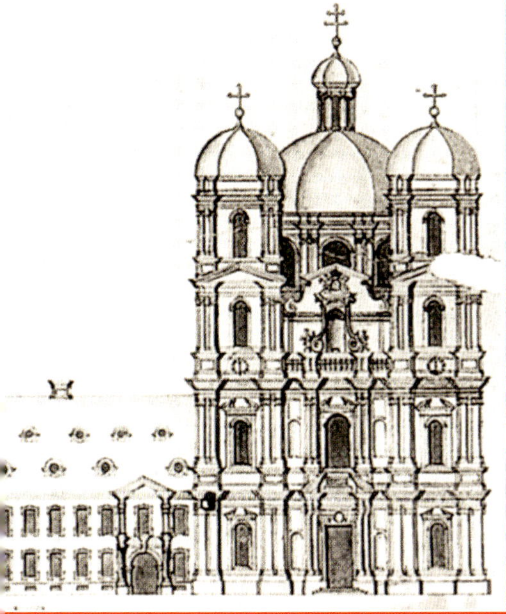

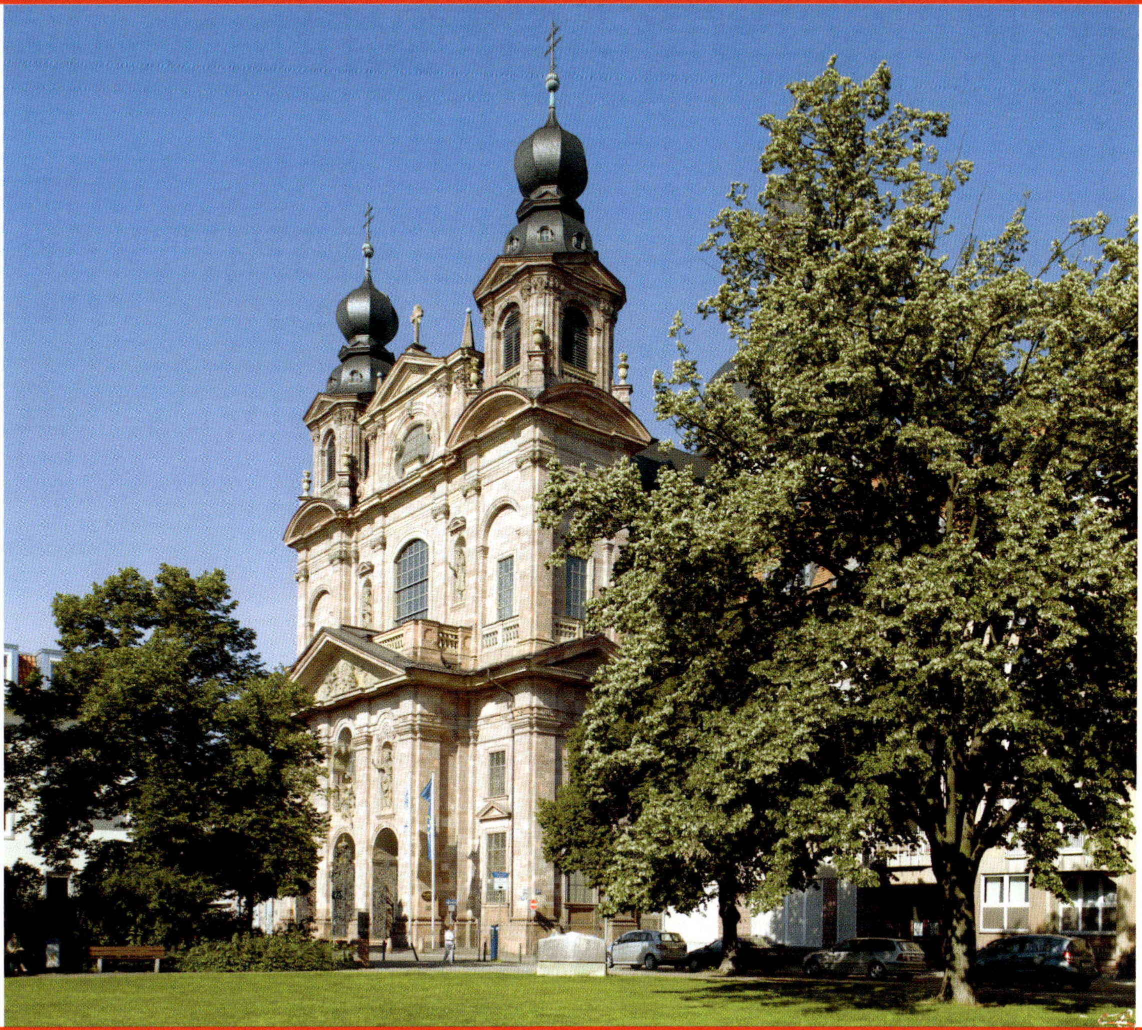

The Jesuit Church (Mannheim city center, A 4,2) 1733

The relocation of the court and government brought new impetus to Catholicism in Mannheim after 1720. Of leading importance was the Jesuit order, strongly supported by Prince-Elector Karl Philipp. The Fathers were successful missionaries, confessors and pastors devoted to the care of the poor and sick. With various devotions such as processions and pilgrimages, they tried to encourage people of different faiths to convert. The tremendous importance of the order was manifested architecturally in the Jesuit College, but also especially in the adjoining Jesuit Church, the cornerstone of which was laid in 1733. This enormous building complex was located near the castle and underlined the close connection to the Prince-Elector. Construction of the church was finished in 1756 and gave the city of Mannheim the stamp of a Catholic Baroque royal residence. The architect, who was also responsible for the construction of the castle, was an Italian named Alessandro Galli da Bibiena. This Jesuit influence brought Mannheim the somewhat dubious name of "a new Jerusalem."

(left) A view of the Jesuit Church with the Schiller monument in the foreground. Photo, circa 1907.
(middle) The Jesuit College and Church. Drawing, 1753.
(right) In spite of terrible damage in World War II, the Jesuit Church was rebuilt, and a recent restoration of the interior was completed in 2004. Photo, 2012.

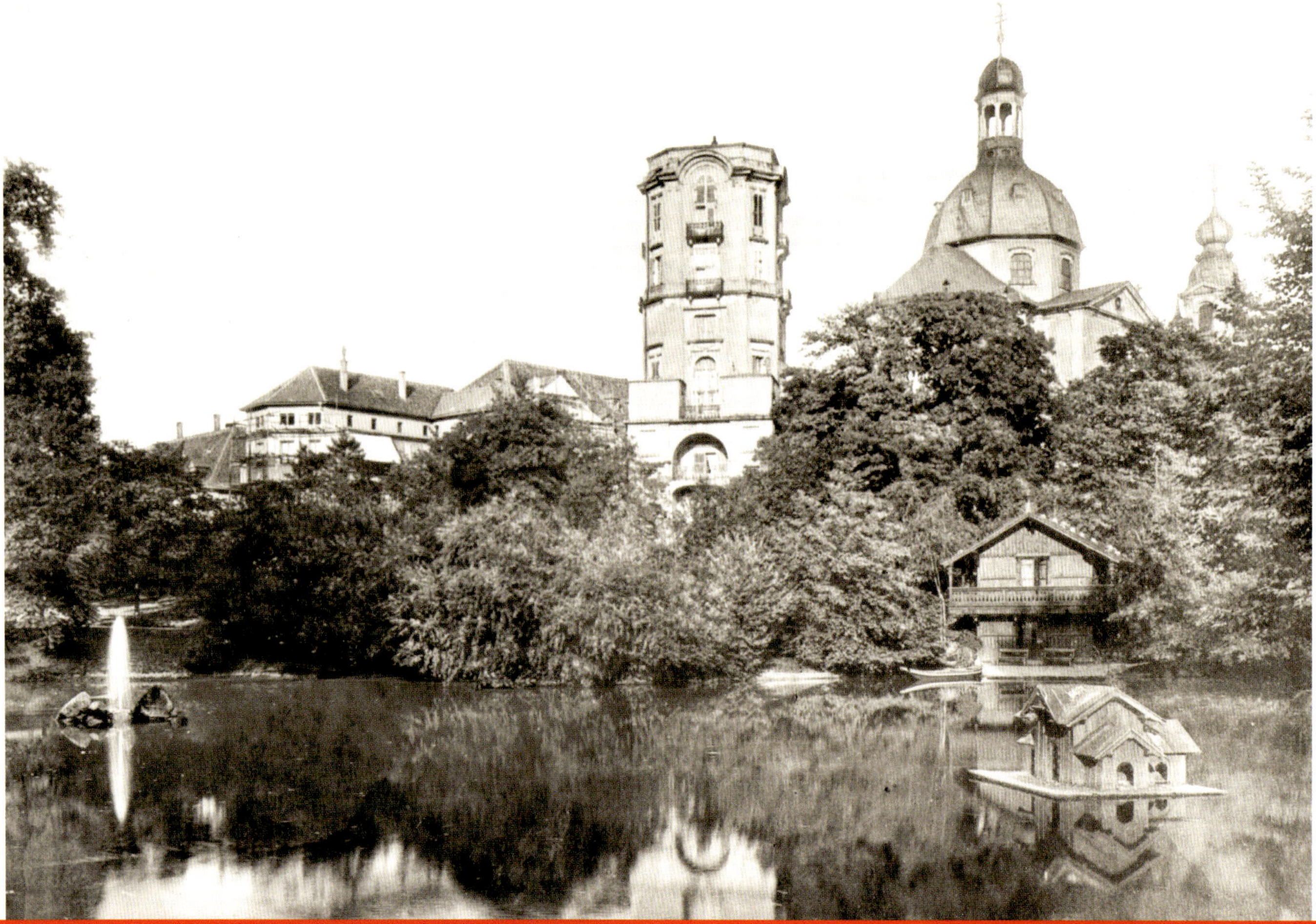

1771 Die Einrichtung der Sternwarte (Mannheim-Innenstadt, A 4)

Am 31. Dezember 1771 verfasste der kurpfälzische Hofastronom Christian Mayer eine umfangreiche Denkschrift, in der er sich für den Bau einer Sternwarte in Mannheim einsetzte. Kurfürst Karl Theodor ließ sich hiervon überzeugen und somit entstand von 1772 bis 1774 in unmittelbarer Nähe des Schlosses ein 33 Meter hoher Turm zur Wetter- und Sternenbeobachtung. Die Sternwarte schrieb Wissenschaftsgeschichte, war sie doch Ausgangspunkt eines internationalen Netzes zur Wetterbeobachtung; die festgesetzten Messzeiten um 7, 14 und 21 Uhr wurden weltweit als „Mannheimer Stunden“ bezeichnet. Sie war damit ein weiteres wichtiges Standbein des Wissenschaftsstandorts Mannheim, den Kurfürst Karl Theodor mit der Gründung der „Akademie der Wissenschaften“ 1763 nach Pariser Vorbild angestoßen hatte. Mannheim wurde Teil der gelehrten Welt. Die Schwerpunkte der Akademie lagen zunächst auf der Geschichtsschreibung und den Naturwissenschaften, ehe die Meteorologie als eigene Disziplin hinzukam. Mannheim galt in den 1770er und 1780er Jahren als „Tempel der Wissenschaften“. Dieser sollte allerdings bald wieder an Strahlkraft verlieren.

(links) Blick vom Friedrichspark auf die Sternwarte. Foto, 1910.
(rechts) Sternwarte und Jesuitenkirche. Foto, 2012.

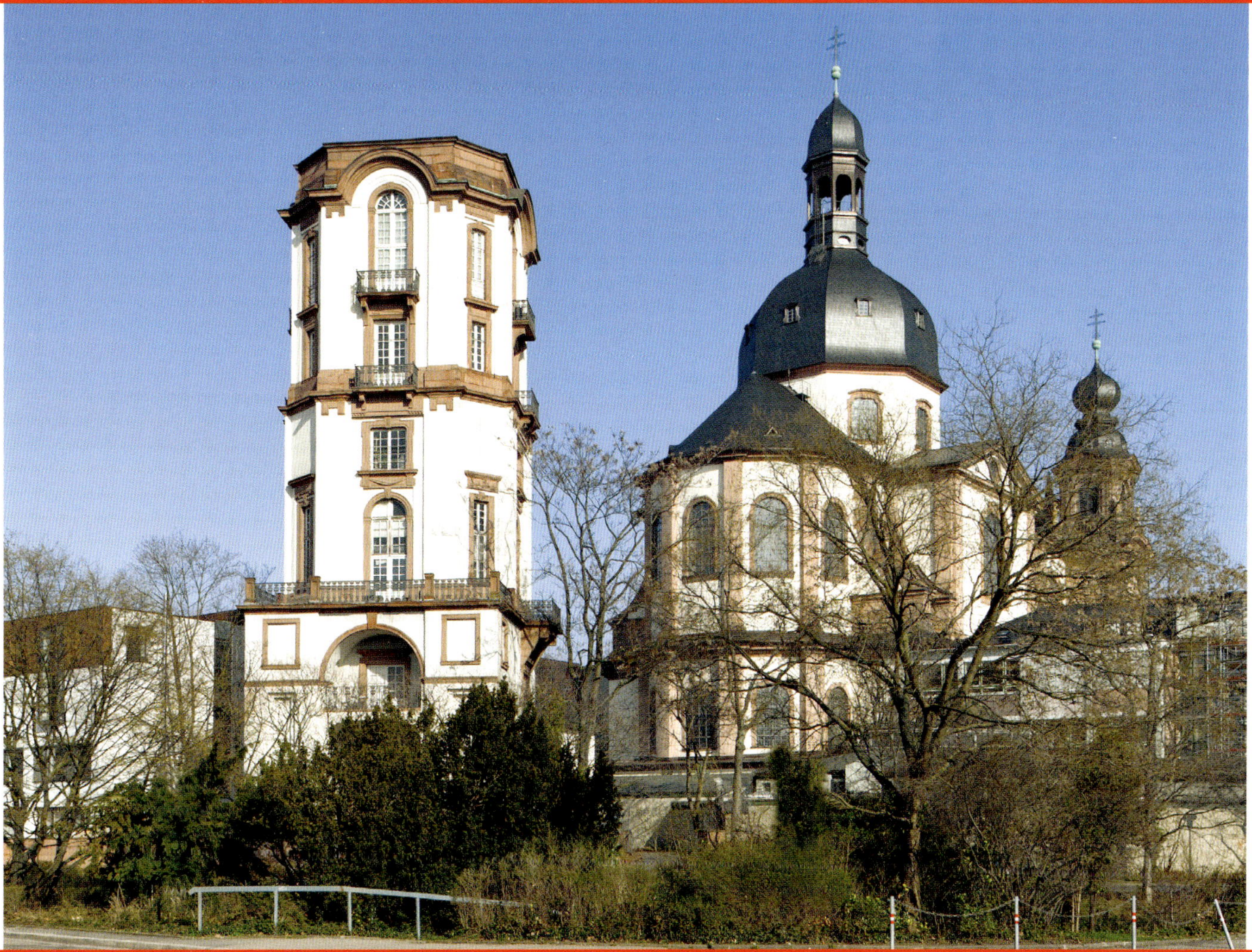

The establishment of the Observatory (Mannheim city center, A 4) 1771

On 31 December 1771, the Palatine Court Astronomer Christian Mayer wrote an extensive essay, in which he advocated the construction of an observatory in Mannheim. Persuaded by this, Prince-Elector Karl Theodor had a 100 foot high tower for weather and astronomic observation built near the castle between 1772 and 1774. The observatory was a first in scientific history, and the starting point for an international network of weather observation. The fixed times for Mass at 7:00, 14:00 and 21:00 became known worldwide as the "Mannheim hours." The observatory was thus an additional important pillar of the scientific community in Mannheim, after the founding by Prince-Elector Karl Theodor in 1763 of the "Academy of Science," modeled after the Paris Academy. Mannheim became a part of the scholarly world. In the beginning, the focus of the Academy was on historiography and the natural sciences, before meteorology became a separate discipline. Mannheim was considered the "Temple of Science" in the 1770's and 1780's, but this renown would soon dim.

(left) A view of Friedrich Park and the Observatory. Photo, 1910.
(right) The Observatory and the Jesuit Church. Photo, 2012.

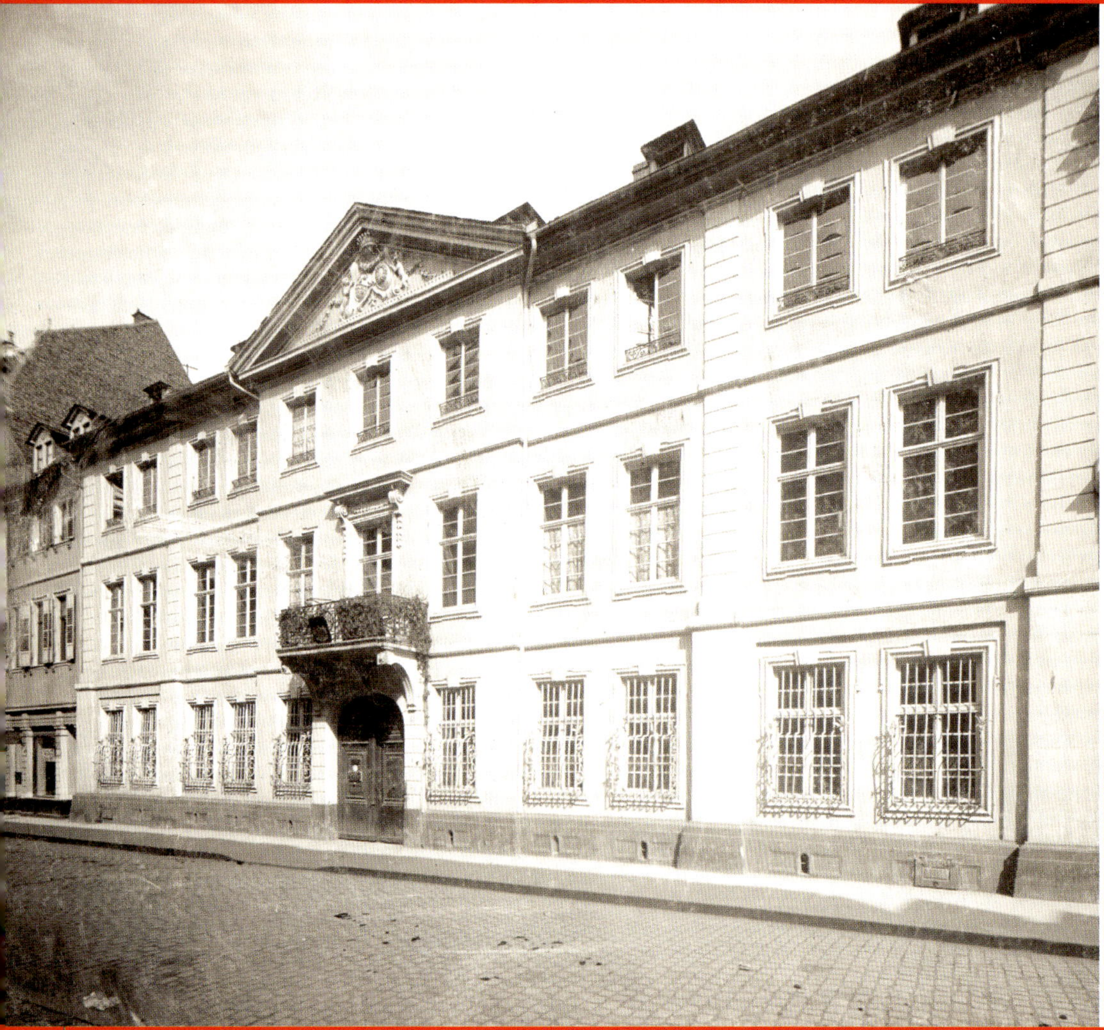

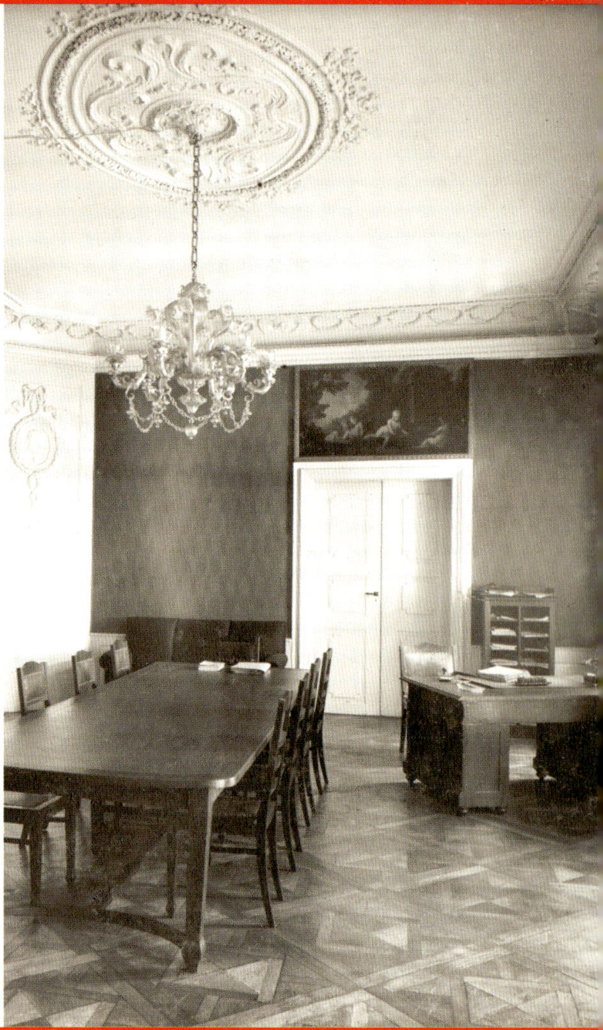

1772 Das Palais Riaucour (Mannheim-Innenstadt, N 2, 4)

Da Karrieren, Auskommen und Prestige am kurfürstlichen Hof winkten, zog es im Laufe des 18. Jahrhunderts zahlreiche adlige Familien nach Mannheim. Zu einem standesgemäßen Lebensstil gehörte jedoch nicht nur ein einflussreicher Posten, sondern auch ein repräsentativer Stadtsitz. So erwarb 1772 Andreas von Riaucour, der als sächsischer Gesandter in Mannheim wohnte, das Anwesen in N 2,4, wo er ein eindrucksvolles, dreigeschossiges Palais errichten ließ. Nicht nur etablierte Adelsfamilien, sondern auch zahlreiche neu nobilitierte Karrierebeamte betätigten sich in gleicher Weise als Bauherren in der Stadt wie in der Umgebung, so dass Mannheim zu einer Stadt des Adels und die Region zu einer Adelslandschaft wurden. Dabei galt es, Weltoffenheit, Wissensdurst und Kunstsinn zu beweisen, wie es etwa Riaucour mit einer eigenen Bibliothek, einer Bildergalerie und einem Kupferstichkabinett tat. So eiferten er und andere Adlige im Kleinen dem großen Vorbild Kurfürst Karl Theodors nach, der mit seinen Sammlungen seiner Residenz den Ruf eines „pfälzischen Florenz“ verschafft hatte.

(links) Das Palais Riaucour-Waldkirch in N 2, 4 ging 1912 in den Besitz der Stadt Mannheim über und diente in den 1920er Jahren als Tourismusbüro. Foto, um 1910.
(Mitte) Blick in den „Großen Saal“ des Palais. Foto, um 1914.
(rechts) Das Palais wurde im Zweiten Weltkrieg zerstört und nicht wieder aufgebaut. Heute befindet sich hier ein freier Platz mit der Statue Wolfgang Heribert von Dalbergs.
Im Hintergrund das Dalberghaus in N 3,4 – ein anderes Adelspalais des 18. Jahrhunderts. Foto, 2012.

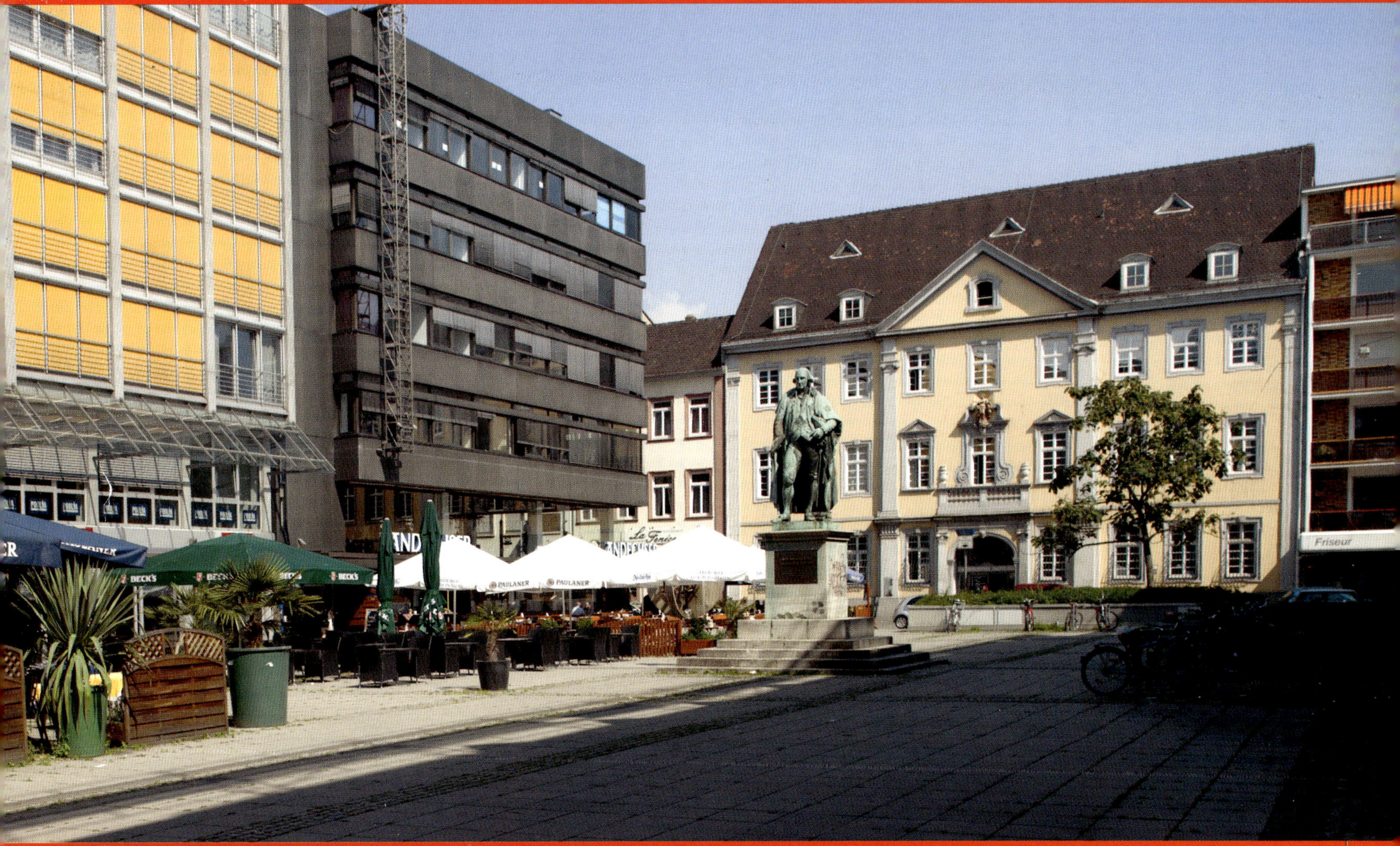

Riaucour Palace (Mannheim city center, N 2, 4) 1772

Since careers, employment and prestige beckoned at the Palatinate court, many noble families moved to Mannheim in the 18th century. To a fitting lifestyle, however, belonged not only an influential position, but also a representative city home. Andreas von Riaucour, the envoy from Saxony to Mannheim, bought the house in N 2, 4 in 1772, and had an impressive, three-story palace built in its place. Not only established aristocratic families, but also many newly ennobled career bureaucrats commissioned similar buildings in and around the city, which made Mannheim a city of aristocrats and the surrounding region a countryside of nobility. Cosmopolitanism, the thirst for knowledge and an appreciation for the arts were regarded as imperative, as shown by Riaucour's own library, picture gallery and copperplate collection. He and other aristocrats imitated on a smaller scale the model of the Prince-Elector Karl Theodor, who earned for Mannheim the reputation as "Palatinate Florence" because of the collections in his residence.

(left) The Riaucour-Waldkirch Palace in N 2, 4 passed into the possession of the city of Mannheim in 1912, and was used as a tourist office in the 1920's. Photo, circa 1910.
(middle) A view of the "Grand Hall" in the palace. Photo, circa 1914.
(right) The palace was completely destroyed in World War II and not rebuilt. Today, there is an open square on the site, with a statue of Wolfgang Heribert von Dalberg. In the background, the Dalberg House in N 3,4 – another aristocratic palace of the 18th century. Photo, 2012.

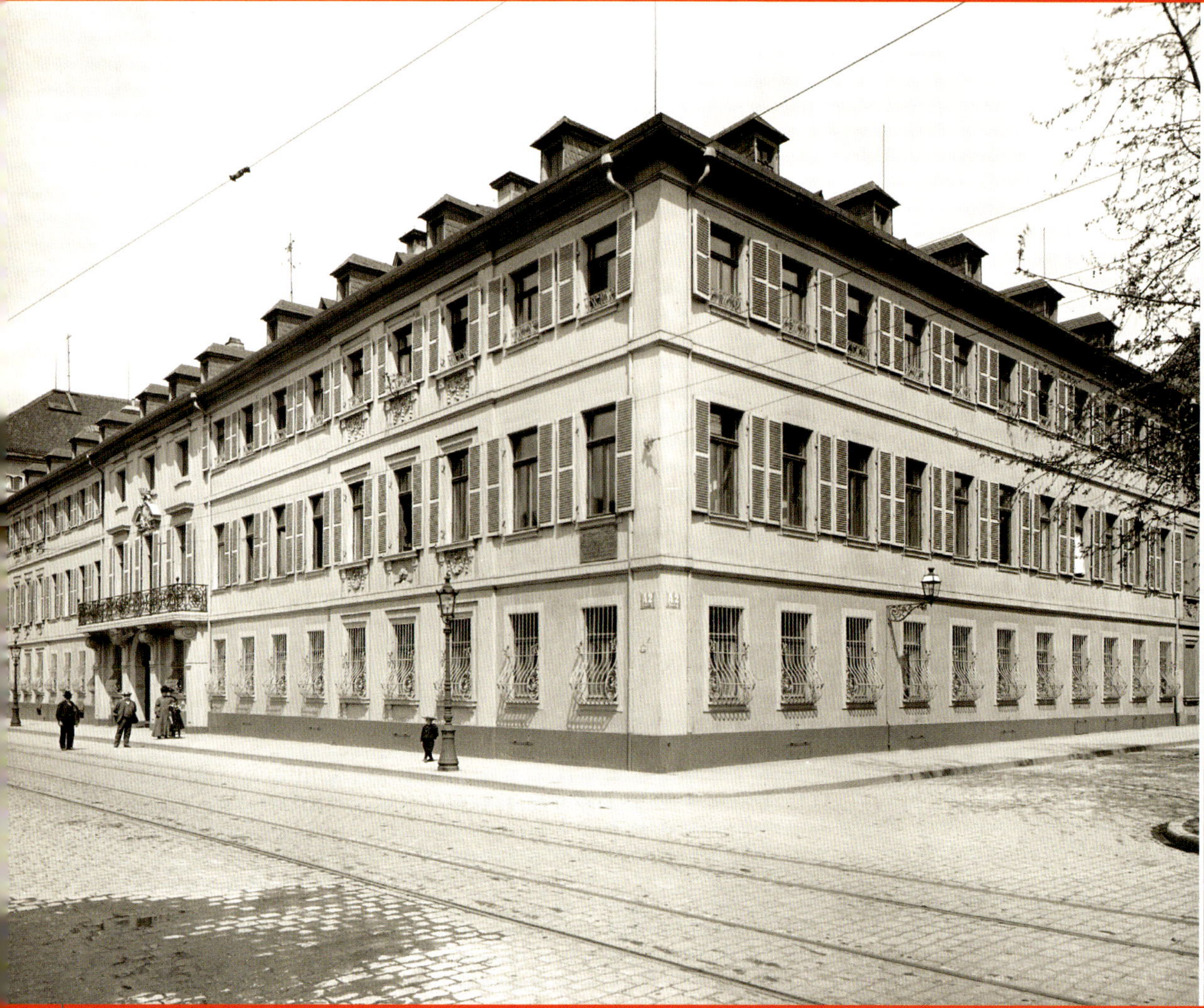

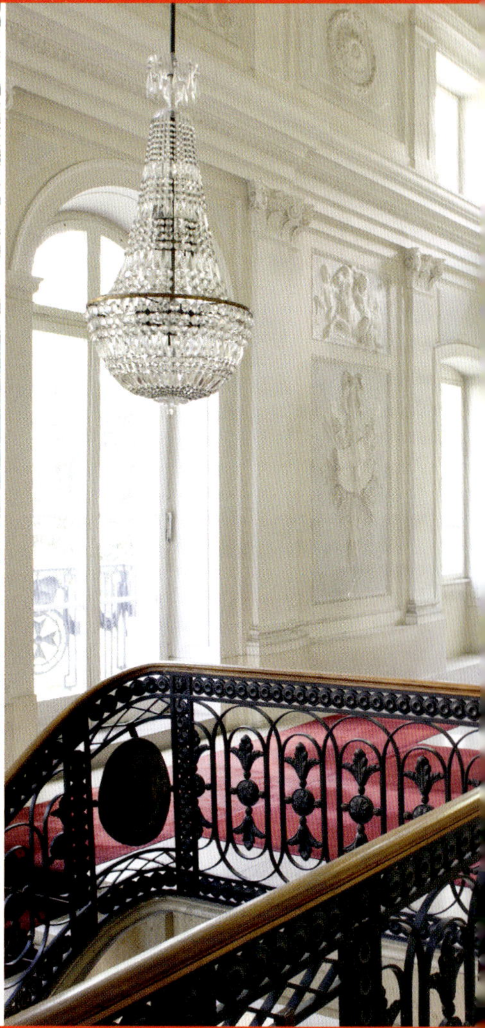

1778 Das Palais Bretzenheim (Mannheim-Innenstadt, A 2, 1)

Der Tod des bayerischen Kurfürsten Maximilian Joseph III. am 30. Dezember 1777 bedeutete einen tiefen Einschnitt für Mannheim: Nun trat in Kraft, was vorher in geheimen Verträgen vereinbart worden war: Kurfürst Karl Theodor erbte Bayern und musste 1778 nach München übersiedeln. Große Teile des Hofes wie auch die übergeordneten Behörden hatten ihm zu folgen: ein enormer Aderlass für die Stadt. In Mannheim zurück blieben die Gattin des Kurfürsten, Elisabeth Augusta, aber auch seine illegitimen Kinder aus der Beziehung mit der schon in jungen Jahren verstorbenen Tänzerin Josepha Seiffert. Wie sehr Karl Theodor für seine Abkömmlinge sorgte, zeigten deren Nobilitierung und ihr Aufstieg zu Grafen und Gräfinnen von Bretzenheim, aber auch ihre materielle Versorgung und Erziehung. So erhielten die Kinder zeitweise Klavierunterricht von Wolfgang Amadeus Mozart. In Erinnerung bleibt die Zweitfamilie jedoch vor allem wegen des nach ihr benannten prunkvollen Stadthauses, das der Kurfürst für sie direkt gegenüber dem Schloss hatte errichten lassen und das heute noch den Namen Palais Bretzenheim trägt.

(links) Palais Bretzenheim. Foto, um 1910.
(Mitte) Treppenhaus im Palais Bretzenheim. Foto, 2012.
(rechts) Das Palais Bretzenheim wurde nach dem Zweiten Weltkrieg wieder aufgebaut und beherbergt heute das Amtsgericht Mannheim. Foto, 2012.

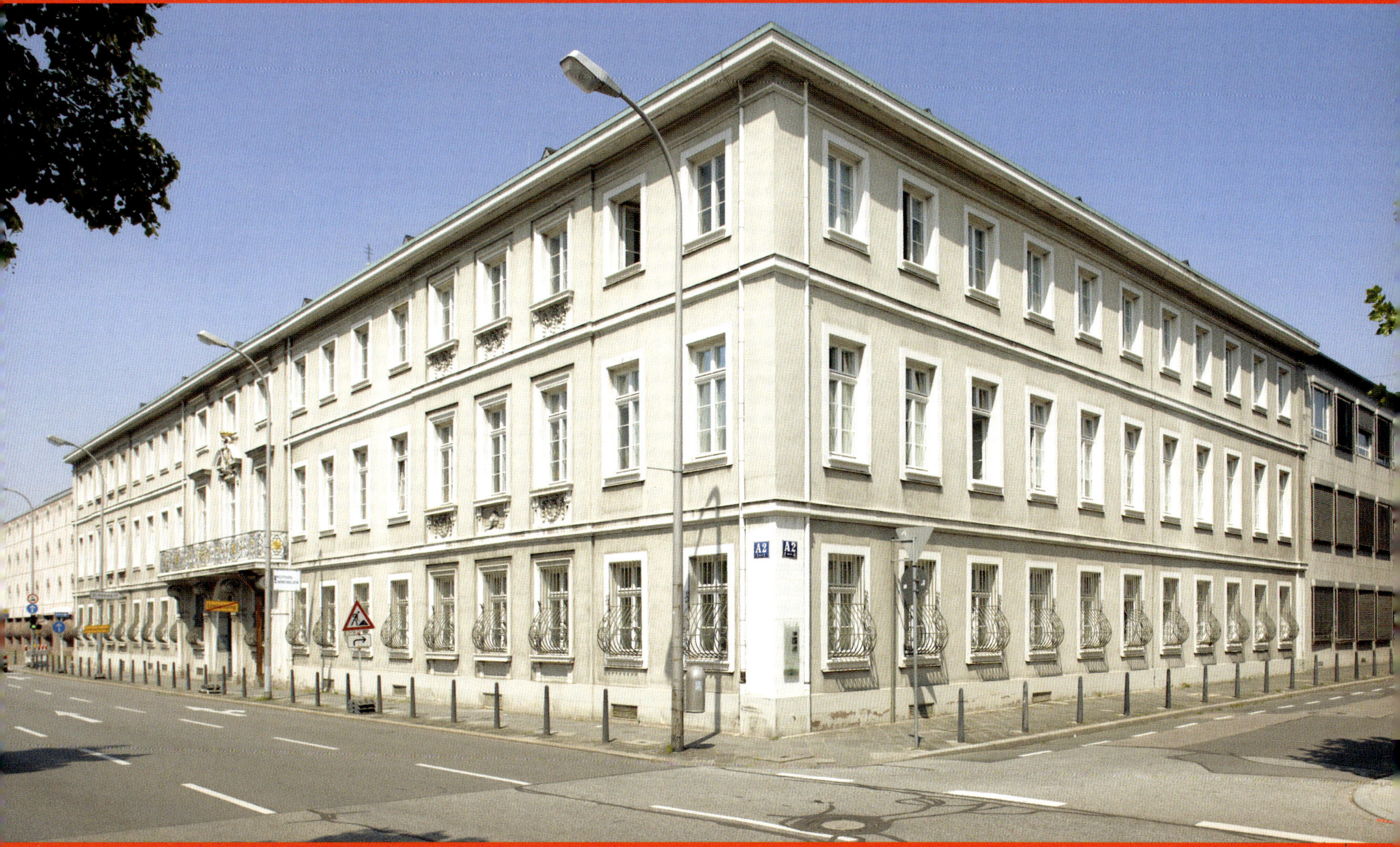

Bretzenheim Palace (Mannheim city center, A 2, 1) *1778*

The death of the Bavarian Prince-Elector Maximilian Joseph III on 30 December 1777 brought major changes to Mannheim, for now became reality what had previously been agreed upon in secret treaties: Prince-Elector Karl Theodor inherited Bavaria and had to relocate to Munich. Large parts of the court as well as the upper echelons of the government were obliged to follow him, which meant an enormous loss for the city. The Prince-Elector's wife, Elisabeth Augusta, remained in Mannheim, as did his illegitimate children from his relationship with the dancer Josepha Seiffert, who had died young. How well Karl Theodor provided for his children is shown by the fact that he ennobled them and raised them to Count and Countess von Bretzenheim, as well as arranged for their material well-being and education. Thus for a time they were even given piano lessons by Wolfgang Amadeus Mozart. This second family is mainly remembered, however, for the luxurious city mansion built for them by the Prince-Elector directly across from the castle, and which now carries the name Bretzenheim Palace.

(left) Bretzenheim Palace. Photo, circa 1910.
(middle) The staircase in Bretzenheim Palace. Photo, 2012.
(right) Bretzenheim Palace was rebuilt after World War II and today houses the Municipal Court of Mannheim. Photo, 2012.

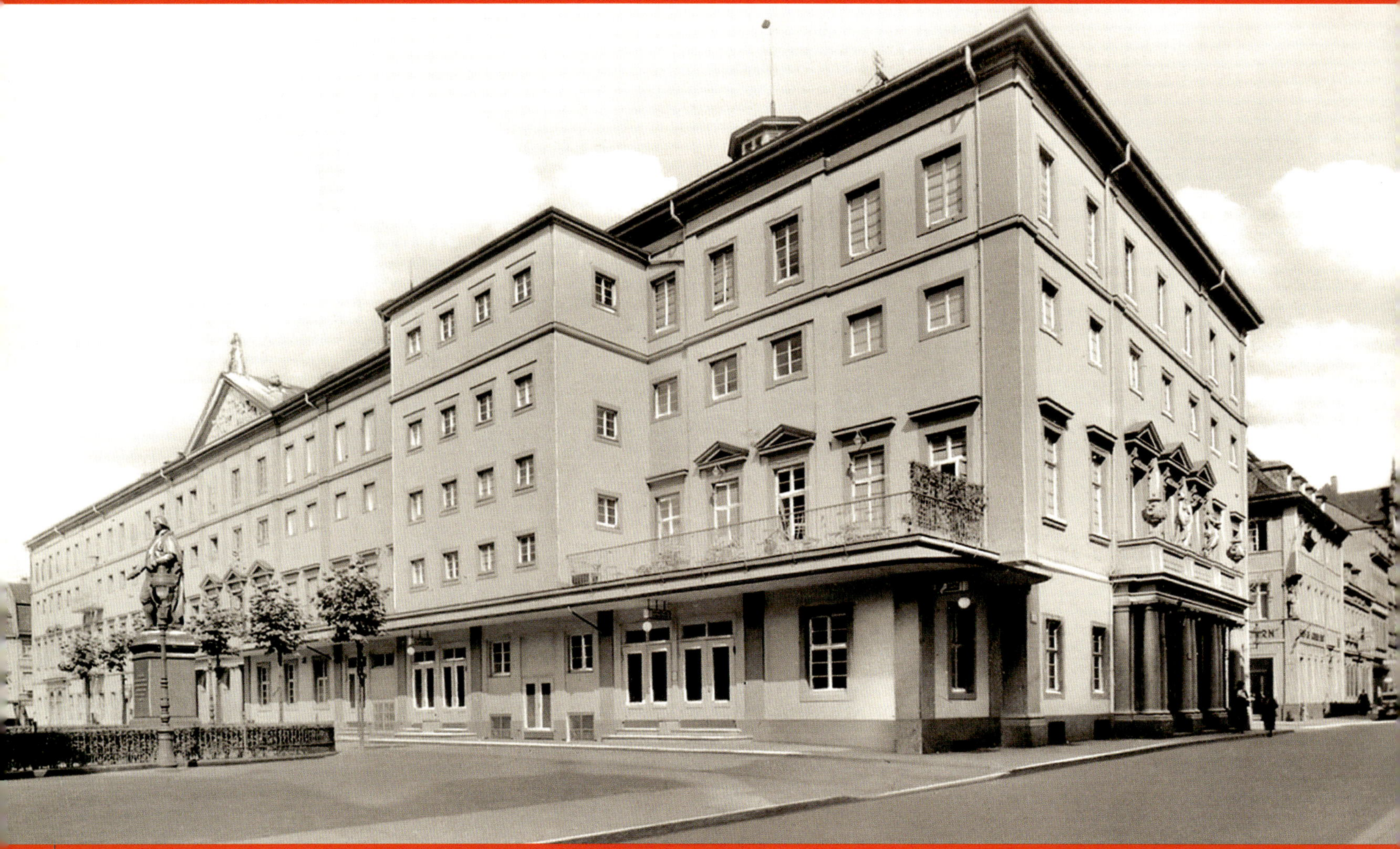

1782 Nationaltheater (Mannheim-Innenstadt, B 3)

Gewissermaßen als Abschiedsgeschenk an seine bisherige Residenzstadt bewilligte Kurfürst Karl Theodor 1778 die Einrichtung einer primär deutschsprachigen „Schaubühne“, die im ehemaligen Frucht- und Kornspeicherhaus in B 3 untergebracht wurde. Als „Nationaltheater“ unter der Leitung des Intendanten Wolfgang Heribert von Dalberg sorgte sie schon bald für nationales Aufsehen: Am 13. Januar 1782 erfolgte hier die Uraufführung der „Räuber“, des Erstlingswerks des jungen Friedrich Schiller. Im Gewande eines damals modischen Ritterstücks übte dieser unverblümt Gesellschaftskritik am Feudalismus und löste damit bei dem aus der ganzen Region zusammengekommenen Publikum Begeisterungsstürme aus. Auch wenn dieses Stück nicht typisch war für das Gesamtrepertoire des Nationaltheaters, so zeigt seine Aufführung doch das vergleichsweise offene gesellschaftliche Klima in Mannheim. Das lokale Publikum nahm regen Anteil an seinem Theater, das sich schon bald zu einem Identifikationsort der Bürgerschaft entwickelte. Das Nationaltheater wurde zur Herzensangelegenheit der Mannheimer Bevölkerung und ist es bis heute geblieben.

(links) Blick auf das Nationaltheater in B 3, das seit 1839 in städtischer Alleinregie geführt wurde. Foto, um 1930.
(Mitte) Der Theaterbau in B 3 wurde im Zweiten Weltkrieg völlig zerstört. Der Schillerplatz wird seither als Grünanlage genutzt. Foto, 2012.
(rechts) Blick auf das heutige Nationaltheater am Goetheplatz. Foto, 2012.

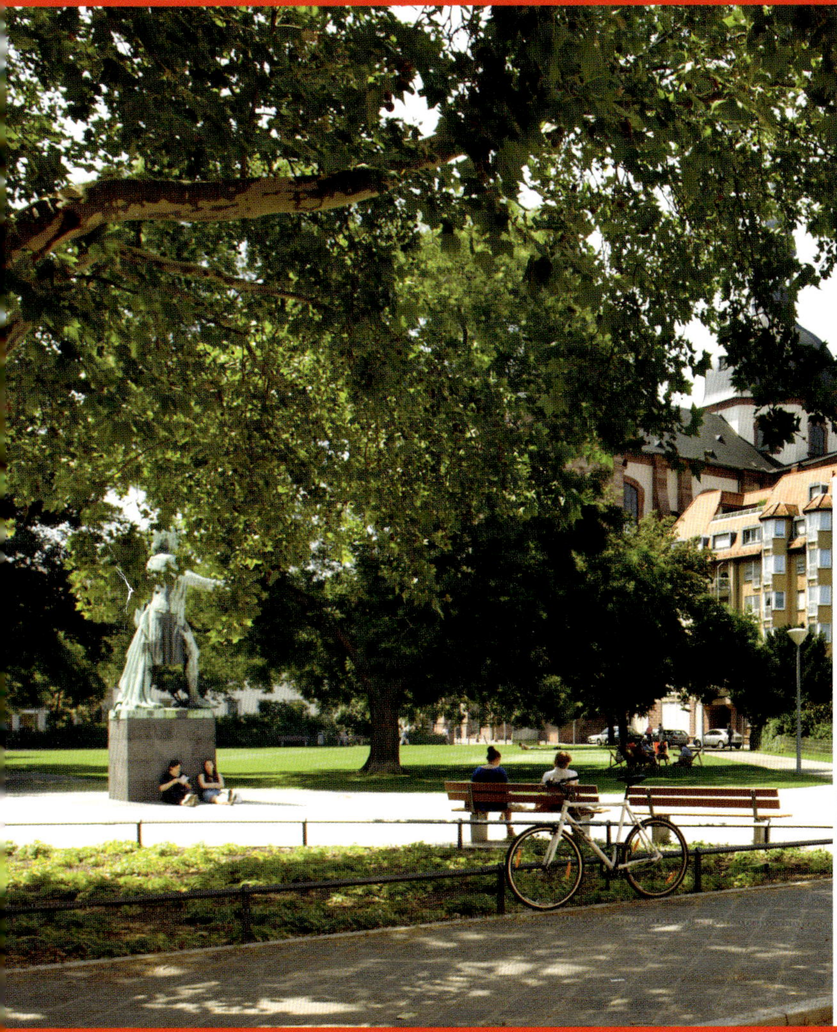

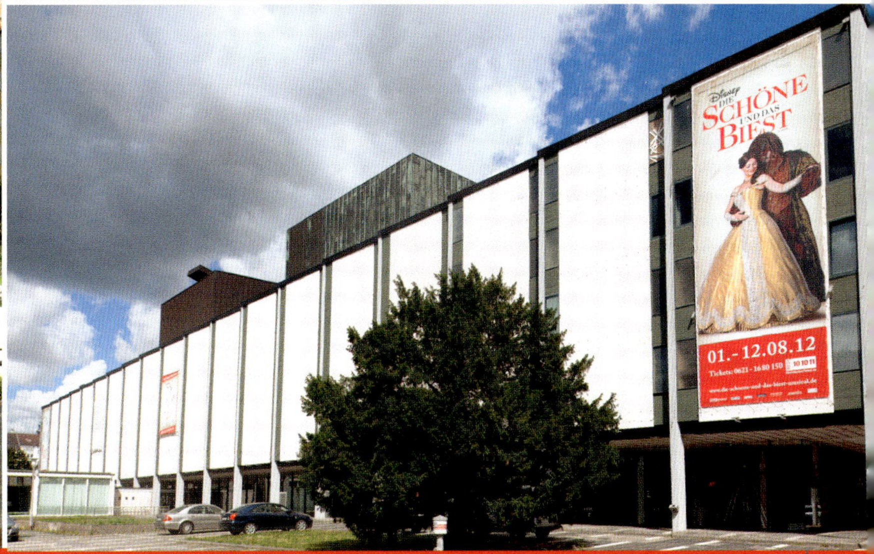

The National Theater (Mannheim city center, B 3) *1782*

As a "going-away present" for his old residence, Prince-Elector Karl Theodor authorized the establishment of a primarily German-speaking "Playhouse" in 1778, in the former Granary in B 3. Under the direction of Wolfgang Heribert von Dalberg, the National Theater soon created a national sensation with the first performance of the young Friedrich Schiller's "The Robbers" on 13 January 1782. In the guise of a then popular theatrical genre on chivalry, this play was outspokenly critical of feudalism and triggered enthusiastic approval in the audience of the entire region. Although the play was not typical for the overall repertoire of the National Theater, its performance demonstrated the relatively open social climate in Mannheim. The local audience was actively interested in their theater, which soon became a place of identification. The National Theater grew near to the hearts of Mannheim's citizens and remains so today.

(left) A view of the National Theater in B 3, which was under the administration of the city after 1839. Photo, circa 1930.
(middle) The Theater in B 3 was completely destroyed in World War II. Schiller Square is now a park. Photo, 2012.
(right) A view of the present-day National Theater on Goethe Square. Photo, 2012.

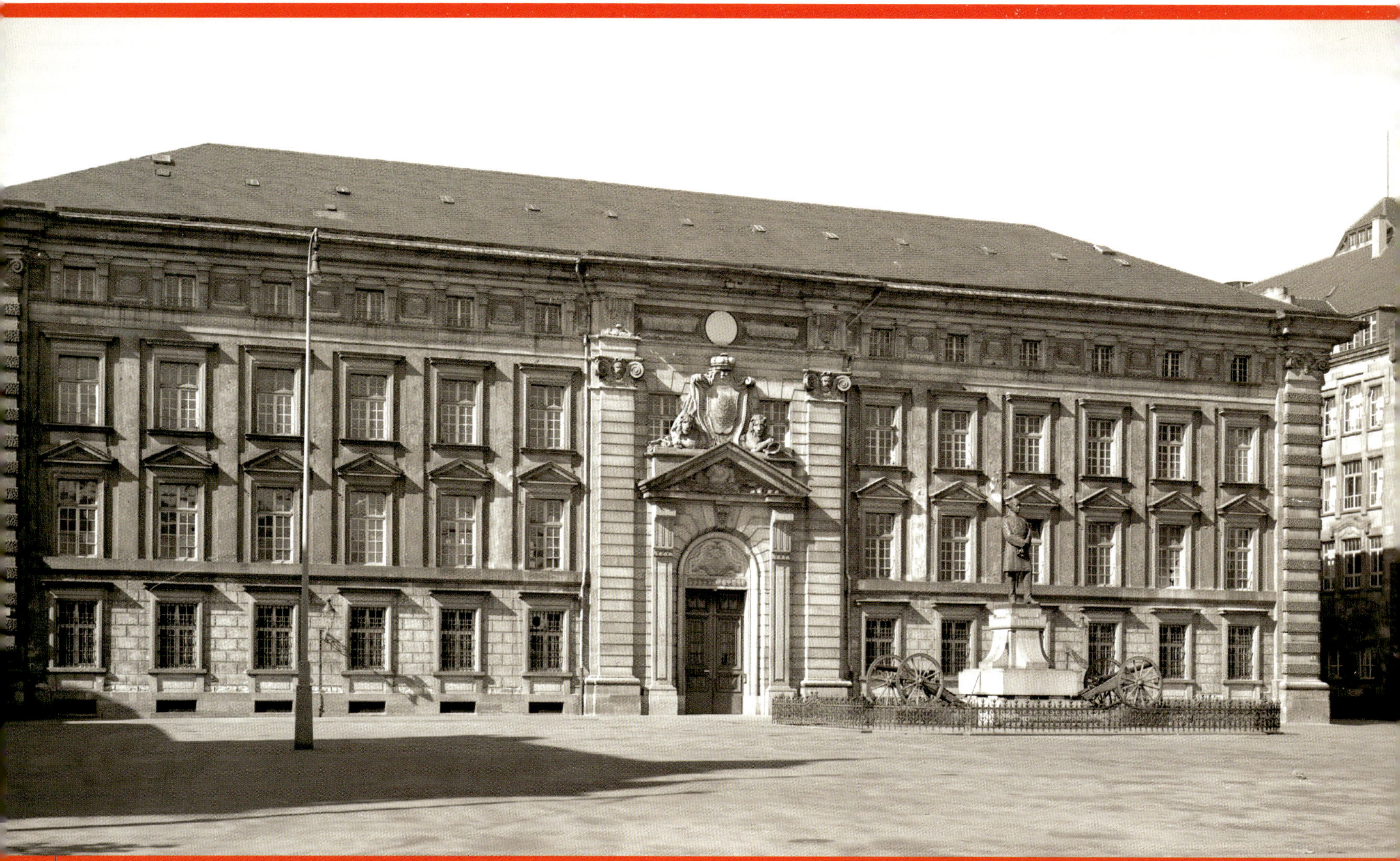

1795 Zeughaus (Mannheim-Innenstadt, C 4)

Auch im 18. Jahrhundert behielt Mannheim den Charakter einer Festungsstadt. Soldaten gehörten zum Stadtbild und stellten teilweise rund ein Drittel der Bevölkerung. Diese militärische Ausrichtung der Stadt hatte freilich eine fatale Kehrseite. Immer wieder wurde Mannheim dadurch zum Ziel von Angriffen, die zahlreiche Tote und materielle Schäden nach sich zogen. Der traurige Höhepunkt war bereits 1689 erreicht worden, als die Stadt der vollständigen Zerstörung anheim fiel. Auch in den Revolutionskriegen der 1790er Jahre war Mannheim gleich mehrfach umkämpfter Kriegsschauplatz. Schwer in Mitleidenschaft gezogen wurde die Stadt 1795. Französische Truppen hielten Mannheim besetzt, als sie von einer österreichischen Armee belagert wurden. Nach Ansicht der kaiserlichen Truppenführer hatte sich Mannheim zuvor zu rasch dem Feind ergeben, nun galt es ein Exempel zu statuieren. Ein massives Artilleriebombardement zerstörte weite Teile der Stadt, und auch das Schloss. Mannheim glich – so eine zeitgenössische Klage – einem „oberirdischen Herkulaneum". Als Konsequenz wurden ab 1799 die Wälle geschleift und der Charakter als Festungsstadt aufgegeben.

(links) 1777/78 ließ Kurfürst Karl Theodor mit dem Zeughaus einen repräsentativen Bau für die Verwahrung von Kriegsgerät errichten. Foto, um 1936.
(rechts) Das Zeughaus wurde im Zweiten Weltkrieg stark beschädigt und wieder aufgebaut. Heute befinden sich darin die Reiss-Engelhorn-Museen. Foto, 2012.

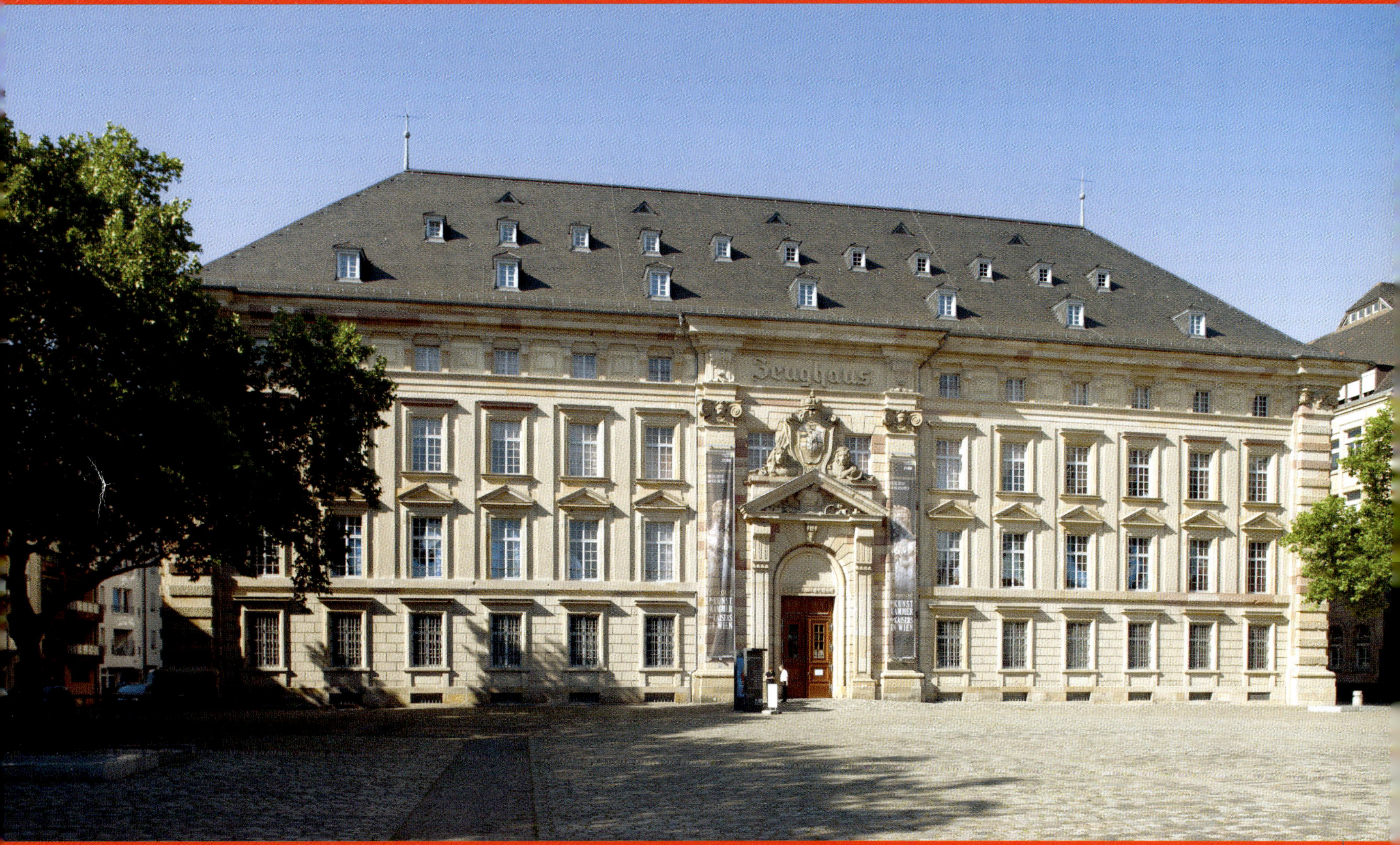

The Armory (Mannheim city center, C 4) 1795

Mannheim kept its character as a fortified city well into the 18th century. Soldiers were a part of the cityscape and accounted for up to one third of the population. This military development of the city, of course, had its negative side. Mannheim was the target of numerous attacks, which brought high casualties and material damage. A sad culmination was reached in 1689, when the city was completely destroyed. During the revolutionary years of the 1790's, Mannheim was repeatedly a contested battlefield. The city was battered again in 1795, when French troops occupying Mannheim were besieged by attacking Austrian forces. In the opinion of the imperial commander, Mannheim had surrendered too soon to the enemy, and now it was time to teach the city a lesson. A massive artillery bombardment destroyed large sections of the city as well as the castle. Mannheim resembled – as a contemporary lament went – an "above-ground Herculaneum." As a consequence, the fortifications were leveled after 1799 and the city lost its character as a fortified city.

(left) In 1777/78, Prince-Elector Karl Theodor had the Armory constructed, a representative building to house military equipment. Photo, circa 1936.
(right) The Armory was badly damaged in World War II and later rebuilt. Today it houses part of the Reiss-Engelhorn Museum. Photo, 2012.

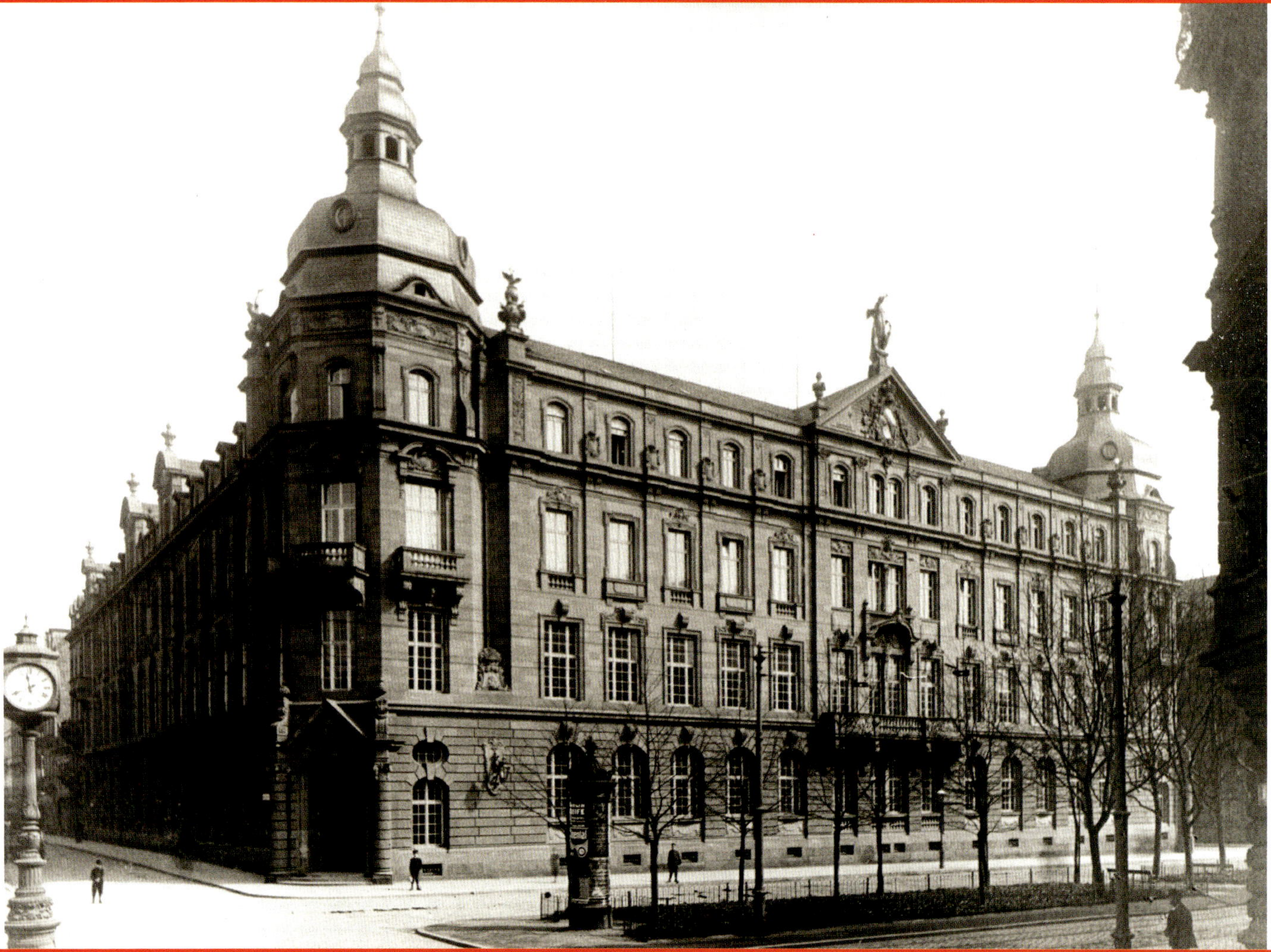

1803 Das badische Bezirksamt (Mannheim-Innenstadt, L 6, 1)

Mit der territorialen Neuordnung Deutschlands im Zeitalter Napoleons verschwand die Kurpfalz von der politischen Landkarte. Im Reichsdeputationshauptschluss von 1803 fielen ihre linksrheinischen Besitzungen an Frankreich, die rechtsrheinischen zum größten Teil an Baden, das in diesen Jahren von einer kleinen Markgrafschaft zum Großherzogtum aufstieg. Nachhaltig betroffen von dieser Entwicklung war auch Mannheim. Die Hoffnungen, der neue Landesherr würde seine Residenz in der Quadratestadt nehmen, erfüllten sich nicht. Im Gegenteil, die einstmals stolze Kapitale der Kurpfalz wurde auf den Status einer badischen Provinzstadt degradiert. Darüber konnte auch nicht der Titel „Großherzoglich Badische Haupt- und Residenzstadt" hinwegtäuschen. Ohne Hof, ohne politisches Entscheidungszentrum und ohne höhere Regierungs- und Verwaltungsbehörden erlebte Mannheim zu Beginn des 19. Jahrhunderts eine tiefe Zäsur. Eine ökonomische wie auch gesellschaftliche Neuorientierung sollte der Stadt letztlich aus der Misere heraushelfen und ihr ein neues Gesicht verleihen.

(links) Manifestation des Staates vor Ort: Das 1903 errichtete neue badische Bezirksamt in L 6, 1. Zuvor war die Behörde im Kaufhaus in N 1 untergebracht. Foto, um 1906.
(rechts) Seit 1938 wird das Gebäude als Polizeipräsidium genutzt. Foto, 2012.

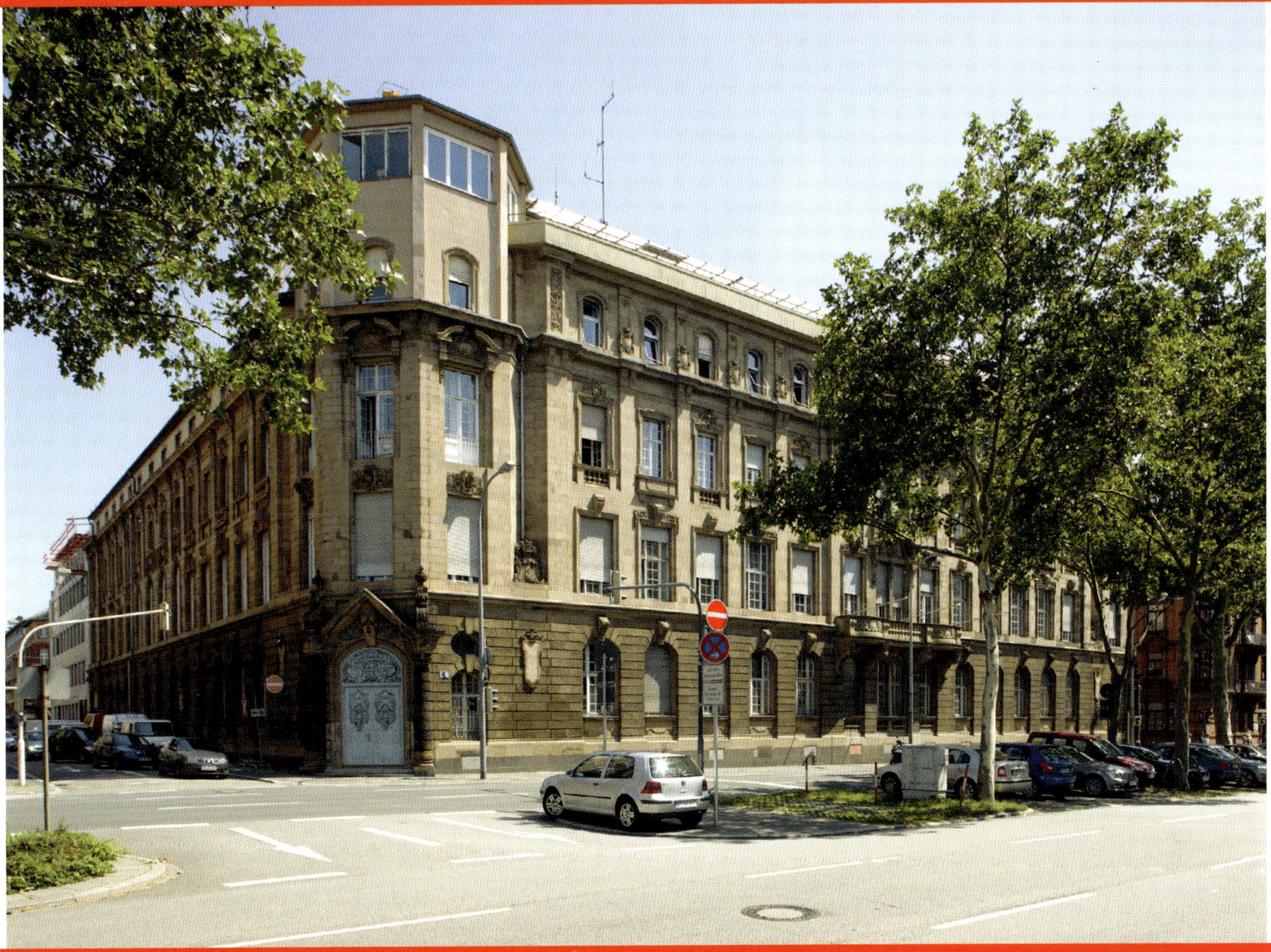

The District Offices of Baden (Mannheim city center, L 6, 1) *1803*

With the territorial reorganization of Germany during the age of Napoleon, the Palatinate disappeared from the political map. In the German Mediatization (Restructuring) of 1803, territory to the left, or west, of the Rhine River fell to France, while territory to the right, or east, of the river fell mostly to Baden, which was raised in these years from a small margraviate to a grand duchy. The city of Mannheim was greatly affected by this change. Hopes that the new ruler would take up residence in the City of the Squares were dashed. On the contrary, the once proud capital of the Electoral Palatinate was downgraded to a provincial city in Baden. The new title of "Grand Ducal Capital and Residence of Baden" deceived no one. Without the court, without a political decision-making center and without the higher offices of government administration, Mannheim experienced a terrible setback at the beginning of the 19th century. An economical as well as social re-orientation would finally help the city out of its plight and give it a new face.

(left) The local manifestation of the State: The new District Offices of Baden were built in 1903 in L 6,1. Before that, the offices were housed in the Kaufhaus in N 1. Photo, circa 1906.
(right) Since 1938, the building has been used as the Police Headquarters. Photo, 2012.

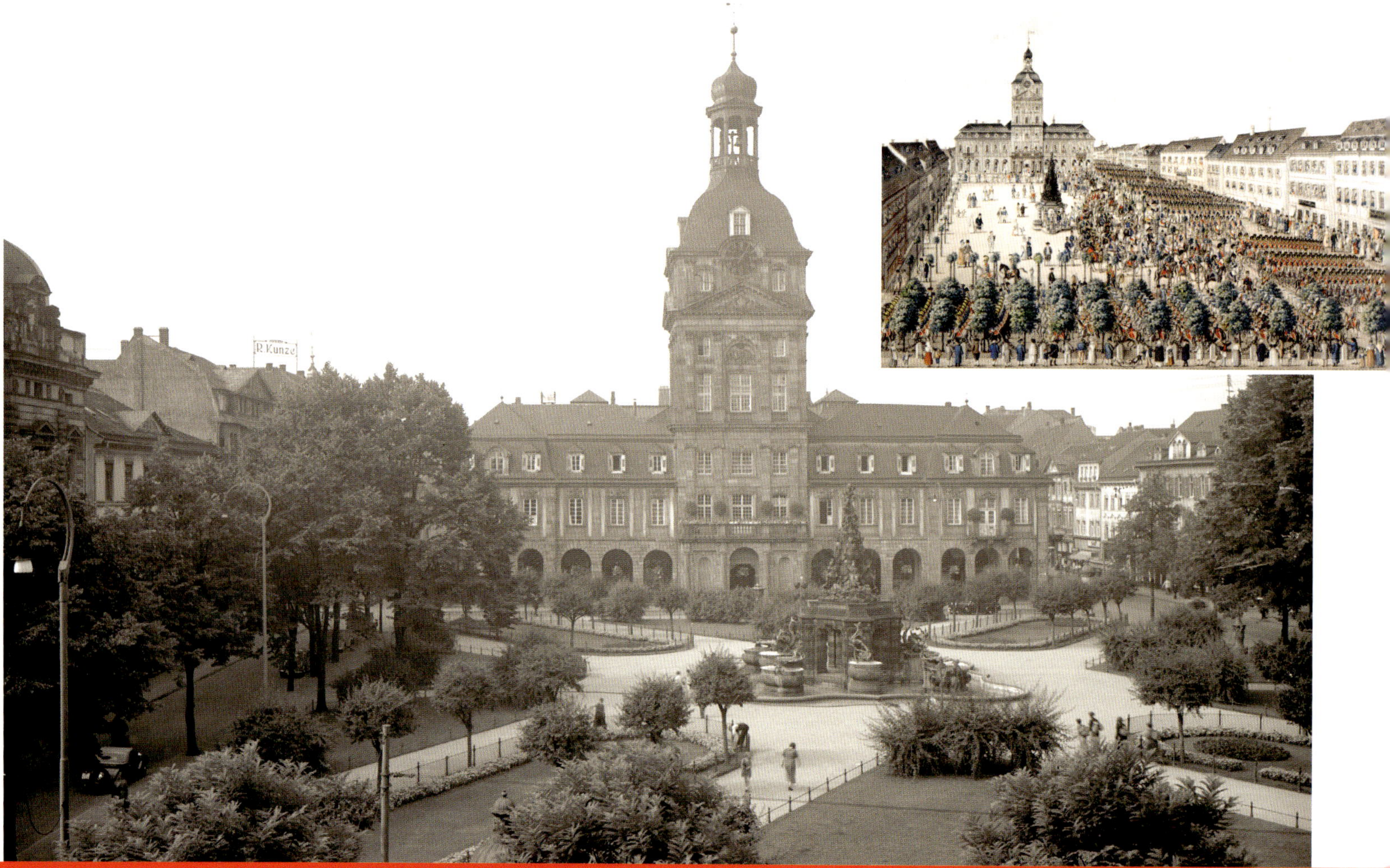

1815 Die bayerische Parade auf dem Paradeplatz (Mannheim-Innenstadt, O 1)

Als Bundesgenosse des französischen Kaisers Napoleon musste Baden Truppen für dessen Kriege stellen. Den desaströsen Russlandfeldzug des Jahres 1812 überlebten von den 1.700 ausgerückten Soldaten des Mannheimer Regiments schätzungsweise gerade einmal 100 Mann. Auch die Befreiungskriege forderten einen hohen Blutzoll von der nunmehr nordbadischen Stadt, die Ende 1813 von russischen Truppen besetzt wurde. In den folgenden Jahren litt die Bevölkerung unter Nahrungsmittelknappheit, Seuchen und vor allem unter Einquartierungen fremder Soldaten. Dennoch wurde der Sieg über Napoleon geradezu euphorisch gefeiert. Höhepunkte waren zwei Paraden, die am 27. Mai bzw. 27. Juni 1815 von bayerischen bzw. russischen Truppen abgehalten wurden. Während erstere auf dem Paradeplatz marschierten und Erinnerungen an die wittelsbachische Zeit Mannheims weckten, nutzten letztere den Theaterplatz. Unter Beifallrufen der Bevölkerung und vor Augen des russischen Zaren Alexander I. und des österreichischen Kaisers Franz I. paradierten nahezu 10.000 Soldaten – ein Ereignis, von dem noch über Generationen hinweg erzählt wurde.

(links) Paradeplatz und Kaufhaus. 1899 erwarb die Stadt Mannheim das Kaufhaus, das fortan als Rathaus diente. Foto, 1936.
(Mitte) Die bayerische Parade wurde von Kronprinz Ludwig anlässlich des Geburtstags seines Vaters Max Joseph I. ausgerichtet. Aquarell von Paul Joseph Karg, um 1815.
(rechts) Blick auf den heutigen Paradeplatz. Das ehemalige Kaufhaus in N 1 wurde im Zweiten Weltkrieg zu weiten Teilen zerstört und in den 1980er Jahren in modernem Stil als Stadthaus wieder aufgebaut. Foto, 2012.

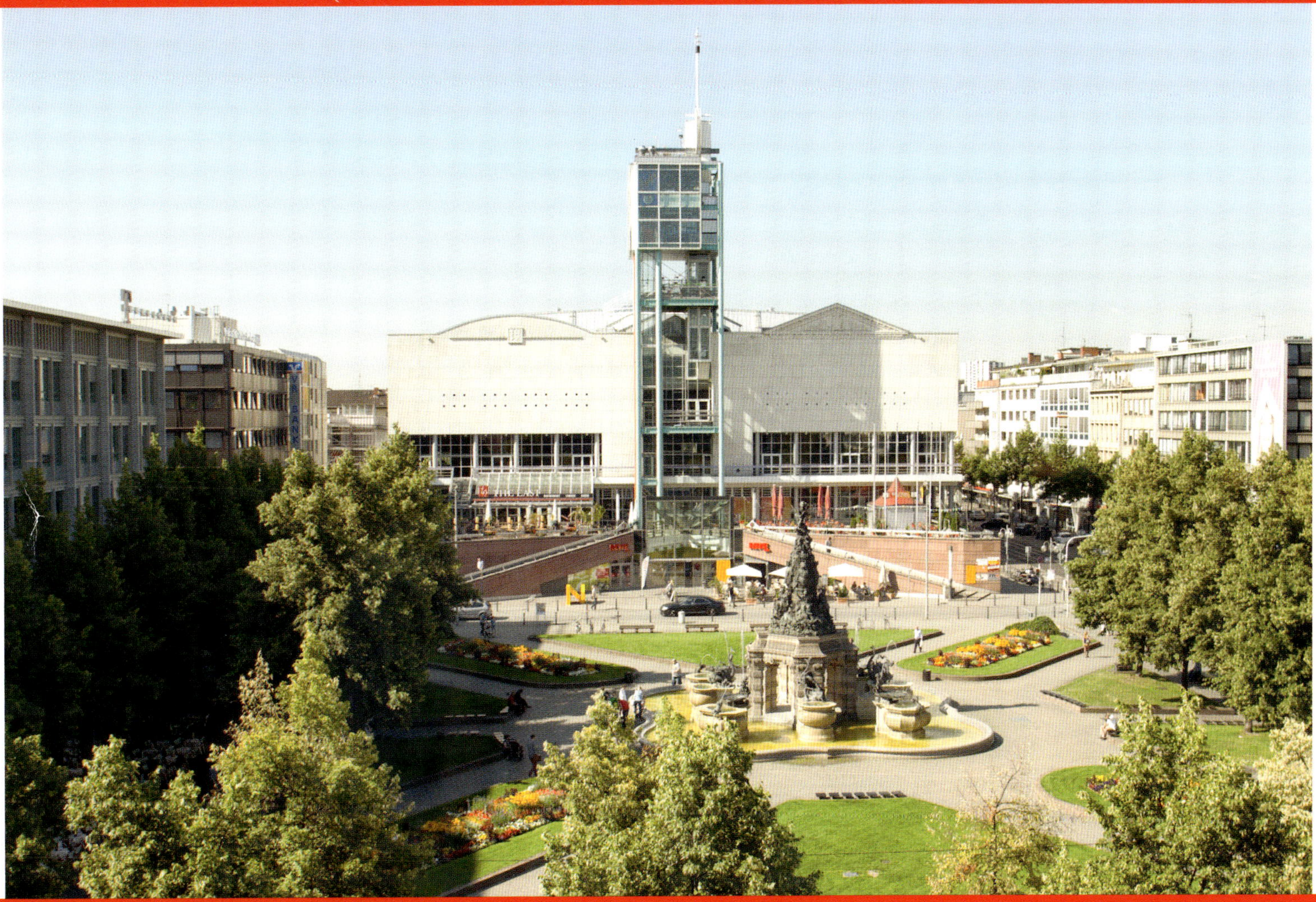

The Bavarian parade on Paradeplatz (Mannheim city center, O 1) 1815

As an ally to the French Emperor Napoleon, Baden was required to provide troops for his wars. It is estimated that of the 1,700 soldiers of the Mannheim regiments, only about 100 survived the disastrous Russian campaign of 1812. The Wars of Liberation also demanded a high toll from the city now a part of northern Baden, which was occupied by Russian troops at the end of 1813. In the following years, the population suffered from famine and disease, but especially under the quartering of foreign soldiers. In spite of this, the victory over Napoleon was wildly celebrated. High points of this triumph were two parades, one held by Bavarian troops on 27 May 1815 and the other by Russian troops on 27 July 1815. The first parade brought back memories of the Wittelsbach years in Mannheim as the soldiers marched on Paradeplatz (Parade Square), the second was held on Theaterplatz. To waves of applause from the public, nearly 10,000 soldiers marched before the Russian Czar Alexander I and the Austrian Emperor Franz I – an occasion still recounted generations later.

(left) Paradeplatz and Kaufhaus. The city of Mannheim bought the Kaufhaus in 1899, and used it as a City Hall. Photo, 1936.
(middle) The Bavarian Parade was held by Crown Prince Ludwig in commemoration of the birthday of his father, Max Joseph I. Watercolor by Paul Joseph Karg, circa 1815.
(right) A view of the present-day Paradeplatz. The earlier Kaufhaus in N 1 was destroyed to a great extent in World War II and rebuilt in a modern style in the 1980's as a Stadthaus. Photo, 2012.

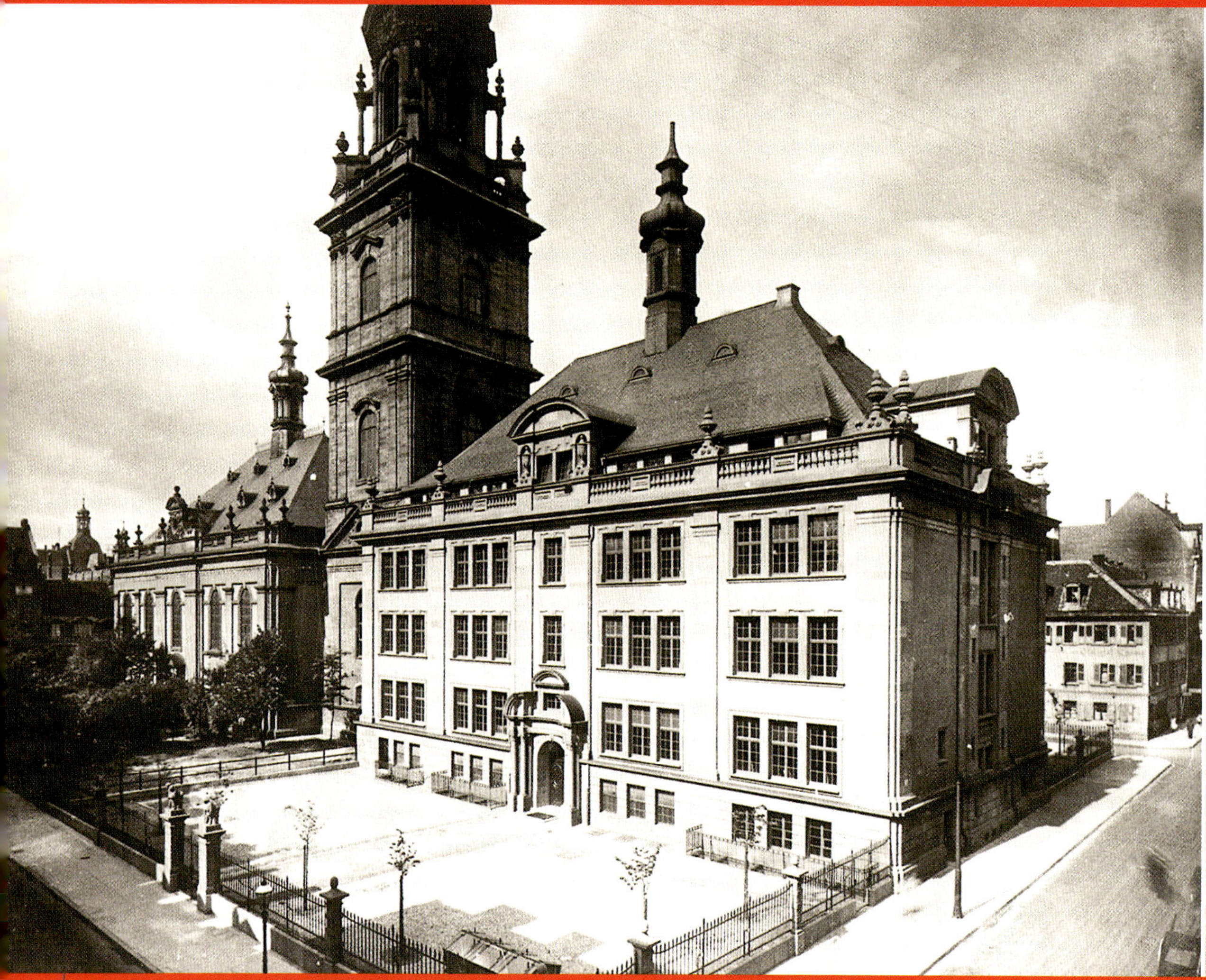

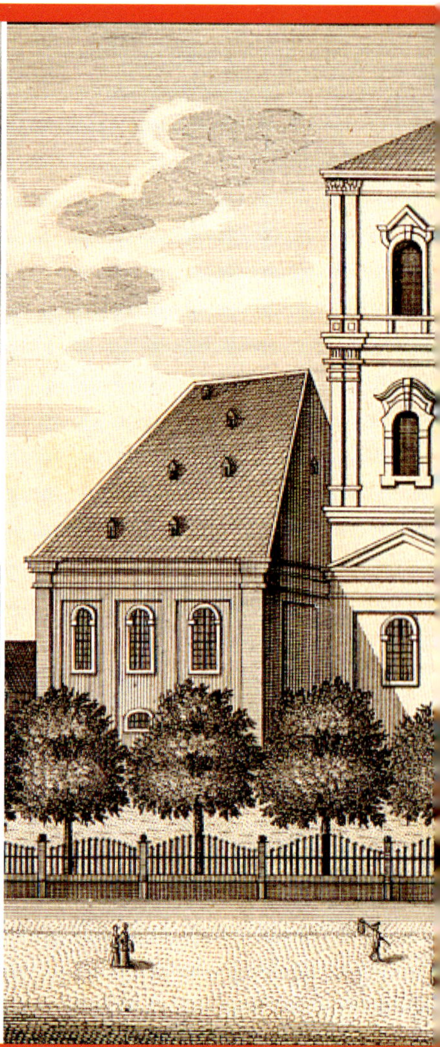

1821 Sinnbild der Kirchenunion: Konkordienkirche (Mannheim-Innenstadt, R 2)

Wie kaum ein anderes Gebäude symbolisiert die Kirche in R 2 die religiöse Vielfalt in Mannheim, aber auch den Willen zur konfessionellen Einigung. In den ersten Jahren des 18. Jahrhunderts stand hier auf dem Boden der 1689 zerstörten reformierten „Nationalkirche" zunächst eine hölzerne Notkirche, die von allen Konfessionen genutzt wurde. 1706 erfolgte die Grundsteinlegung für eine neue Doppelkirche, die von der deutsch- bzw. der kleineren wallonisch-reformierten Gemeinde unterhalten und genutzt werden sollte. 1795 wurde das Gotteshaus erneut zerstört, die Reformierten fanden nun Unterschlupf in der lutherischen Trinitatiskirche. Aufgrund dieser Erfahrungen setzten die protestantischen Gemeinden in Mannheim sich für die Vereinigung der Konfessionen ein. Ihre diesbezügliche Resolution fand positiven Widerhall im ganzen Großherzogtum und führte 1821 zur Gründung der Vereinigten evangelisch-protestantischen Kirche in Baden. Zum Sinnbild dieser Entwicklung wurde in Mannheim die in Teilen wiederaufgebaute Kirche in R 2, die seither unter dem Namen Konkordienkirche firmiert.

(links) Ehemalige Doppelkirche in R 2. Links die Konkordienkirche, rechts der erst 1914 wieder aufgebaute Gebäudeteil, der seither als Schulhaus dient. Foto, um 1917.
(Mitte) Reformierte Doppelkirche vor der Zerstörung 1795. Kupferstich der Gebrüder Klauber, 1782.
(rechts) Citykirche Konkordien mit Mozartschule. Foto, 2012.

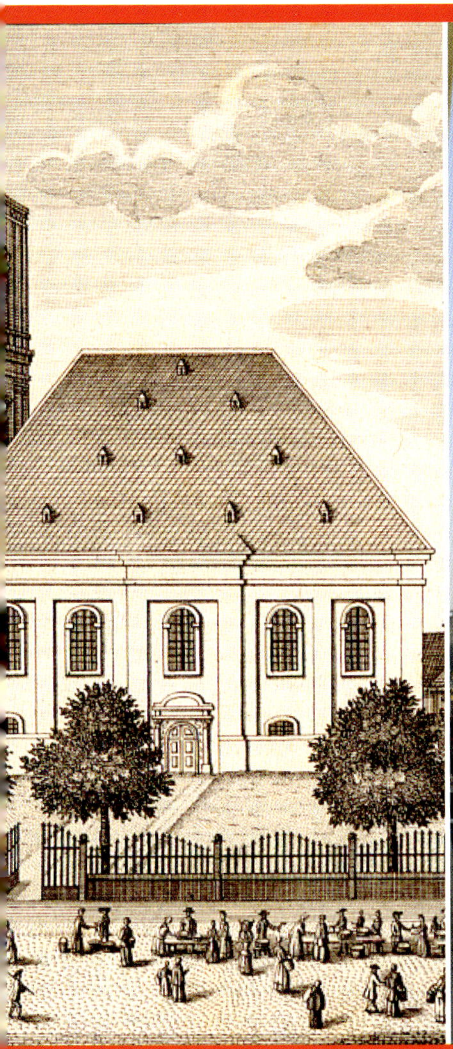

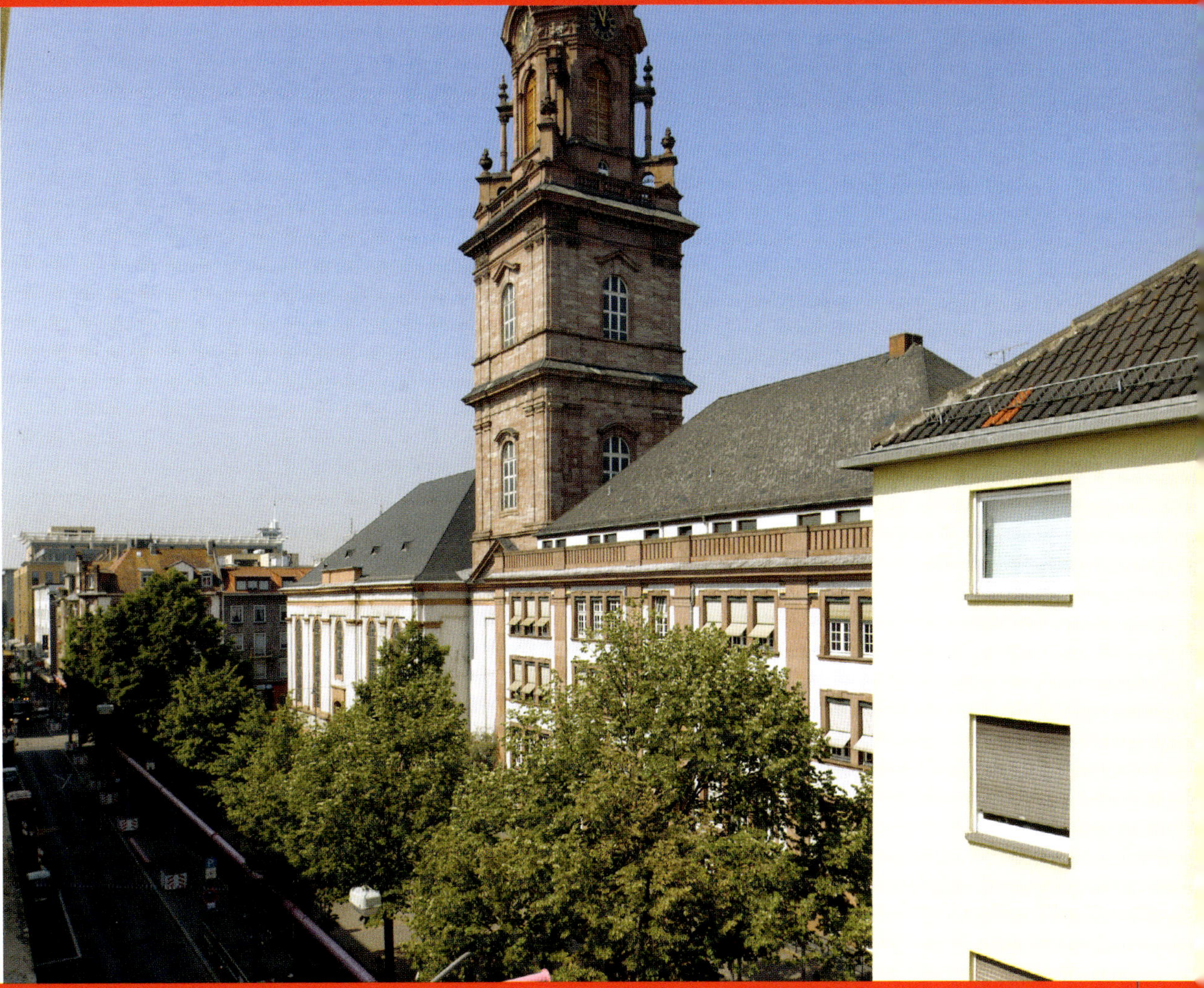

The symbol of church unification: Concordia Church (Mannheim city center, R 2) *1821*

As perhaps no other building, the church in R 2 symbolizes religious diversity in Mannheim as well as the desire for denominational unity. In the first years of the 18th century, on the site of the reformed "National Church," which was destroyed in 1689, a temporary wooden church was initially built to be used by all confessions. In 1706, the foundation stone was laid for a new combined church, to be used by the German Reformed Church and the smaller Walloon Reformed Church. In 1795, this church was destroyed again, and the Reformed congregation found shelter in the Lutheran Trinity Church. As a result of these experiences, Protestant churches of Mannheim supported the unification of their confessions. Their resolution concerning this question found a positive echo throughout the entire grand duchy and lead to the creation of the Unified Protestant Church in Baden in 1821. The partially rebuilt church in R 2 became a symbol of this development in Mannheim, and has since then been called the Concordia Church.

(left) The former combined church in R 2. To the left is the Concordia Church, to the right the sections rebuilt only after 1914, which since then have been used as a school. Photo, circa 1917.
(middle) The Reformed combined church before its destruction in 1795. Copperplate engraving by the Klauber Brothers, 1782.
(right) Concordia City Church with Mozart School. Photo, 2012.

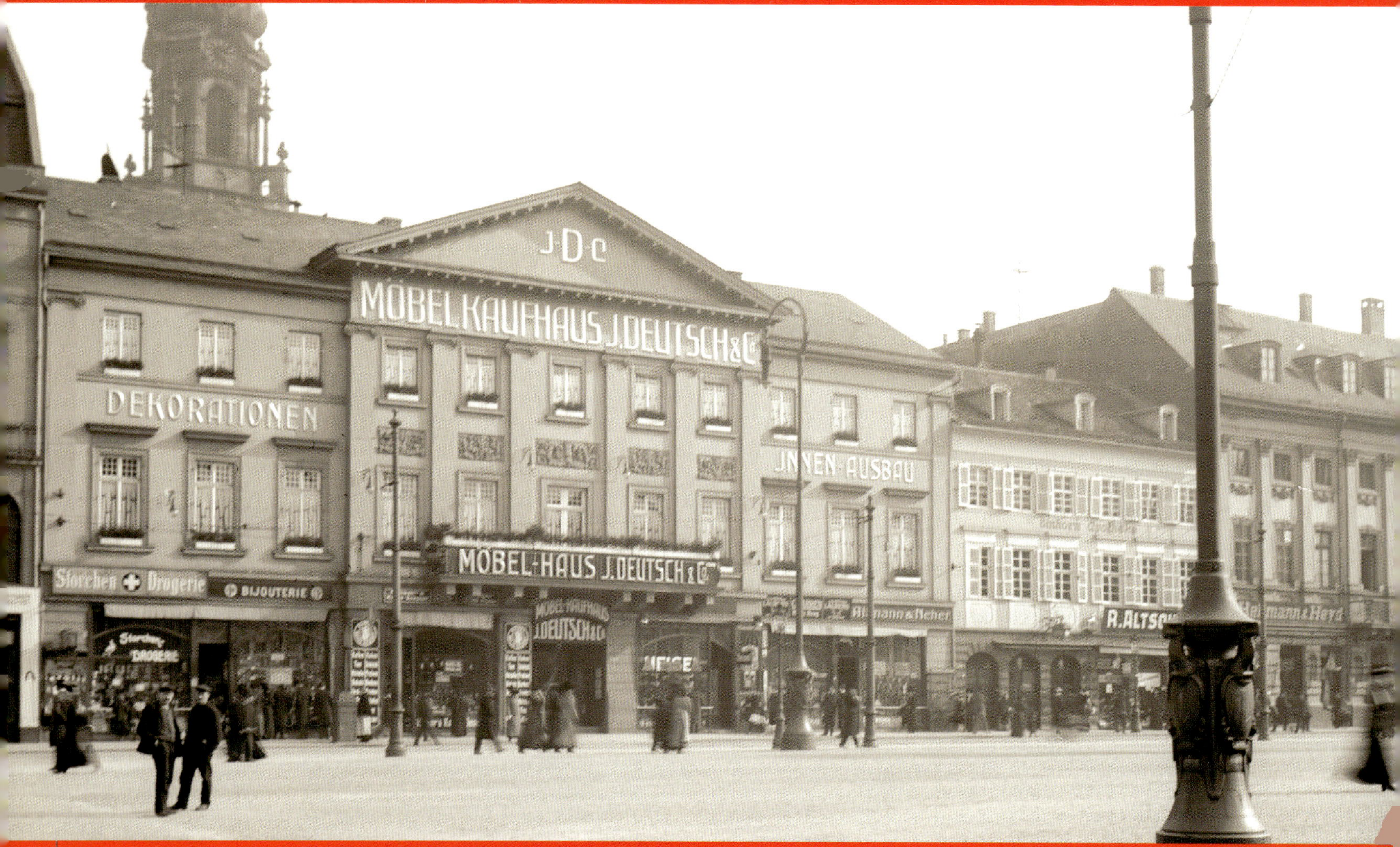

1830 Die Familie Bassermann (Mannheim-Innenstadt, R 1, 4–6)

Erst nach Jahrzehnten sollte es Mannheim gelingen, den 1803 erlittenen politischen und administrativen Abstieg zu einer badischen Provinzstadt zu kompensieren und sich allmählich aber sicher als Handelszentrum am Oberrhein zu etablieren. Mannheim wurde zum badischen Speditionsort für den Neckar bestimmt, so dass für alle Schiffe Umladezwang in der Quadratestadt bestand. Davon profitierte ein Kreis erfolgreicher Großkaufleute, welche die neuen Rahmenbedingungen gewinnbringend zu nutzen wussten. Zu ihnen gehörte mit der Familie Bassermann eine Kaufmannsdynastie, die im Handel mit Tabak, Wein, Getreide und vor allem Stoffen zu Reichtum aufstieg. Ihr Wohlstand manifestierte sich in der Errichtung eines prunkvollen Stadtsitzes 1829/30 in R 1, 4-6. Am Marktplatz und damit direkt neben dem in die Jahre gekommenen adligen Hillesheim'schen Palais gelegen, war es ein Zeichen für den Aufstieg des Wirtschaftsbürgertums und den endgültigen Abstieg des lange Zeit dominierenden Adels, womit ein neues Kapitel in der Mannheimer Stadtgeschichte aufgeschlagen wurde.

(links) Blick vom Marktplatz auf das Bassermann'sche Palais. 1913 hatte die Familie das Gebäude, das fortan als Geschäftshaus diente, aufgegeben und war in die Oststadt gezogen. Ganz rechts das Hillesheim'sche Palais. Foto, um 1914.
(rechts) Nach der Zerstörung des Palais im Zweiten Weltkrieg trat an seine Stelle ein modernes Wohn- und Geschäftshaus, das seither mehrmals umgebaut wurde. Foto, 2012.

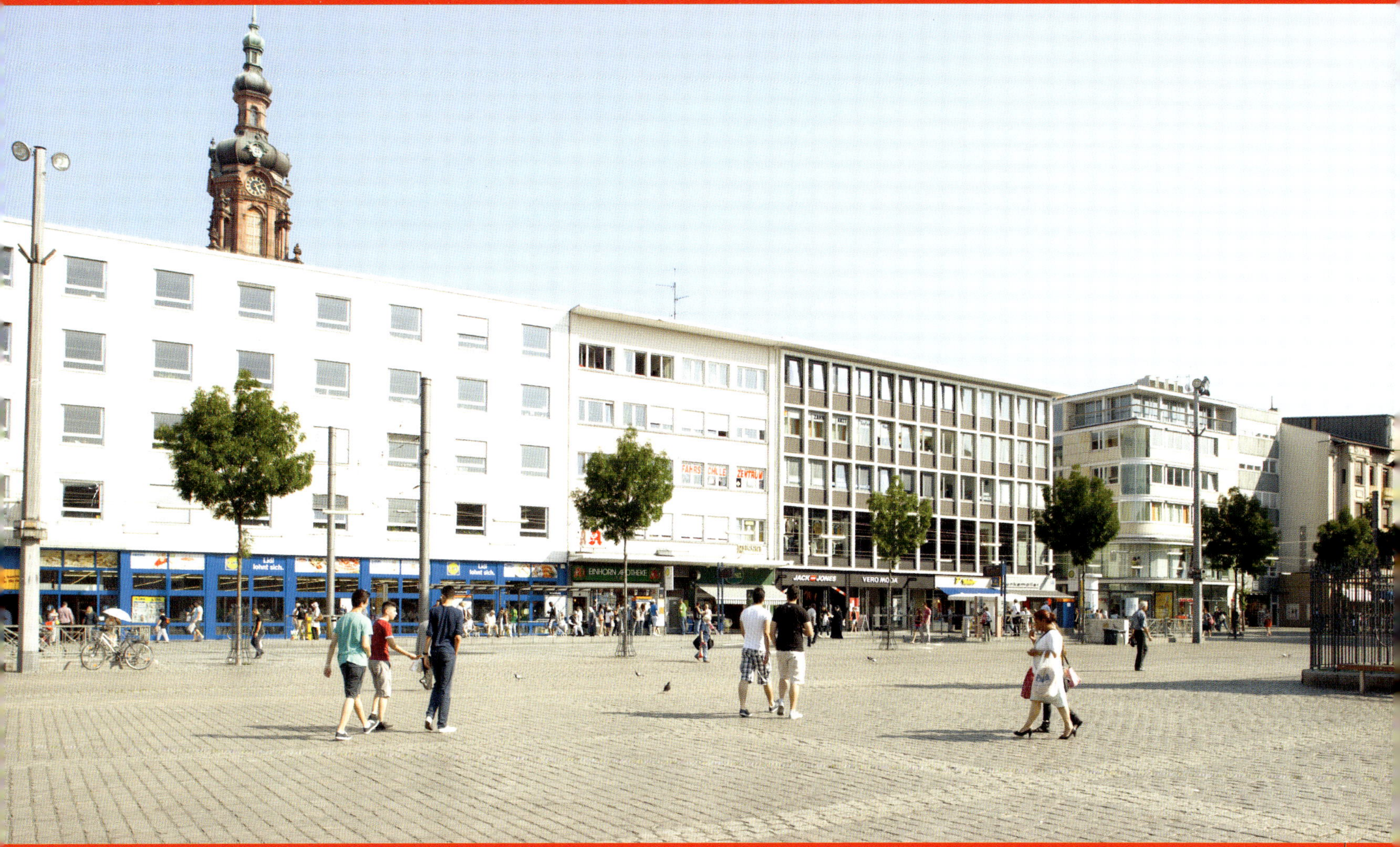

The Bassermann family (Mannheim city center R 1, 4–6) 1830

Only after several decades would it be possible for Mannheim to recoup from the political and administrative decline to a provincial city following 1803, and gradually establish itself as a commercial center on the upper Rhine. Mannheim became a center for ship traffic on the Neckar, so that all ships had to be reloaded here in the City of the Squares. A circle of successful businessmen, who knew how best to take advantage of these conditions, profited greatly. Among them was the Bassermann family, a dynasty of merchants who rose to riches with the trade of tobacco, wine and grain, and especially cloth. Their wealth was evident in the construction of a luxurious city home in 1829/30 in R 1, 4-6. On Market Square and therefore directly next to the aging aristocratic Hillesheim Palace, it was a symbol of the rise of the economic bourgeoisie and the final fall of the nobility, which had for so long dominated life. A new chapter in Mannheim's city history had begun.

(left) A view of Market Square and the Bassermann Palace. After the family moved to the Oststadt in 1913, the house was used as a store. To the right, the Hillesheim Palace. Photo, circa 1914.
(right) After the destruction of the Palace in World War II, a modern apartment complex and stores were built in its place, which have since been renovated several times. Photo, 2012.

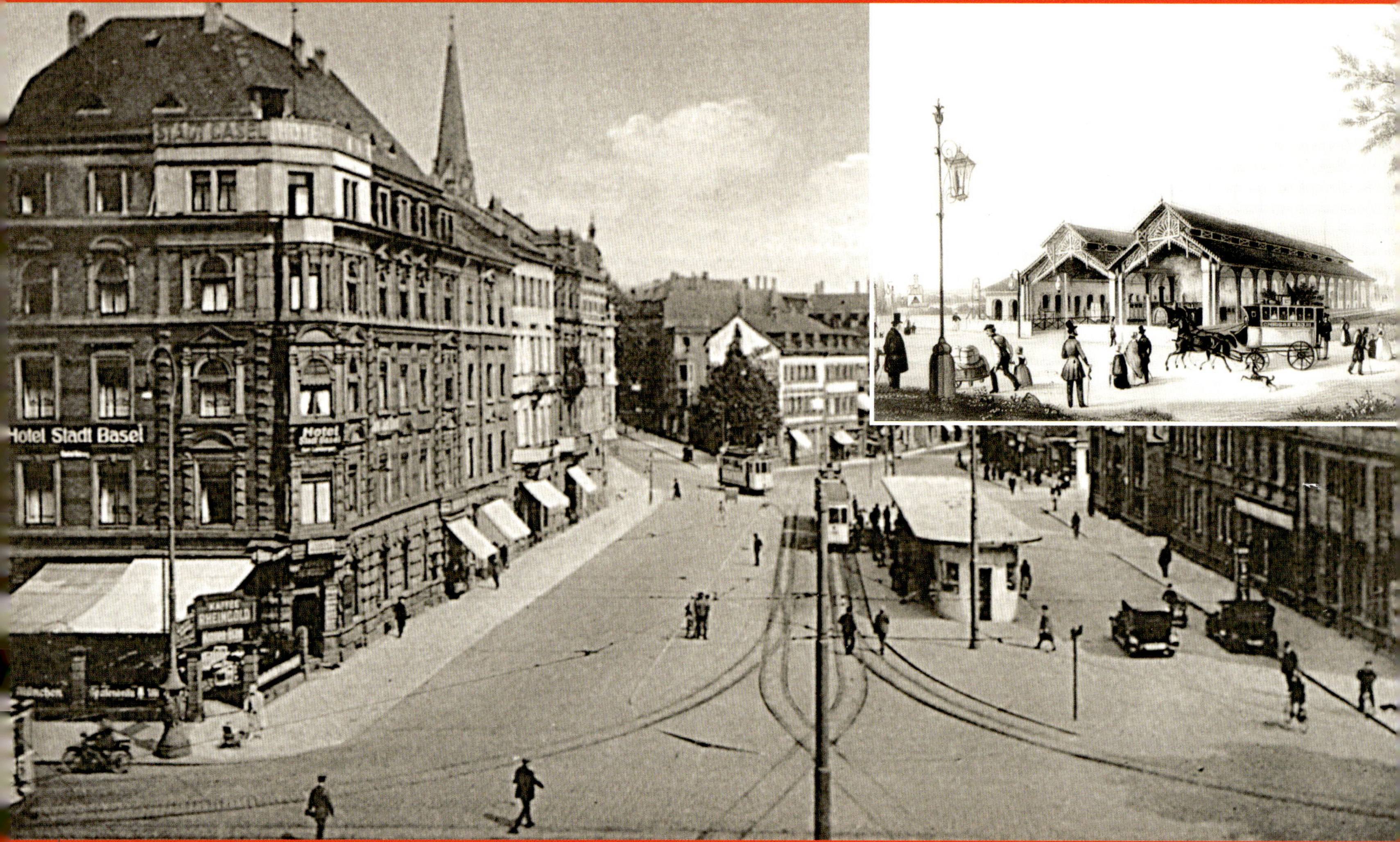

1840 Eisenbahn- und Hafenbau (Tattersall)

In Anwesenheit von Großherzog Leopold fand am 17. Oktober 1840 eine prachtvolle Feier zur Eröffnung des neuen Mannheimer Hafens statt. Mit einer Wasserfläche von 2,5 Hektar, zahlreichen Ladeeinrichtungen und -speichern war er der größte seiner Art am Rhein. Die Tatsache, dass der Rhein flussaufwärts und auch der Neckar ab Mannheim nur mit kleineren Schiffen befahrbar war, verlieh der Quadratestadt als Endpunkt der großen, modernen Dampfschifffahrt eine Schlüsselstellung für den gesamten Warenhandel im südwestdeutschen Raum. Nur wenige Wochen vor der Hafeneröffnung, am 12. September, war mit der Strecke Mannheim – Heidelberg die erste badische Eisenbahnstrecke in Betrieb genommen worden, als erster Abschnitt der Verbindung von Mannheim nach Basel. Auch wenn die Quadratestadt zunächst keinen direkten Anschluss an die Nordstrecke nach Frankfurt erhielt – hier entschied sich die badische Regierung für Friedrichsfeld als Knotenpunkt –, so bildeten die Eisenbahn mit dem Bahnhof am Tattersall und der Hafen wesentliche Grundlagen für den Aufstieg Mannheims zur Drehscheibe des Verkehrs und damit zur Handelsmetropole.

(links) Blick auf die großzügig angelegte Straßenbahnhaltestelle Tattersall. Postkarte, um 1930.
(Mitte) Der erste Mannheimer Bahnhof befand sich am heutigen Tattersall. Lithographie, um 1840.
(rechts) Die im Stil der Neuen Sachlichkeit konzipierte Straßenbahnhaltestelle aus dem Jahr 1928 hat sich bis heute erhalten und steht unter Denkmalschutz. Foto, 2012.

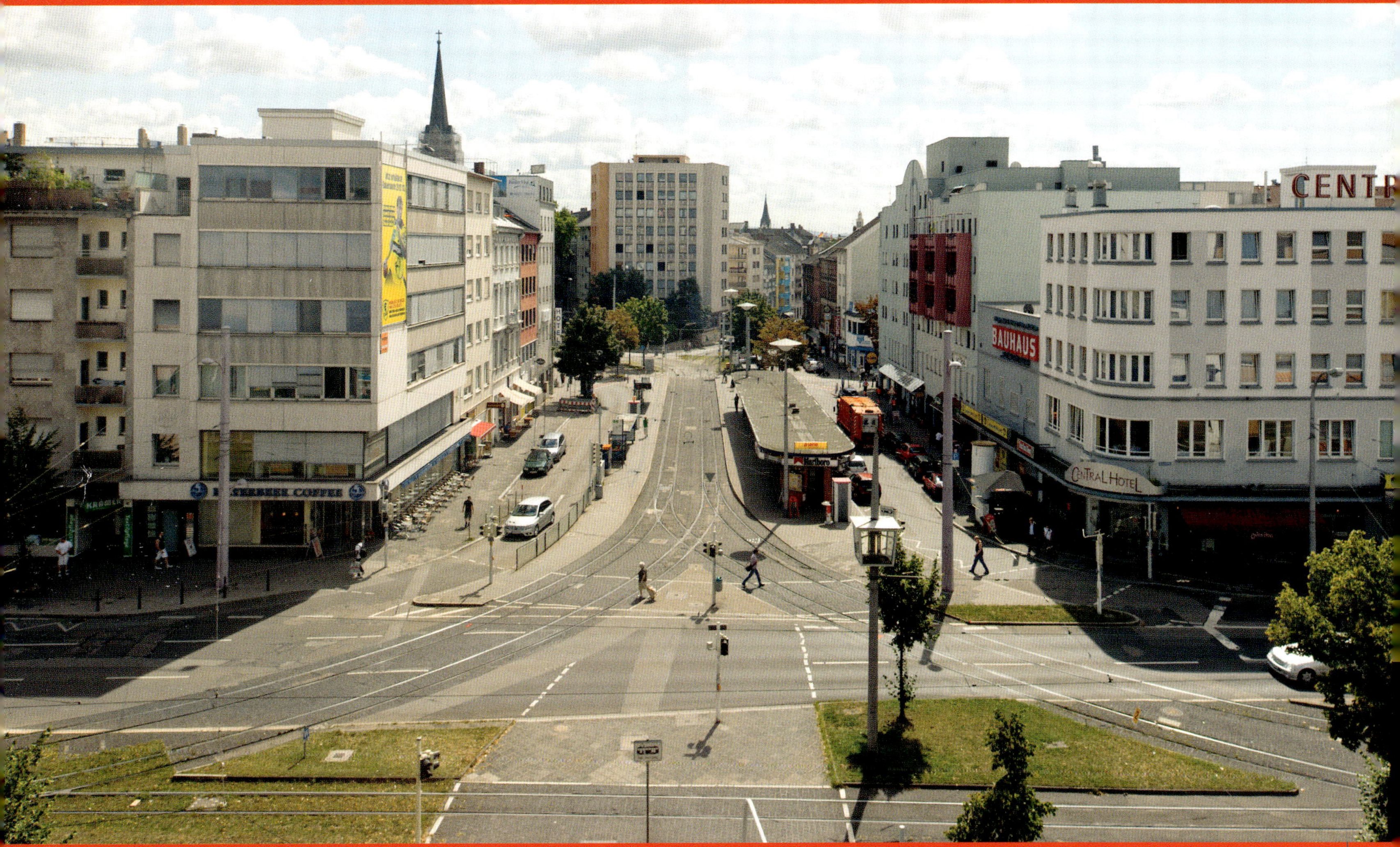

Building the railroads and the harbor (Tattersall) 1840

In the presence of Grand Duke Leopold, a great celebration took place on 17 October 1840 to open the new Mannheim harbor. With its almost 2.5 acres, numerous cranes and storage buildings, the harbor was the largest of its kind on the Rhine. The fact that the Rhine upriver from Mannheim and the Neckar were only navigable with smaller ships, meant that the City of the Squares became a terminus for large, modern steamships and assumed a key position for all commercial trade in southwestern Germany.

On 12 September 1840, only a few weeks before the opening of the harbor, the first railroad in all of Baden was inaugurated. The line from Mannheim to Heidelberg was the first section to be built of the projected system between Mannheim and Basel. Even though the City of the Squares had no stop at first on the railroad line north to Frankfurt – the Baden government decided on Friedrichsfeld as a junction – the railroad with its station at Tattersall and the harbor provided important foundations for Mannheim's rise to becoming a crossroads for transportation and thus a modern commercial metropolis.

(left) A view of the spacious streetcar station at Tattersall. Postcard, circa 1930.
(middle) Mannheim's first train station was located at today's Tattersall. Lithography, circa 1840.
(right) Built in the New Objectivity style in 1928, the streetcar station has been preserved and is now protected as a historical heritage site. Photo, 2012.

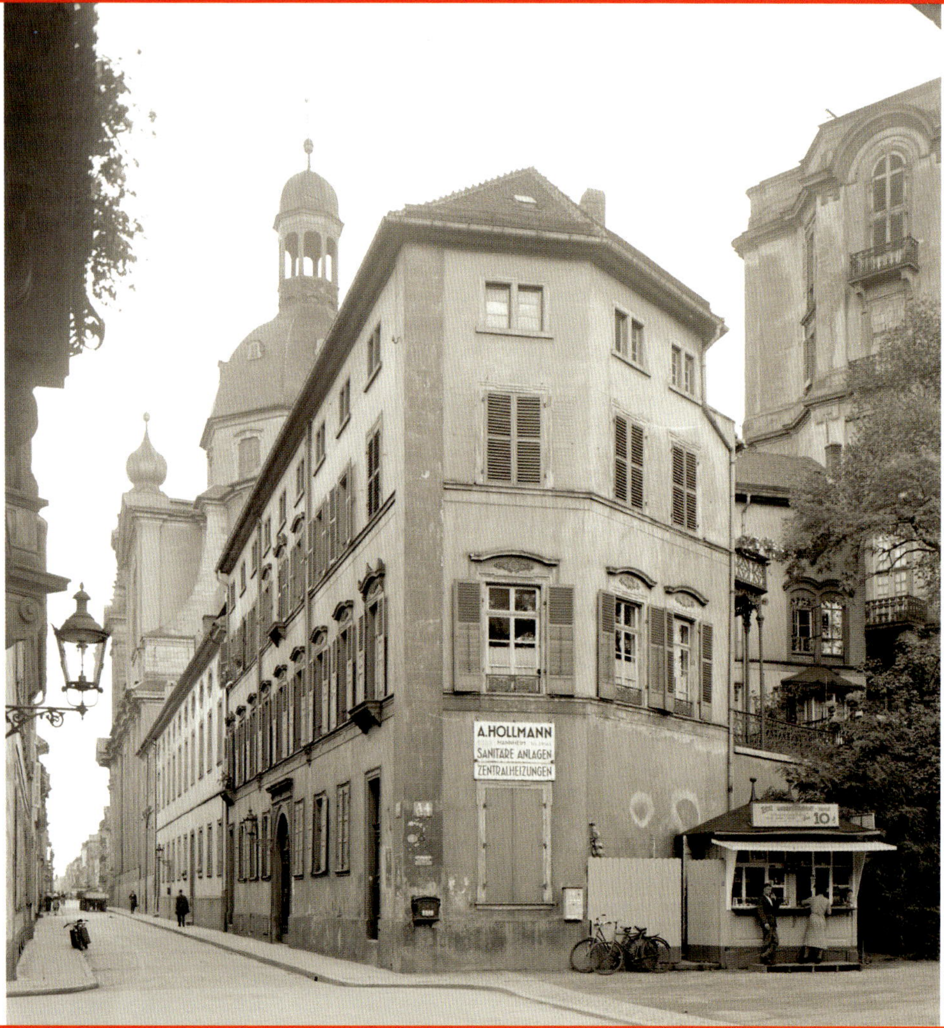

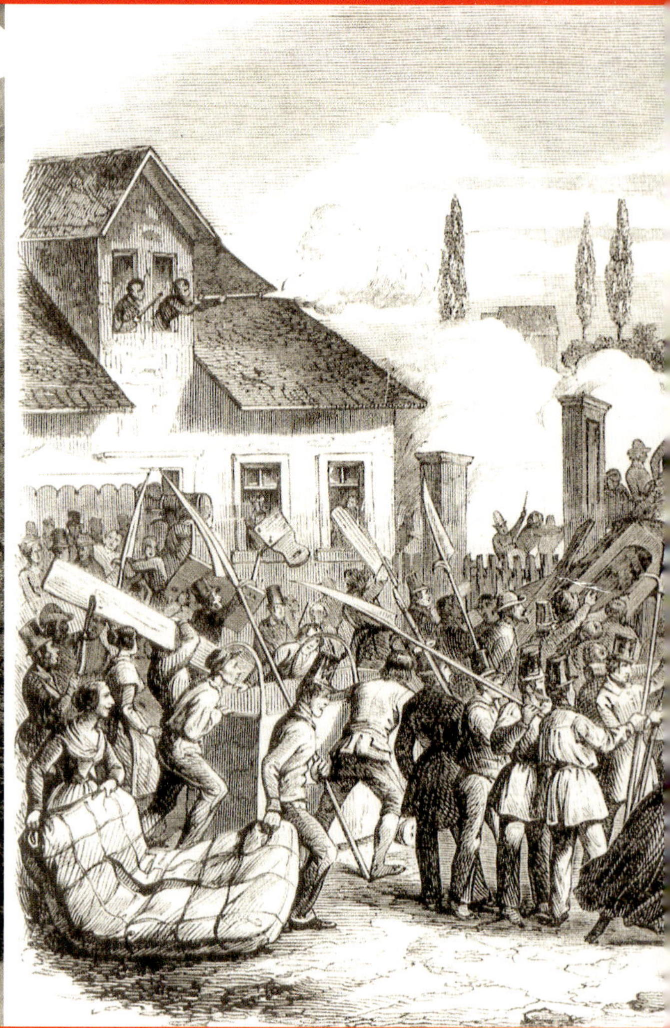

1848/49 Mannheim als Zentrum der Revolution von 1848/49 (Mannheim-Innenstadt, A 4, 5)

In der Aula des Lyzeumsgebäudes fand am 27. Februar 1848 eine Aufsehen erregende Versammlung statt. Aufgeputscht von den revolutionären Ereignissen in Paris, trafen sich hier die Spitzen der Mannheimer Vormärzopposition vor rund 2.500 Zuhörern und debattierten über die politische Situation. Die dabei erhobenen Rufe nach Pressefreiheit, Schwurgerichten, Volksbewaffnung und einem deutschen Parlament strahlten ins gesamte Land aus und bildeten als „Mannheimer Märzforderungen“ die programmatische Grundlage für die Revolution. Mannheim blieb auch in den folgenden Monaten ein revolutionäres Zentrum. Nicht nur stellte es mit den Radikalen Friedrich Hecker und Gustav Struve sowie gemäßigten Liberalen wie Friedrich Daniel Bassermann, Alexander von Soiron oder Karl Mathy zahlreiche führende Köpfe der Jahre 1848/49, auch die Stadt selbst wurde immer wieder zum Feld erbitterter Auseinandersetzungen. Wie in ganz Baden bereiteten 1849 preußische Interventionstruppen auch in Mannheim der Revolution ein Ende, zahlreiche ihrer Protagonisten flohen ins Exil, fünf jedoch wurden hingerichtet.

(links) Blick in die „Kalte Gasse“ mit dem Lyzeum, dem Geburtsort der Mannheimer „Märzforderungen“. Foto, 1936.
(Mitte) Im April 1848 wurde Mannheim zum Feld gewalttätiger Auseinandersetzungen zwischen Revolutionären und Gemäßigten: Barrikade an der Rheinbrücke. Holzschnitt, 1848.
(rechts) Blick in die „Kalte Gasse“. Foto, 2012.

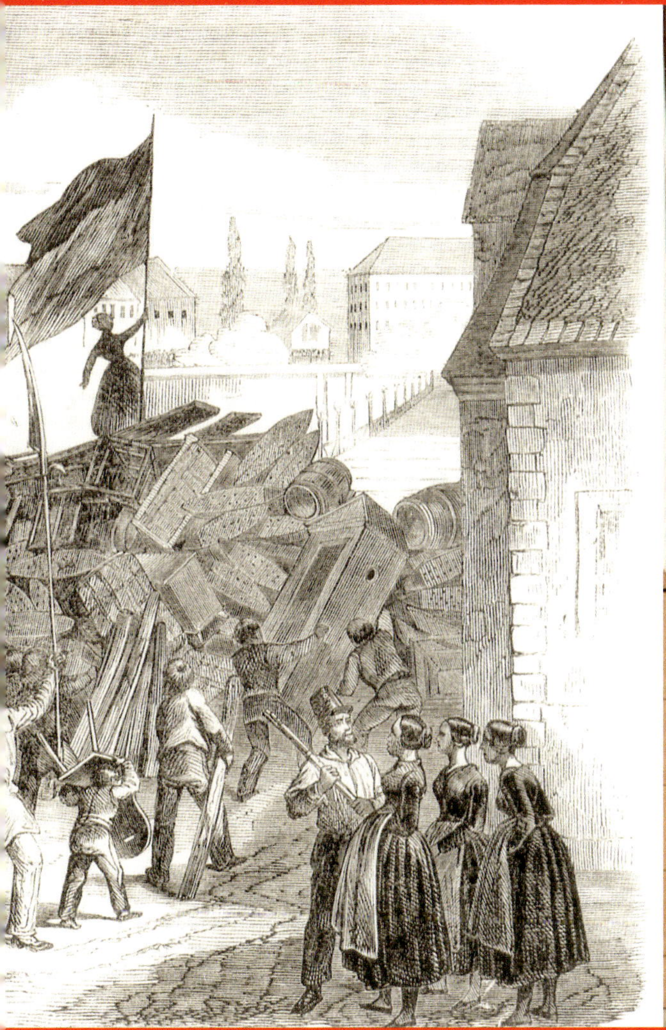

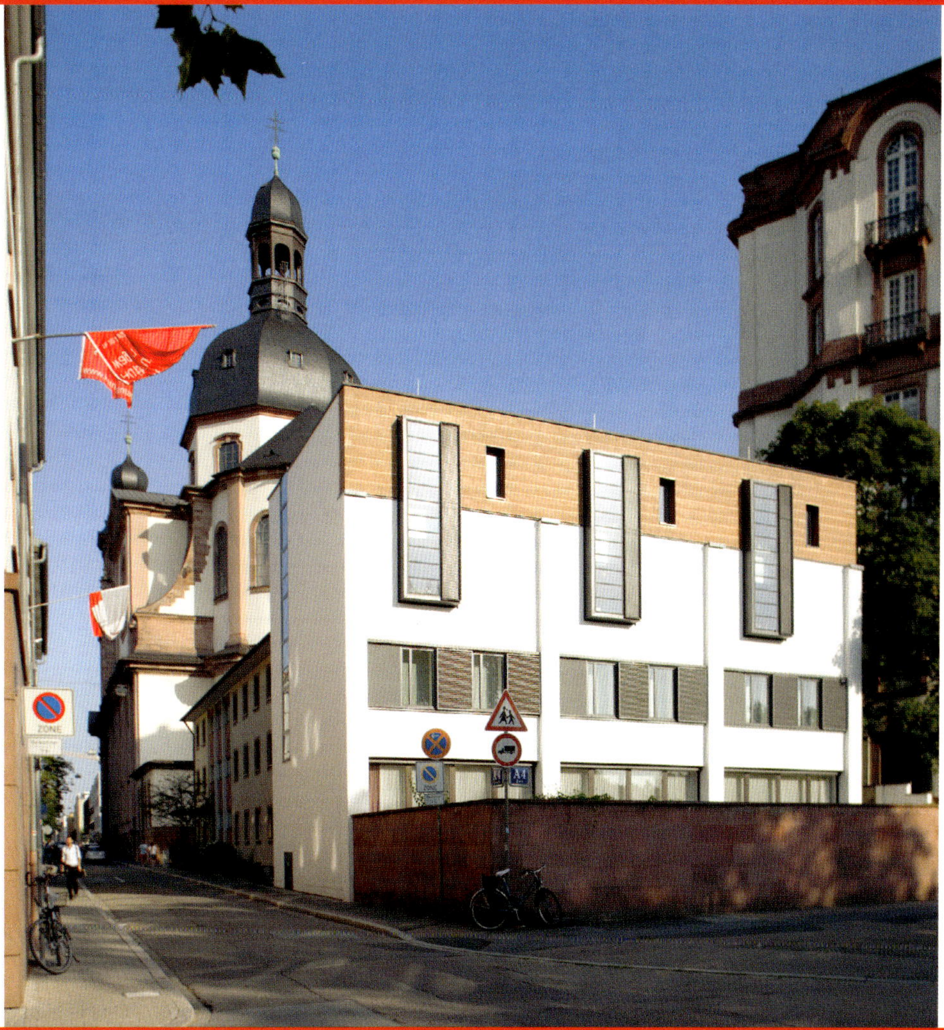

Mannheim as a center of the Revolution of 1848/49 (Mannheim city center, A 4, 5) 1848/49

On 27 February 1848, a meeting in the auditorium of the Lyceum caused quite a sensation. Energized by the revolutionary events in Paris, the leaders of the Pre-March opposition debated the political situation before some 2,500 listeners. The call for freedom of the press, trial by jury, the right of the people to bear arms and a German parliament spread throughout the region and, known as the "Mannheim March Demands," remained programmatic for the Revolution. Mannheim continued to be a center of the Revolution for the next months. Not only the revolutionaries Friedrich Hecker and Gustav Struve, but also such moderate liberals as Friedrich Daniel Bassermann, Alexander von Soiron and Karl Mathy and numerous other leaders of the years 1848/49 were in Mannheim at the time. The city itself was the site of bitter contention. As in all of Baden, the Prussian troops, which intervened in 1849, brought the Revolution to an end, and many protagonists fled into exile, except for five men who were executed.

(left) A view of the Kalte Gasse with the Lyceum, the birthplace of the "Mannheim March Demands." Photo, 1936.
(middle) In April 1848, Mannheim was the site of violent disputes between revolutionaries and moderates: barricades on the Rhine Bridge. Woodcut, 1848.
(right) A view of the Kalte Gasse. Photo, 2012.

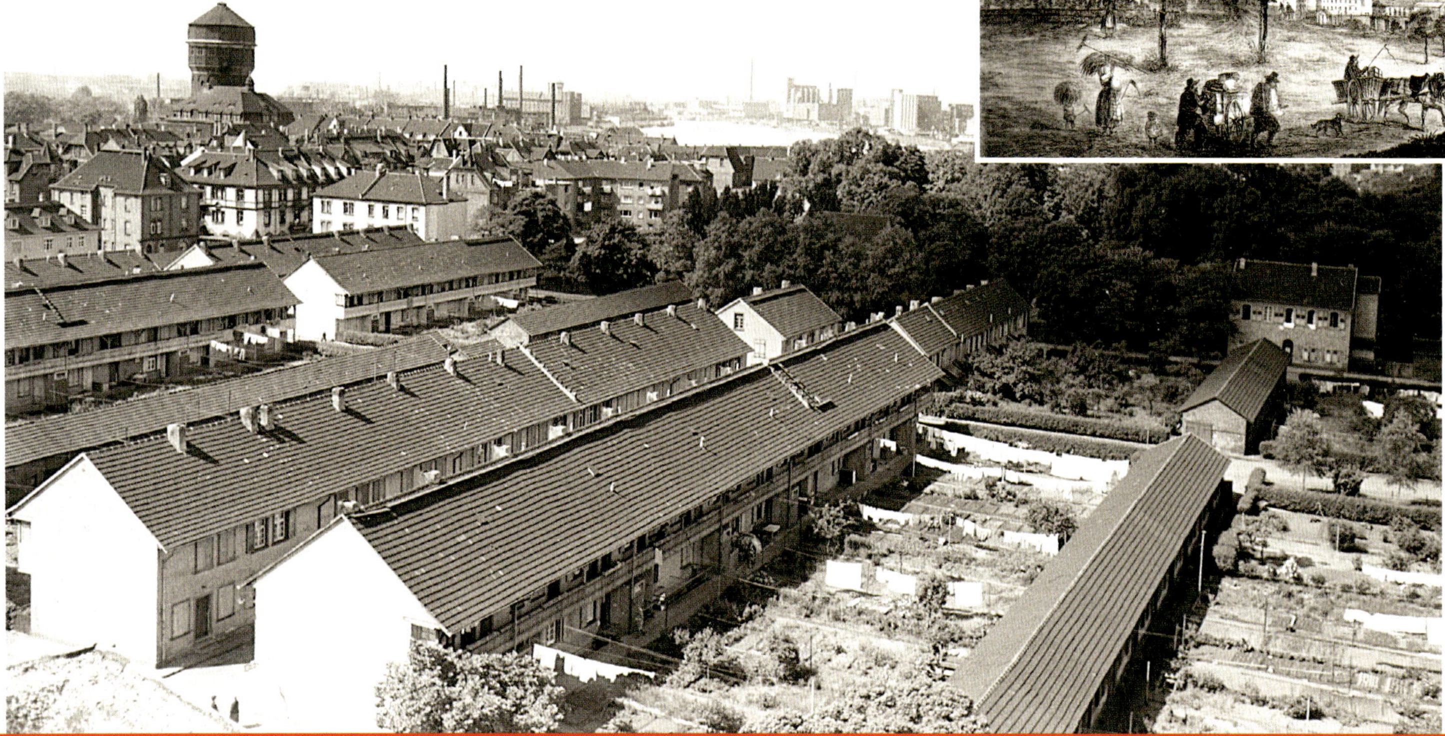

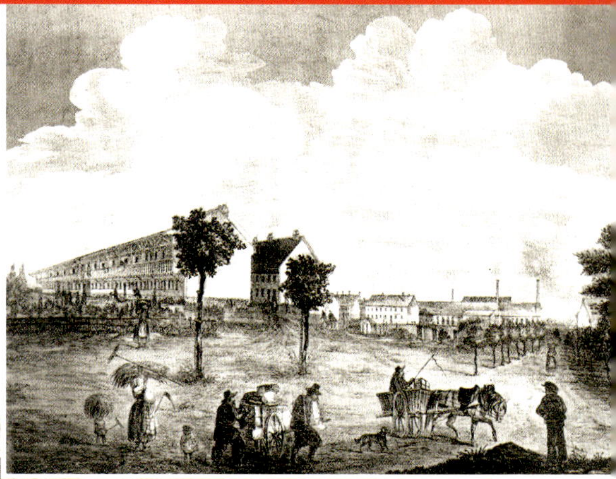

1854 Gründung der Spiegelglasmanufaktur auf dem Waldhof (Spiegelstraße)

Die Eröffnung der Spiegelglasmanufaktur 1854 auf dem Gelände des ehemaligen Guts Waldhof auf Käfertaler Gemarkung leitete eine neue Epoche der Mannheimer Stadtgeschichte ein. Auf technisch hohem Niveau wurden hier erstmals in großem Umfang Produkte industriell hergestellt. An die Spiegelfabrik angegliedert war mit der sogenannten Spiegelkolonie eine eigene Siedlung, in der anfangs rund 300 Facharbeiter wohnten. Auch in Mannheim selbst ließen sich in den 1850er Jahren erste Industriebetriebe nieder, meist in den äußeren Quadraten – zunächst chemische und Tabak produzierende Betriebe, später der Maschinenbau. Dabei blieb die Quadratestadt der Wohnort der Arbeiter der Fabriken der Umgebung, wohingegen sich der Waldhof zu einem Zentrum der industriellen Produktion entwickeln sollte. 1882 zog die Firma Boehringer vom Jungbusch hierher, 1884 entstand in direkter Nachbarschaft die Zellstoffabrik Waldhof, allerdings auf Sandhofener Gemarkung. Weitere Industriebetriebe folgten. Kein Wunder, dass die Stadt Mannheim seit den 1890er Jahren große Anstrengungen unternahm, den Waldhof samt Käfertal einzugemeinden – was 1895 auch umgesetzt wurde.

(links) Blick auf die Spiegelkolonie. Foto, 1966.
(Mitte) Arbeitersiedlung der Spiegelfabrik. Lithographie, um 1855.
(rechts) Ein Großteil der Siedlungshäuser wurde in den 1970er Jahren abgerissen. Foto, 2012.

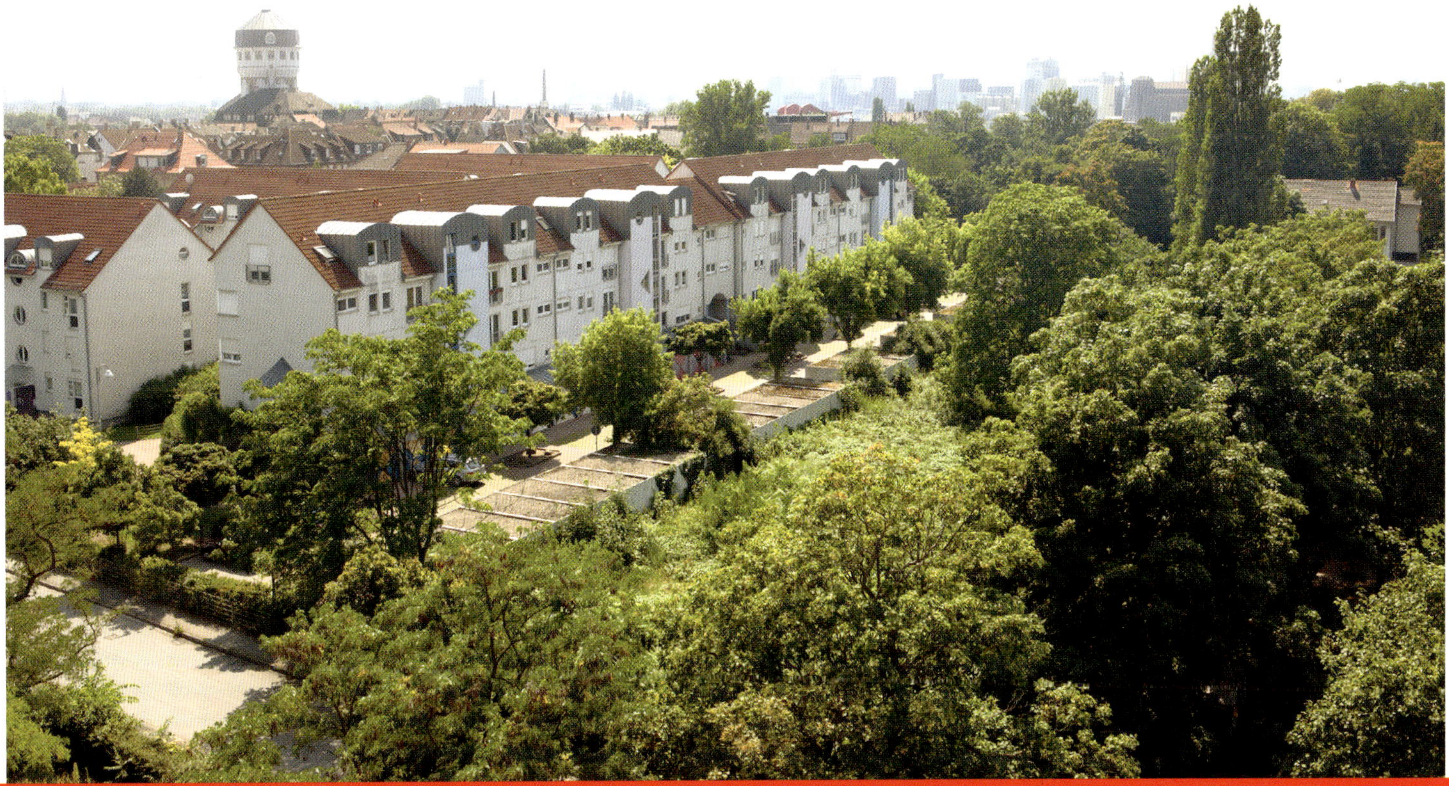

The founding of the Mirror and Plate Glass Factory in Waldhof (Spiegelstraße) 1854

The opening of the Mirror and Plate Glass Factory in 1854 on the premises of the former Waldhof manor in the township of Käfertal rang in a new epoch of Mannheim city history. For the first time, technologically advanced products were made industrially. Connected to the Plate Glass Factory was the so-called Mirror Colony, a new, separate community, starting with quarters for 300 skilled laborers. In Mannheim itself, the first industrial factories settled in the 1850's, mostly in the outer "Squares," at first chemical and tobacco-producing factories, later mechanical engineering plants. Mannheim remained home for workers of nearby factories, while Waldhof became the center of industrial production. In 1882, the Boehringer Company moved there from Jungbusch, in 1884 the Zellstoff (paper) Factory Waldhof was founded in the immediate neighborhood, although it was in the township of Sandhofen. Other industrial firms followed. It is no wonder that the city of Mannheim undertook great efforts to incorporate the towns of Waldhof and Käfertal, which was accomplished in 1895.

(left) A view of the Mirror Colony. Photo, 1966.
(middle) Working class living quarters in the Mirror Colony. Lithography, circa 1855.
(right) Most of the houses were torn down in the 1970's. Photo, 2012.

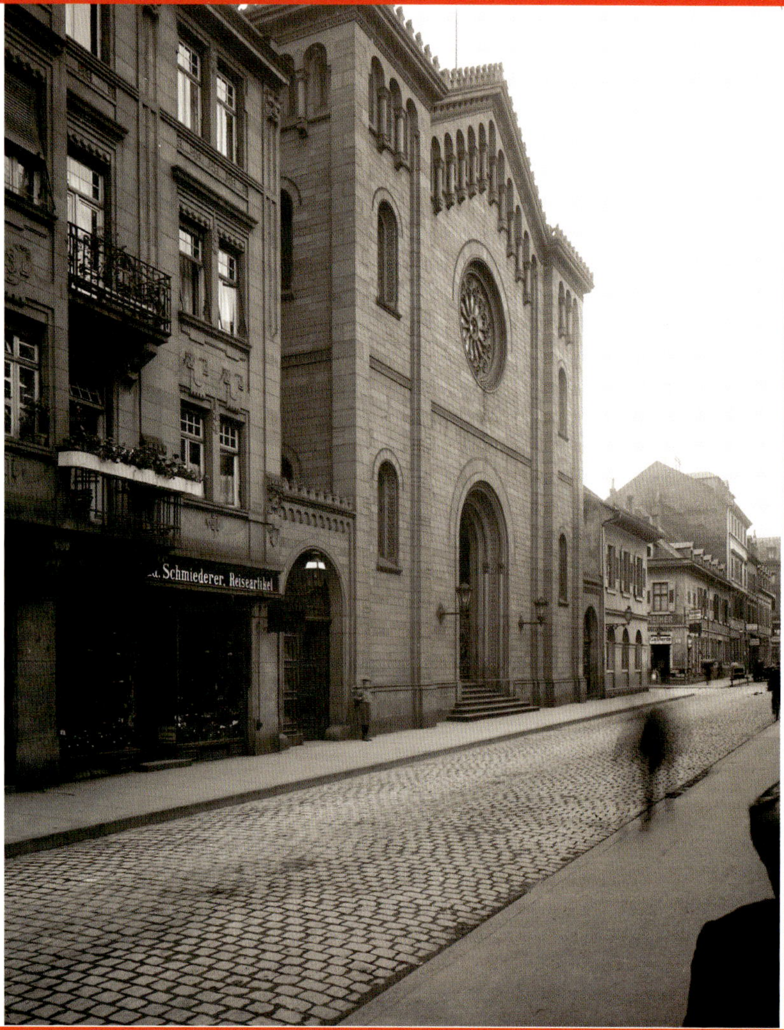

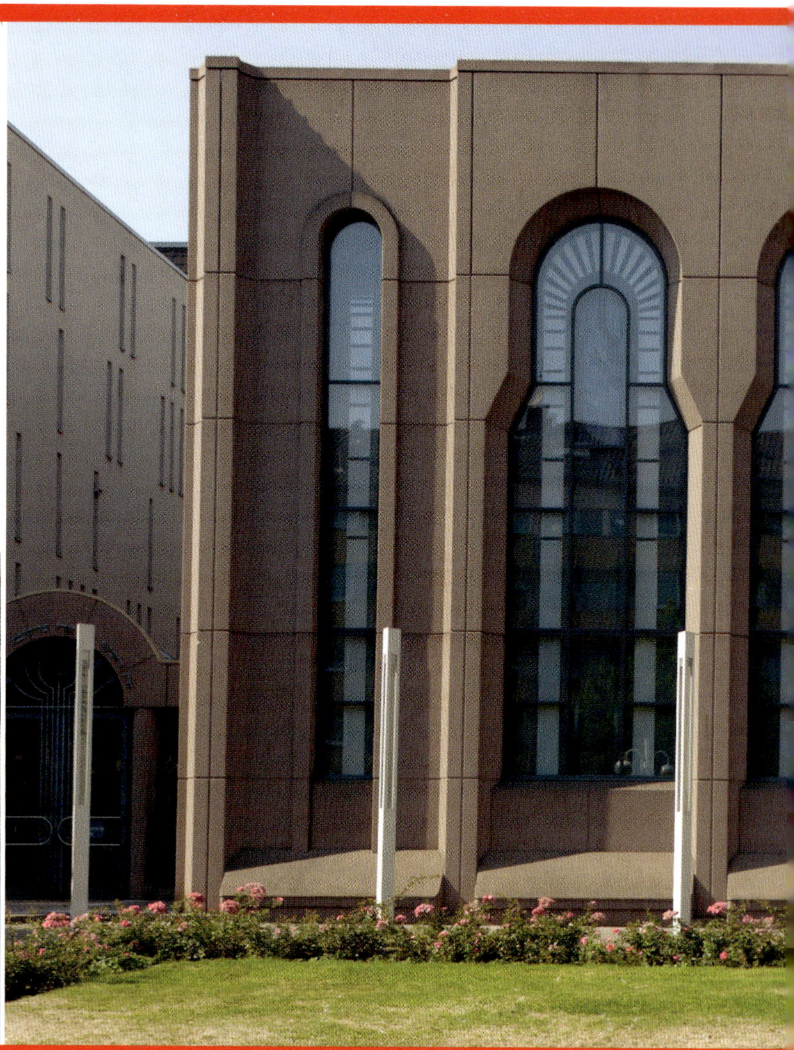

1855 Die Grundsteinlegung für die neue Synagoge (Mannheim-Innenstadt, F 2, 13)

Die feierliche Eröffnung der neuen Synagoge in F 2 am 29. Juni 1855 markiert einen wichtigen Meilenstein für die jüdische Gemeinde Mannheims auf dem langen Weg zu einem gesellschaftlich gleichberechtigten, weitgehend integrierten Teil der Stadtbevölkerung. Im 17. und 18. Jahrhundert von den Kurfürsten in die Stadt gerufen, blieben die Juden trotz ihres ökonomischen Gewichts ausgegrenzt, sozial und politisch benachteiligt und zuweilen angefeindet. Erst die neue badische Regierung vollzog mit zwei Konstitutionsedikten 1808/09 einen wichtigen Schritt zur Emanzipation der Juden, die nun zumindest den Status minderberechtigter Schutzbürger erhielten. Zu diesem Zeitpunkt stellten sie rund sieben Prozent der Stadtbewohner in Mannheim. Der Erfolg von jüdischen Bankiers wie Leopold Ladenburg oder August Hohenemser, die ab 1830 das Bürgerrecht erlangten und bald zu den Spitzen der städtischen Gesellschaft zählten, konnte jedoch nicht darüber hinwegtäuschen, dass noch lange Zeit ein Großteil der Juden ausgegrenzt blieb. Erst 1862 sollte die rechtliche Gleichstellung der Juden in Baden erfolgen.

(links) Die Synagoge in F 2, 13 wurde 1938 von den Nationalsozialisten in der Reichspogromnacht zu großen Teilen zerstört. Foto, um 1910.
(Mitte) Blick auf das 1987 im benachbarten Quadrat F 3 eingeweihte jüdische Gemeindezentrum mit Synagoge. Foto, 2012.
(rechts) An der Stelle der ehemaligen Synagoge in F 2 steht heute eine Wohnanlage der Nachkriegszeit. Foto, 2012.

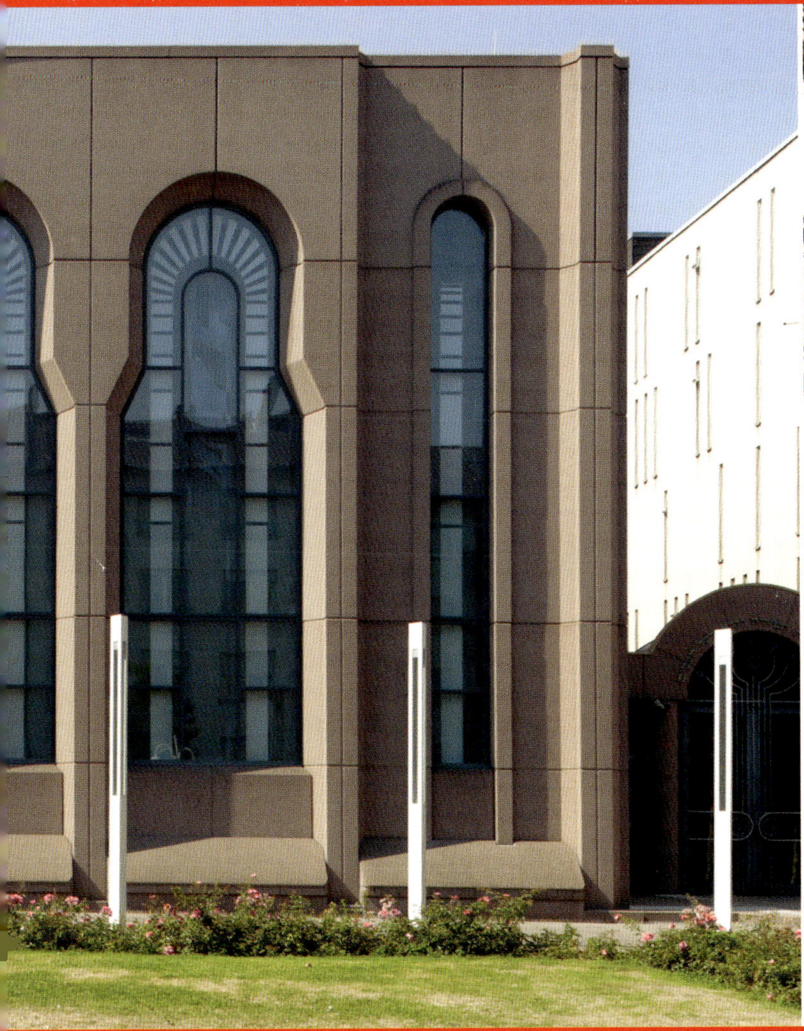

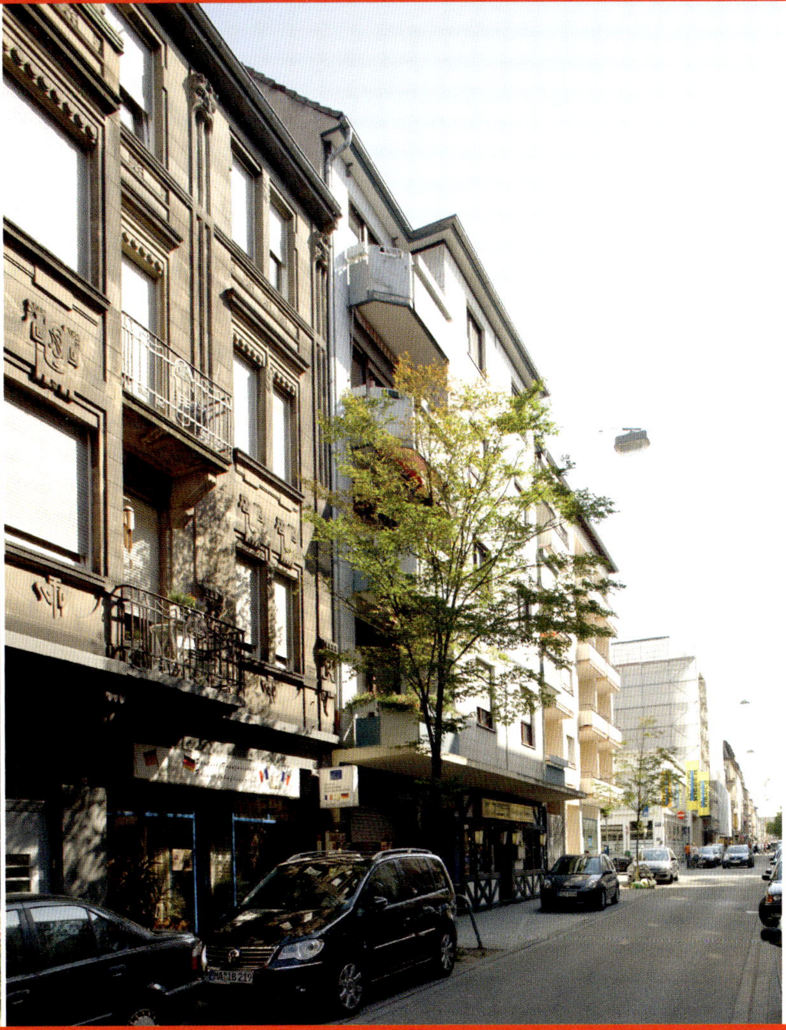

Laying of the foundation stone for the new synagogue (Mannheim city center, F 2, 13) 1855

The ceremonial opening of the new synagogue in F 2 on 29 June 1855 marked an important milestone on the long road to a socially equal and largely integrated Jewish community in Mannheim. Called to the city by the Prince-Electors of the 17th and 18th centuries, Jews remained excluded in spite of their economic importance, politically and socially discriminated, and even victimized.

The new government of Baden implemented two constitutional edicts in 1808/09 which included important steps of emancipation for the Jews, who at least now received the status of "minderberechtigter Schutzbürger" or "protected citizens of limited rights." At this time, they accounted for approximately seven per cent of Mannheim's population. The success of Jewish bankers such as Leopold Ladenburg or August Hohenemser, who became citizens of the city in 1830 and soon were considered to belong to the social elite, could not hide the fact that for many years the majority of Jews found themselves excluded. The legal status of equality for Jews in Baden was only decreed in 1862.

(left) The synagogue in F 2 was mostly destroyed by the Nazis in the "Reichspogromnacht" (Night of Broken Glass). Photo, circa 1910.
(middle) A view of the Jewish Community Center and Synagogue in nearby F 3, dedicated in 1987. Photo, 2012.
(right) A modern housing complex now stands on the site of the former synagogue in F 2. Photo, 2012.

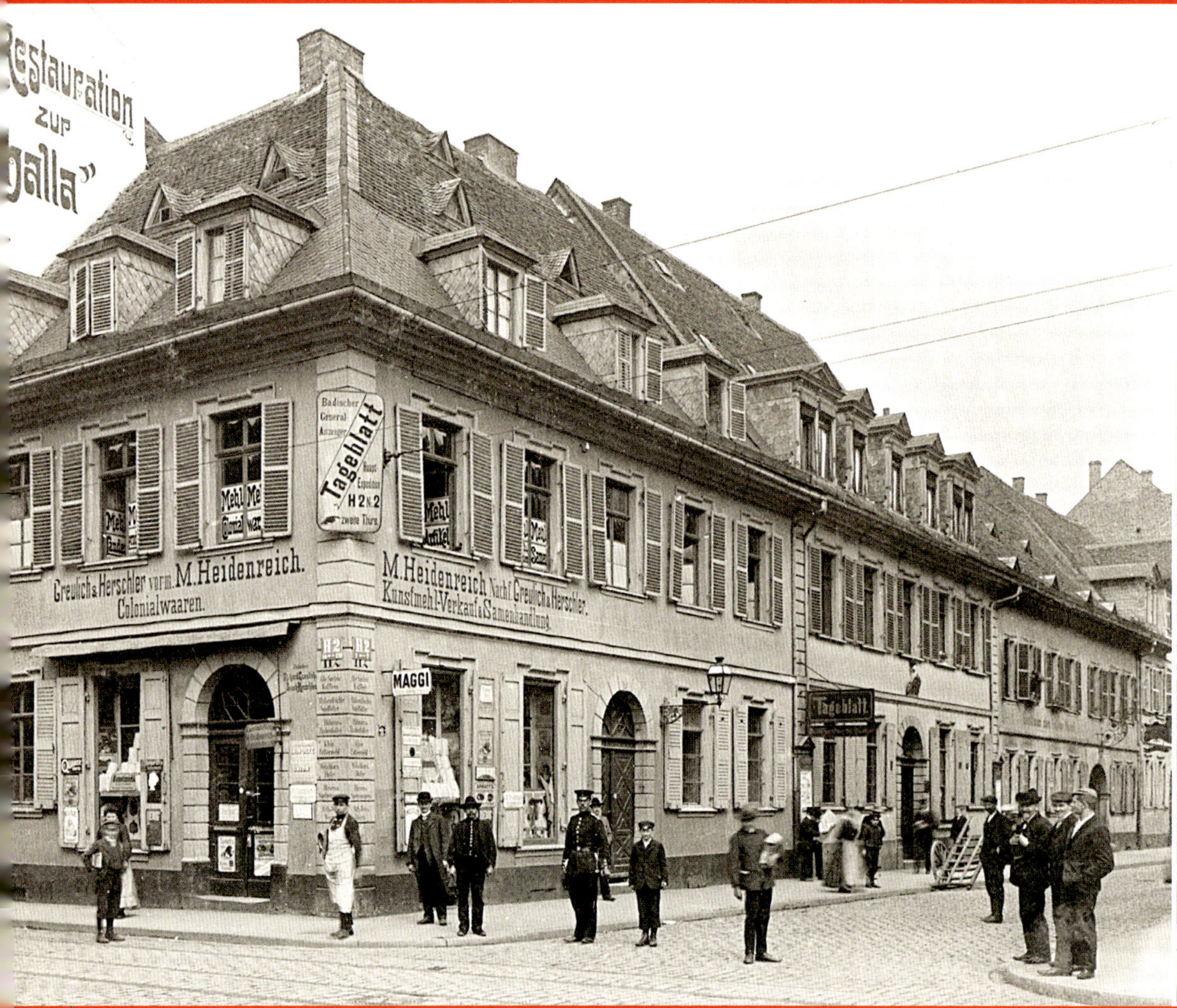

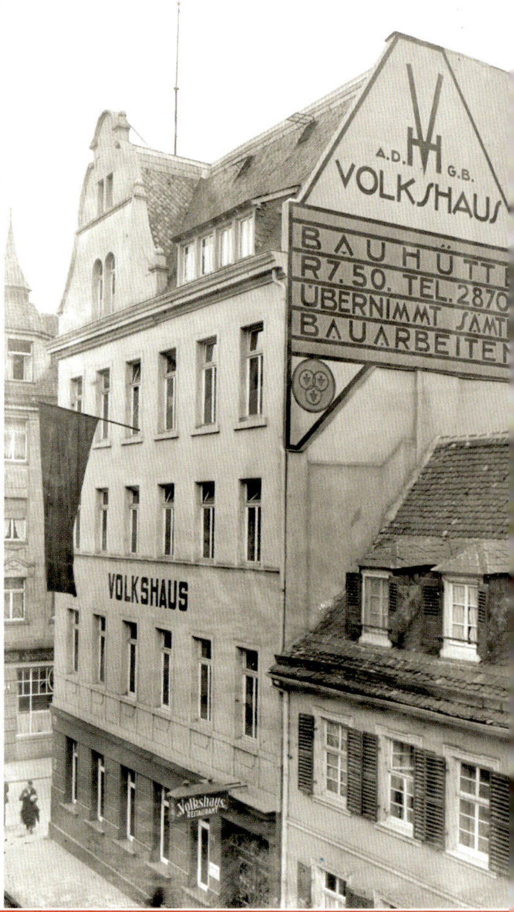

1861 Die Gründung des Arbeiterbildungsvereins (Mannheim-Innenstadt, H 2, 3)

Die Industrialisierung hatte mit der Verarmung breiter Schichten eine enorme soziale Schlagseite. Eine frühe Reaktion hierauf war 1861 die Gründung eines Arbeiterbildungsvereins, der sein Lokal im traditionsreichen „Halben Mond“ in H 2, 3 bezog. Initiator war der Schuhmacher Johann Peter Eichelsdörfer, der 1867 auch für die Gründung einer Filiale des Allgemeinen Deutschen Arbeitervereins von Ferdinand Lassalle verantwortlich zeichnete. Damit war das später so sprichwörtliche „rote Mannheim“ geboren. In den folgenden Jahrzehnten wurde die Stadt zu einer Hochburg der politischen wie auch gewerkschaftlichen Arbeiterbewegung. Dies zeigten nicht nur die Wahlergebnisse der SPD seit den 1890er Jahren, die nach Aufhebung ihres Verbots zur stärksten Partei wurde, sondern auch ihr enormes gesellschaftliches Gewicht in der Quadratestadt. Hier war sie mit zahlreichen Vereinen und Vereinigungen tief im Alltag ihrer Anhänger und Sympathisanten verwurzelt. Darüber hinaus spielten Mannheimer Sozialdemokraten wie August Dreesbach oder Ludwig Frank eine führende Rolle in Baden wie auch auf Reichsebene.

(links) Blick auf das Quadrat H 2. Das dritte Haus ist das Lokal „Halber Mond“. Foto, um 1920.
(Mitte) Mannheim als Hochburg der Gewerkschaften: das „Volkshaus“ des ADGB in P 4, 4-6. Foto, um 1925.
(rechts) Das Quadrat H 2 wurde im Zweiten Weltkrieg weitgehend zerstört und neu bebaut. Heute befinden sich hier Geschäfte und Lokale überwiegend türkischer Migranten. Foto, 2012.

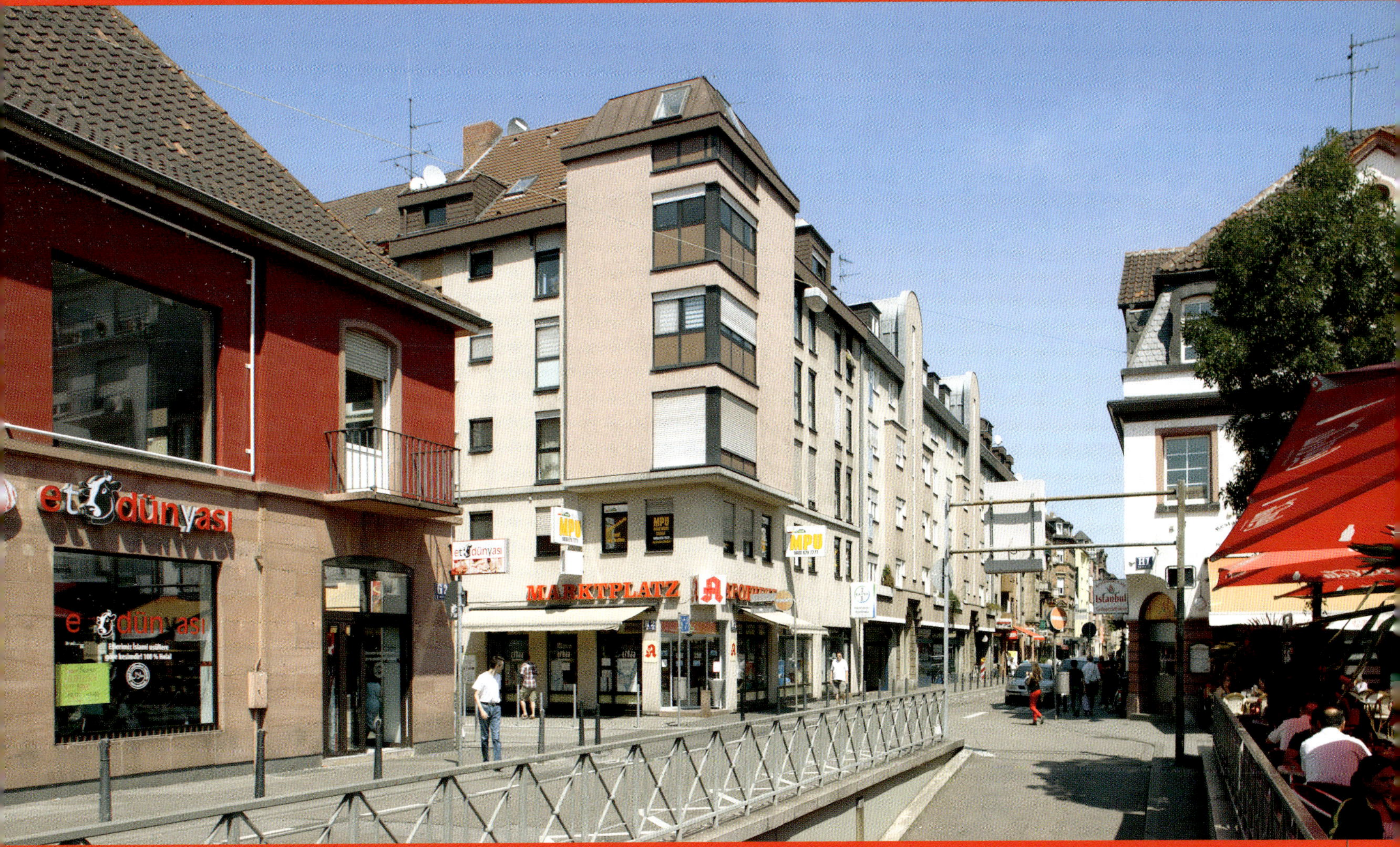

The founding of the Workers' Educational Association (Mannheim city center, H 2, 3) 1861

Industrialization brought with it the socially unequal impoverishment of large sections of the population. An early reaction to this was the founding of a workers' educational association in 1861, which met in the traditional tavern "Half Moon" in H 2, 3. Initiator was the shoemaker Johann Peter Eichelsdörfer, who was also responsible for the founding in 1867 of a branch of the General German Workers' Association, created by Ferdinand Lassalle. Thus the later so proverbial "red Mannheim" was born. In the following decades, the city became a stronghold of the workers' political and labor movement. This was reflected not only in the results for the Social Democratic Party (SPD) after the elections of the 1890's, when it became the strongest party after the repeal of the ban on it, but also in its enormous social weight in the City of the Squares. With countless clubs and societies, it was deeply rooted in the daily lives of its partisans and followers. Furthermore, Mannheim social democrats such as August Dreesbach or Ludwig Frank played leading roles in Baden as well as in the Empire.

(left) A view of H 2. The third house is the "Half Moon" tavern. Photo, circa 1920.
(middle) Mannheim as a center of labor unions: the "Volkshaus" of the ADGB in P 4, 4-6. Photo, circa 1925.
(right) The H 2 block was mostly destroyed in World War II and rebuilt. Today the buildings house shops and taverns of mostly Turkish immigrants. Photo, 2012.

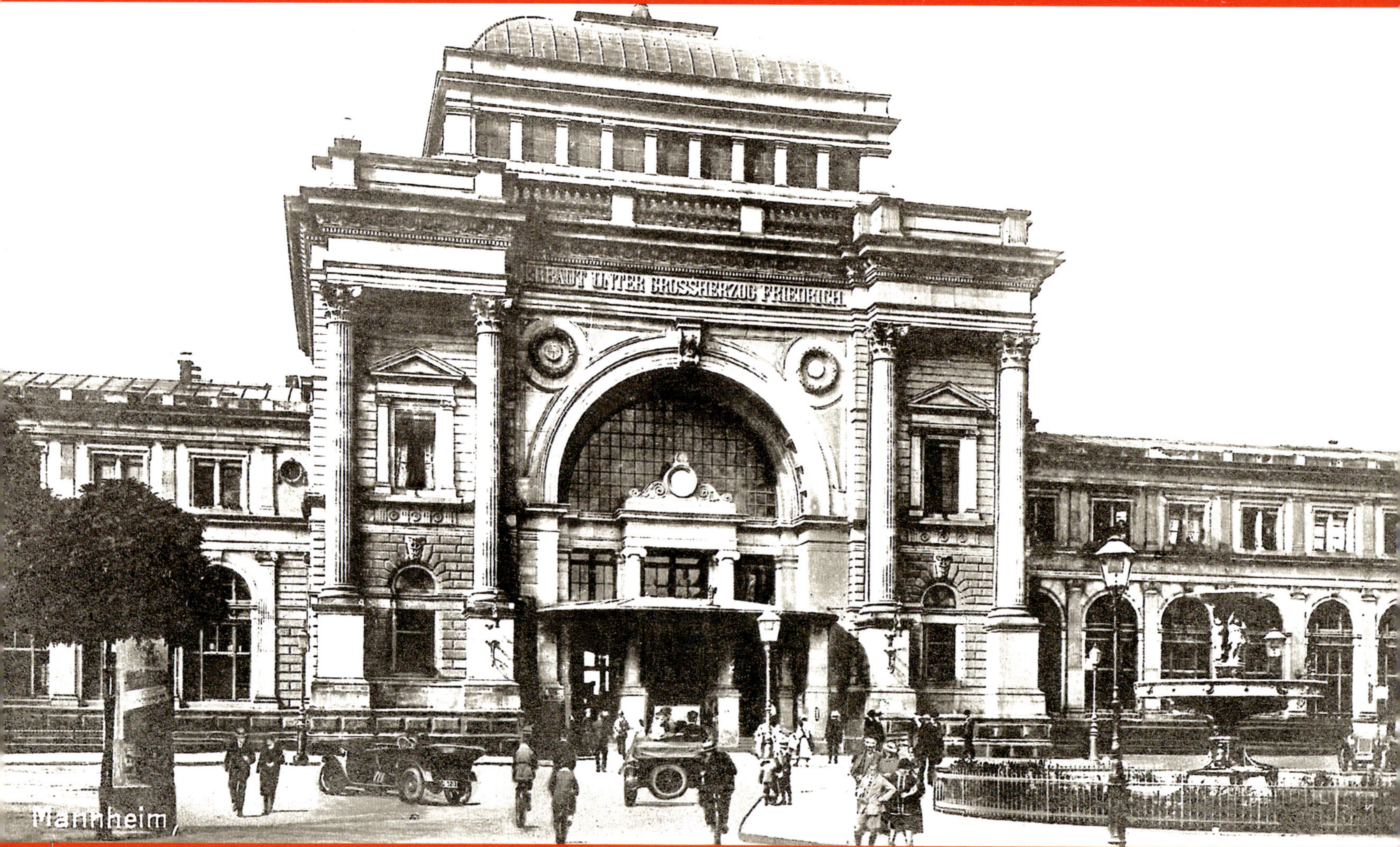

1876 Der neue Personenbahnhof (Mannheim-Innenstadt)

Der Aufstieg Mannheims zu einem wichtigen Handelszentrum in Süddeutschland erforderte eine stetige Verbesserung der Verkehrsanbindung. In der zweiten Hälfte des 19. Jahrhunderts gewann die Eisenbahn überragende Bedeutung. Bald schon reichten die Kapazitäten des kleinen Bahnhofs am Tattersall nicht mehr aus. Über die Lage eines neuen Bahnhofs entbrannte in der Kommunalpolitik ein erbitterter Streit, zahlreiche Bürger sprachen sich für die Beibehaltung des bisherigen Standorts aus. Letztlich entschied sich die badische Regierung unter Zustimmung der Stadtgemeinde für das Areal hinter den sogenannten Baumschulgärten, wo 1876 der Personenbahnhof eröffnet wurde. Der neue Standort bot gute Anschlüsse zur neuen Rheinbrücke und zum Hafen, er forderte freilich auch einen beträchtlichen Preis: Den neuen Schienenanlagen zum Opfer fielen große Teile des östlichen Schlossparks. Auch wenn bereits wenige Jahre später Bürger beklagten, dass der Bahnhof den neuen Stadtteil Lindenhof von der Innenstadt abschnitt, und es in den folgenden Jahrzehnten immer wieder Diskussionen um den Bahnhof geben sollte, wurde der Standort bis heute beibehalten.

(links) Hauptbahnhof in den 1920er Jahren. Foto, um 1925.
(rechts) Der Hauptbahnhof Mannheim wurde zuletzt 2001 generalsaniert. Foto, 2012.

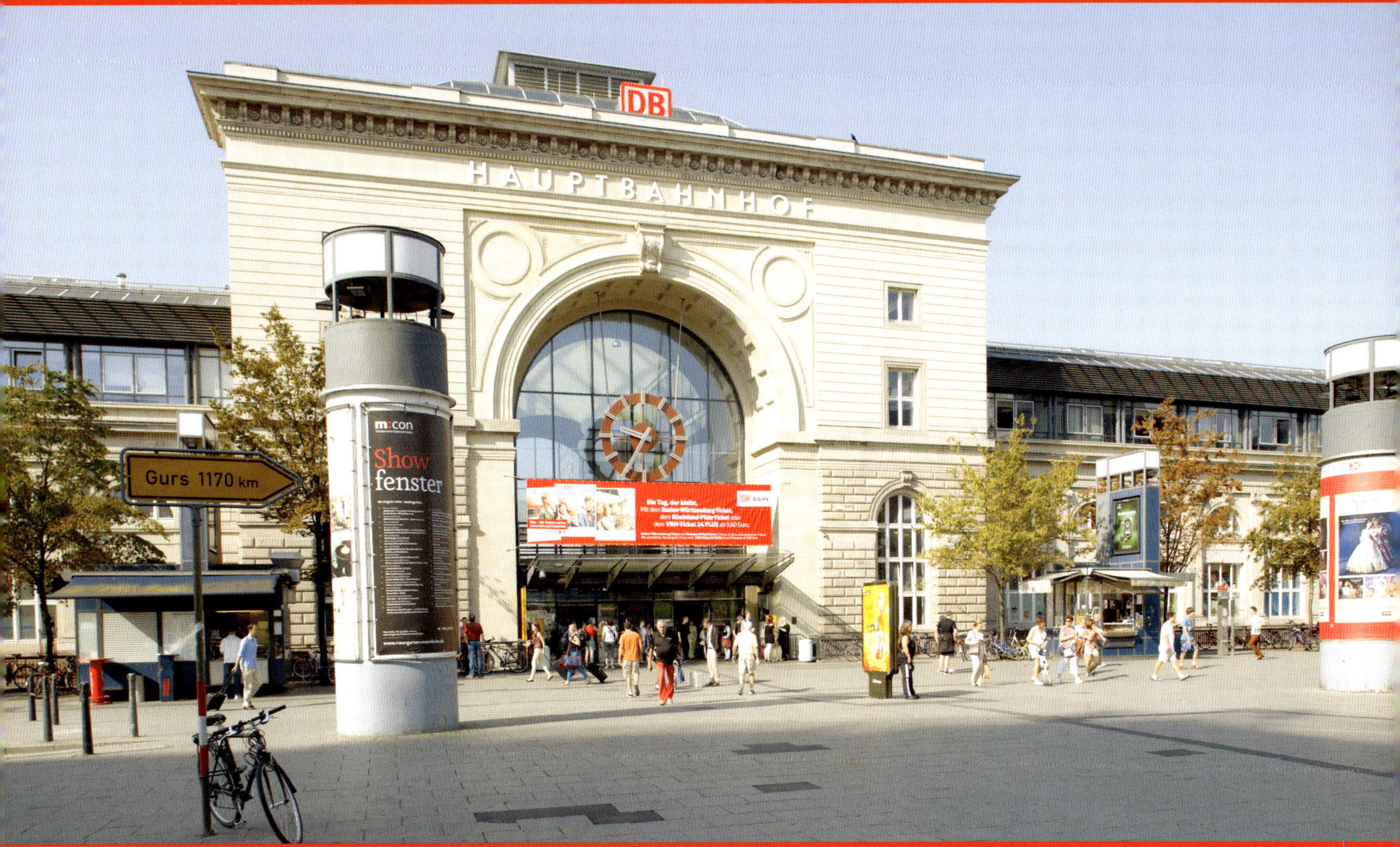

The new passenger Train Station (Mannheim city center) *1876*

Mannheim's rise as an important commercial center in southern Germany demanded the constant improvement of transportation links. In the second half of the 19th century, the railroads attained paramount importance. Soon, the capacity of the small station at Tattersall was inadequate. A bitter dispute broke out in community politics about the location for a new train station, although many citizens supported keeping the existing site. In the end, the government of Baden, with the approval of the City Council, decided to build the new passenger train station which was opened in 1876 on the site behind the so-called Nursery Garden. The new location offered good connections to the new Rhine Bridge and to the harbor, but it also came at a price: large parts of the east side of the castle park had to be sacrificed to the new track complex. Even though only a few years later, citizens began to complain that the station cut off the new community of Lindenhof from the city center, and although in the following decades discussions of the station's location continued, today's station remains on that spot.

(left) The Main Train Station in the 1920's. Photo, circa 1925.
(right) Mannheim's Main Train Station was last renovated in 2001. Photo, 2012.

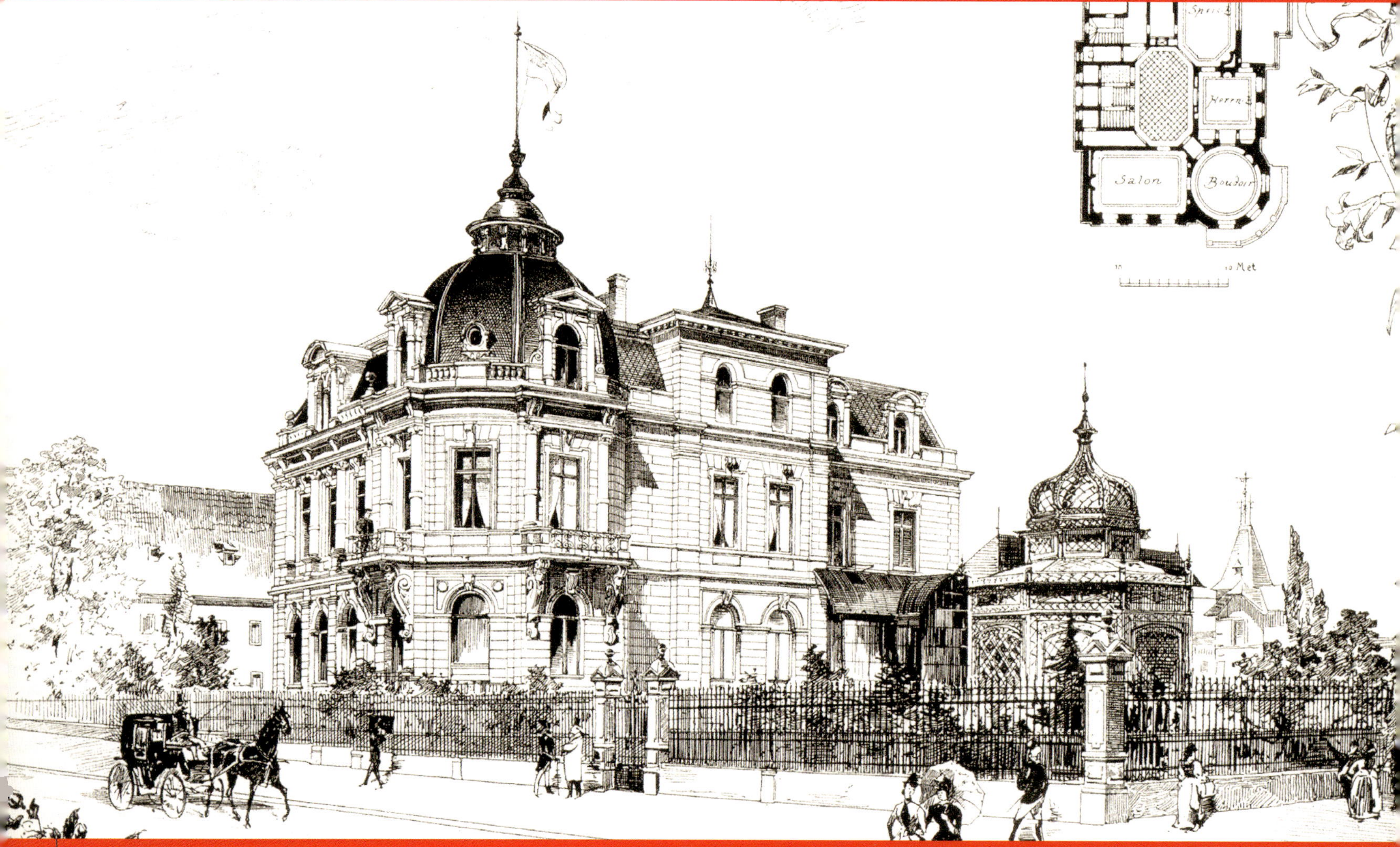

1885 Quartier für Bankiers und Industriemagnaten (Mannheim-Innenstadt, L 7, 10)

Mit den Baumschulgärten wurde Mitte der 1880er Jahre zwischen dem Schloss und dem Bahnhof ein neues Bebauungsgebiet geschaffen. Ursprünglich für Einfamilienhäuser und Etagenwohnungen vorgesehen, entwickelten sich die L-Quadrate zum Spekulationsobjekt. Bankiers und Industriemagnaten kauften die Grundstücke, führten sie zusammen und bebauten sie mit eigenen Häusern, was dem Areal im Volksmund den Namen „Millionenviertel“ verlieh. So erwarb Gustav Ladenburg das halbe Quadrat L 7 und erbaute hier eine Villa im Stil der Neorenaissance mit einer umfangreichen Gartenanlage. Auch wenn er im Schatten anderer Familienmitglieder wie etwa des späteren Mannheimer Ehrenbürgers Karl Ladenburg stand, gehörte er als Handelsrichter, Stadtrat und Mitinhaber des Bankhauses Ladenburg zu den prominenten Persönlichkeiten in der Stadt. Die 1785 von seinem Urgroßvater Wolf Haium gegründete Bank war führend in Industriefinanzierungen und -beteiligungen und hatte unter anderem die BASF mitinitiiert. Als Mitbegründer und Anteilseigner unter anderem der Süddeutschen Discontogesellschaft gehörte das Bankhaus Ladenburg zu den Vorgängern der Deutschen Bank.

(links) Ein „vornehmes Patritzierhaus“: Die Villa Gustav Ladenburg. Skizze, 1890.
(rechts) Die Villa wurde im Zweiten Weltkrieg zerstört. Heute befindet sich an ihrer Stelle der Sitz des 1990 gegründeten Zentrums für Europäische Wirtschaftsforschung. Foto, 2012.

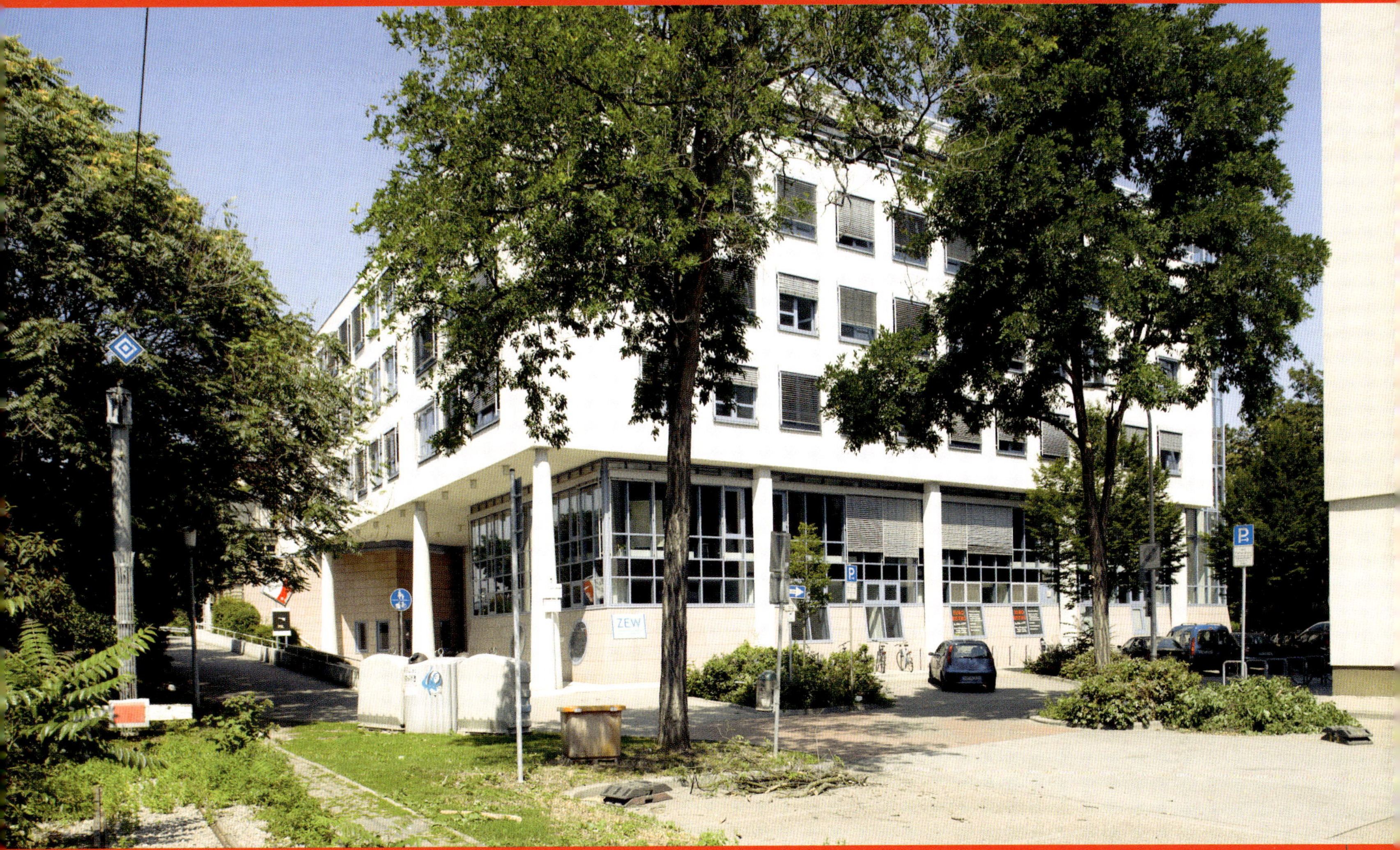

A Community for Bankers and Industry Magnates (Mannheim city center, L 7, 10) 1885

Land between the castle and the train station, the so-called Nursery Gardens, was newly zoned for development in the 1880's. Originally designated for single-family homes and apartments, the L-Squares soon turned into speculation objects. Bankers and industrial magnates bought up the lots, combined them and built private homes on them, which gave the area the local name of "Millionaires' Community." Gustav Ladenburg alone bought up half of L 7, and built here a villa in Neo-renaissance style with extensive gardens. Even though not as important as other members of his family, such as Karl Ladenburg, who later became an honorary citizen of the city, as commercial judge, council member and co-owner of the Ladenburg Bank, Gustav Ladenburg counted among the most prominent personalities in the city. The bank, founded in 1785 by his great-grandfather Wolf Haium, was a leader in financing industry and helped launch BASF. As a co-founder and co-owner of the South-German Disconto Company among others, the Ladenburg Bank was a forerunner of the Deutsche Bank.

(left) An "elegant patrician house": Gustav Ladenburg's villa. Sketch, 1890.
(right) The villa was destroyed in World War II. On its site today is located the seat of the Centre for European Economic Research, founded in 1990. Photo, 2012.

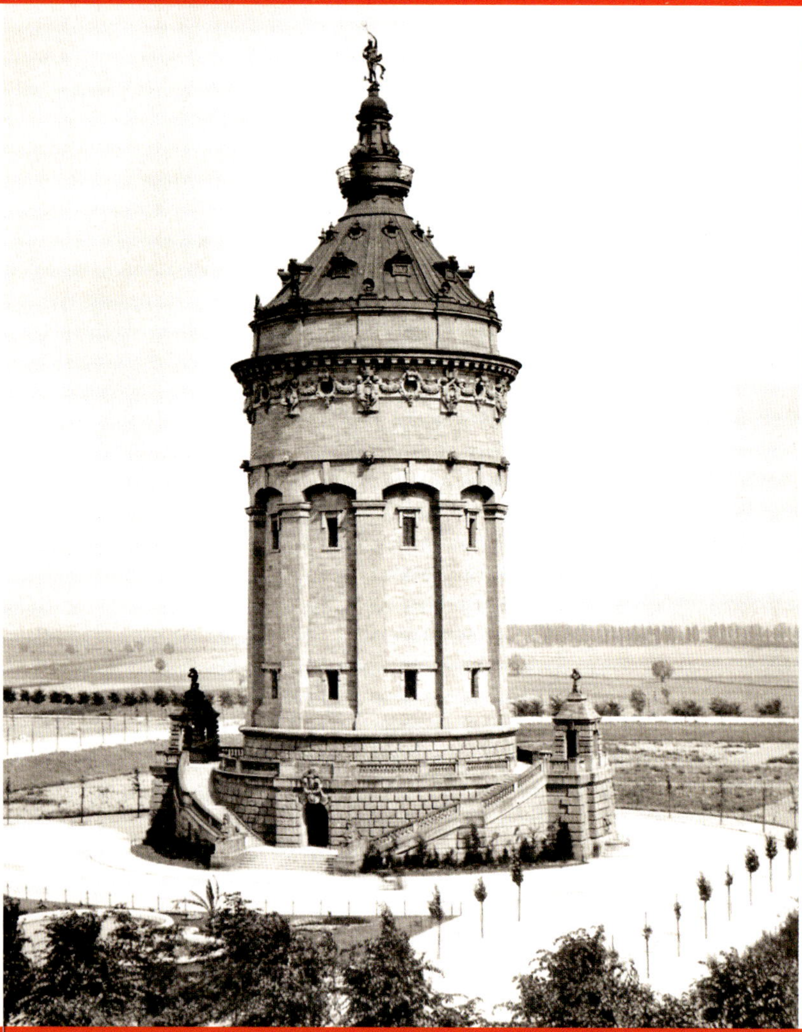

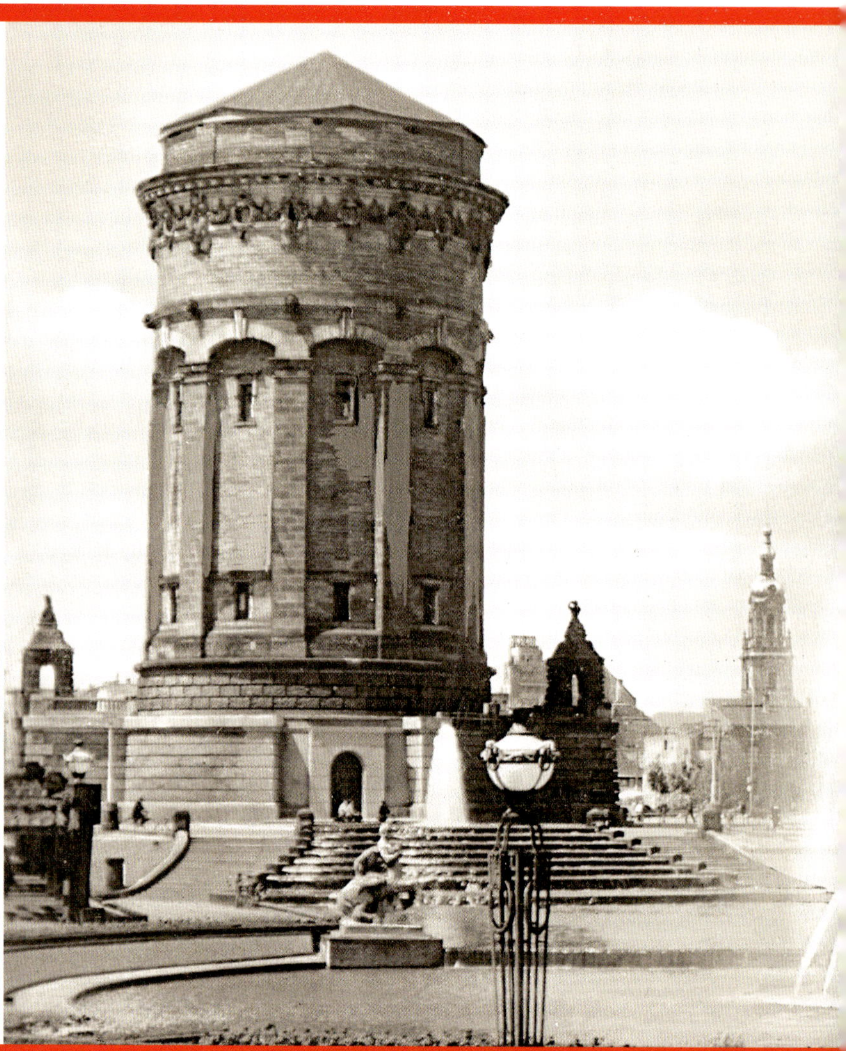

1889 Der Mannheimer Wasserturm (Friedrichsplatz)

Ein Ziel der Mannheimer Stadtspitze war Mitte der 1880er Jahre der Bau einer modernen Wasserversorgung. In diesem Rahmen fand eine Ausschreibung für den Entwurf eines Wasserturms statt, der nicht nur funktional sein, sondern auch eine repräsentative Zierde am Eingang der Stadt werden sollte. Gewinner war Gustav Halmhuber mit seinem Plan eines Turms im Stile des Neobarock und mit einer vergoldeten Figur der Meeresgöttin Amphitrite als Turmspitze. Auch wenn der Bau weit mehr kosten sollte als geplant, so nahm ihn die Bevölkerung rasch als „ihren" Wasserturm an. Wie sehr der Turm eine Herzensangelegenheit der Mannheimer war, zeigt die rege Diskussion um seinen Wiederaufbau nach der teilweisen Zerstörung im Zweiten Weltkrieg. Futuristische Pläne etwa mit einem gläsernen Drehrestaurant, wie sie von der Stadtverwaltung favorisiert wurden, stießen bei der Bevölkerung auf Widerstand, so dass der Turm wieder im alten Stil aufgebaut wurde. Auch wenn er seit geraumer Zeit seiner technischen Funktion entkleidet ist – der Wasserturm ist und bleibt ein Wahrzeichen für Mannheim wie der Eiffelturm für Paris, sogar mit dem gleichen Geburtsjahr: 1889.

(links) Blick auf den Wasserturm im freien Feld, vor der Anlegung des Friedrichsplatzes. Foto, 1894.
(Mitte) Wasserturm mit Notdach und Parkanlage. Foto, um 1960.
(rechts) Wasserturm. Foto, 2012.

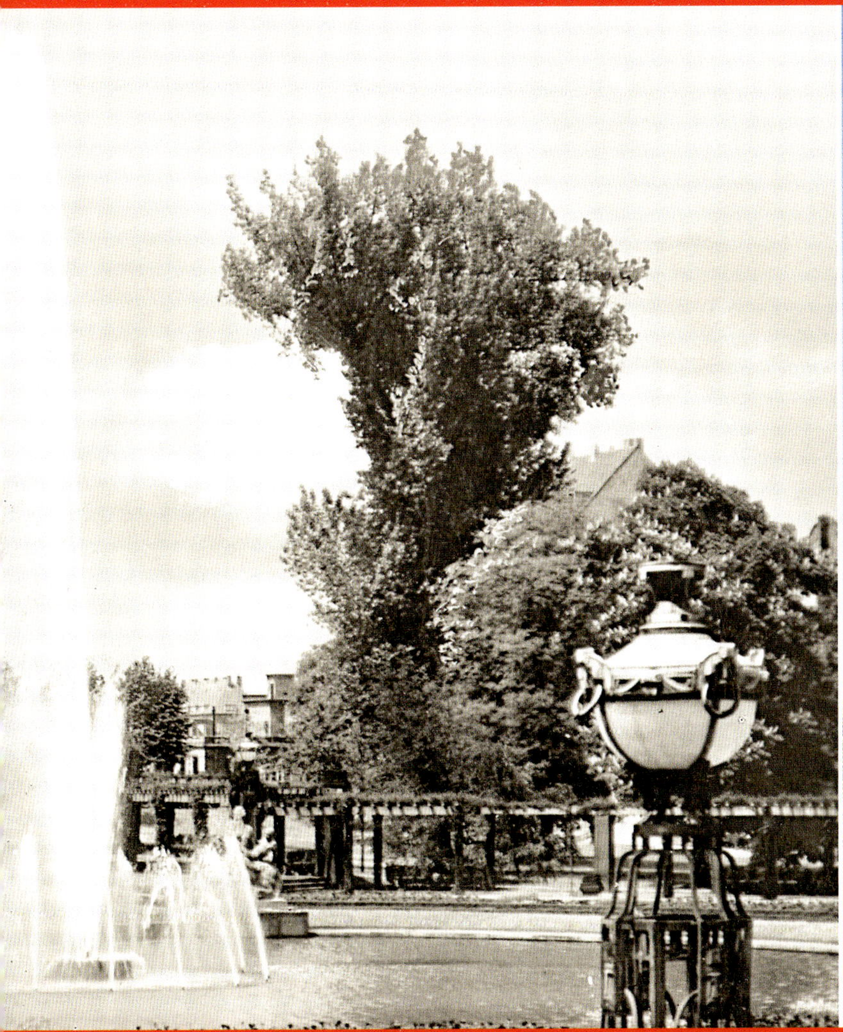

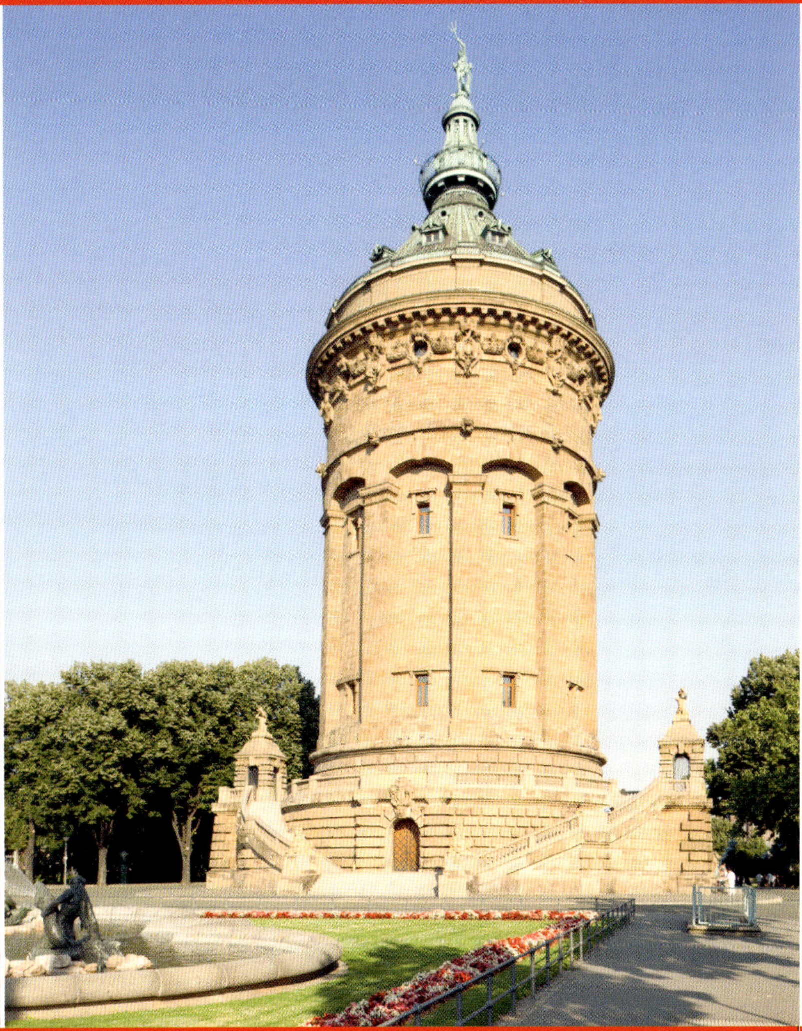

Mannheim's Water Tower (Friedrichsplatz) 1889

One important goal of the Mannheim City Fathers in the mid-1880's was the construction of a modern water supply. To this end, a call went out for proposals for the design of a water tower, which would not only be functional, but also a representative monument at the entrance to the city. The winner was Gustav Halmhuber with his plan for a tower in Neo-baroque style including a gilded figure of the sea-goddess Amphitrite on the pinnacle. Although construction cost much more than planned, the citizens of Mannheim soon accepted "their" water tower. How important the tower was to Mannheim's citizens is proved by the lively discussion about its rebuilding after the partial destruction in World War II. Futuristic plans including a revolving glass restaurant on top, favored by the City Administration, met with such opposition from the public, that the tower was rebuilt according to the old plans. Although it has for some time no longer fulfilled its original technical purpose, the Water Tower is and remains as much a landmark for Mannheim as the Eiffel Tower in Paris, and even has the same "year of birth," 1889.

(left) A view of the Water Tower in the open field, before the creation of Friedrich Square. Photo, 1894.
(middle) The Water Tower with a provisory roof and park. Photo, circa 1960.
(right) The Water Tower. Photo, 2012.

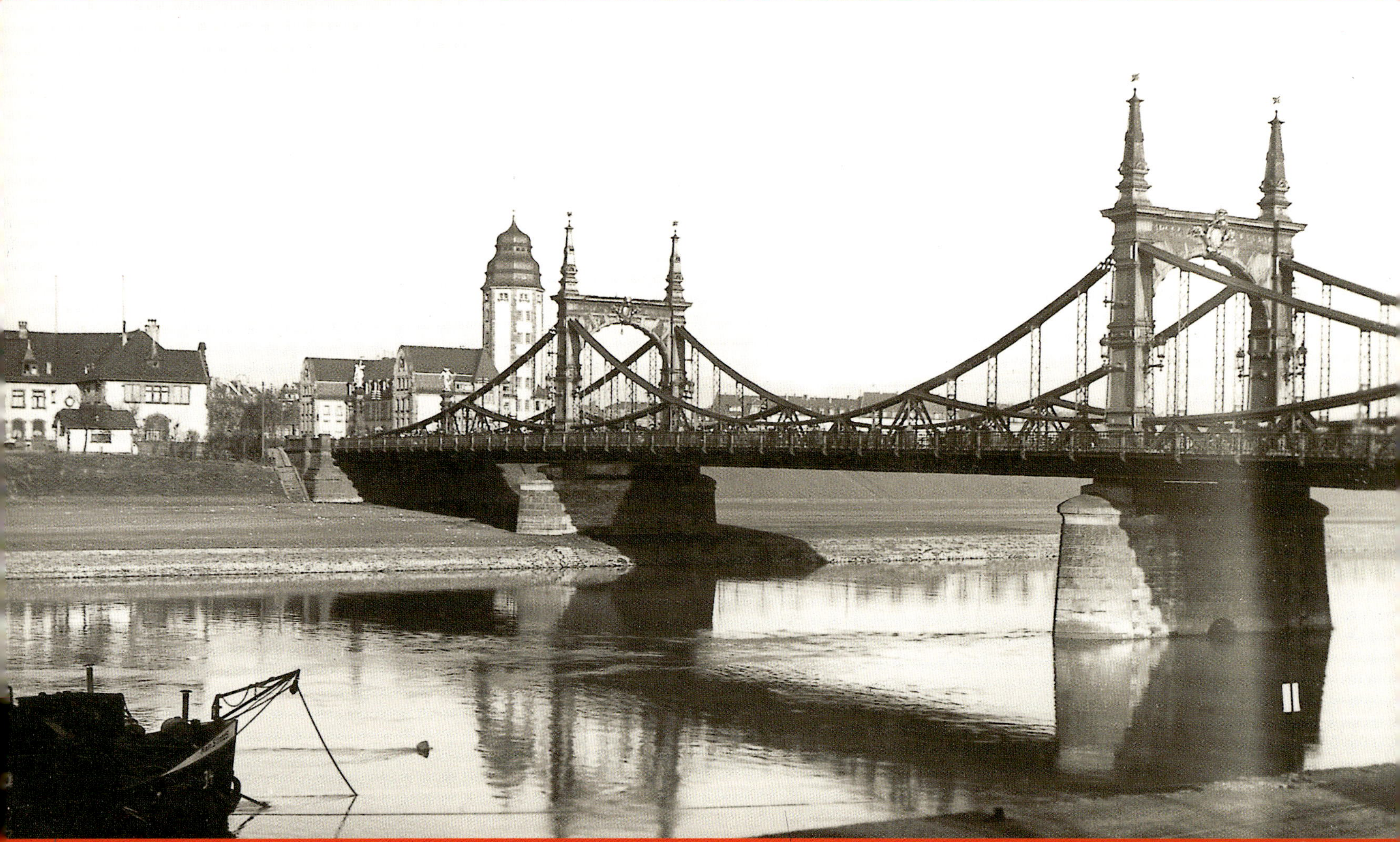

1891 Die Eröffnung der Friedrichsbrücke über den Neckar (Kurpfalzbrücke)

Die Eröffnung der Friedrichsbrücke über den Neckar am 29. September 1891 versinnbildlicht das Wachstum der Mannheimer Kernstadt über die Quadrate hinaus. Neue Stadtteile wie der Lindenhof, die Schwetzinger Vorstadt oder die Neckarstadt entstanden in der zweiten Hälfte des 19. Jahrhunderts und expandierten in kürzester Zeit. Die Neckarstadt erhob sich nördlich des Flusses auf historischem Boden. Hier lagen lange Zeit die Neckargärten, die von den Bewohnern der Quadratestadt angelegt worden waren. Seit Mitte des 19. Jahrhunderts siedelten sich hier Fabriken an, unter anderem spätere Weltfirmen wie Bopp & Reuther. Auch ihre Arbeiter zogen hierher, so dass auf dem Areal noch vor seiner offiziellen Eröffnung als Stadterweiterungsgebiet 1872 über 2.200 Personen lebten. In den folgenden Jahren vervielfachte sich die Zahl der Bewohner wie der Betriebe und schon bald war die alte Kettenbrücke aus dem Jahr 1845, die die Kernstadt mit der Neckarstadt verband, den Verkehrsströmen nicht mehr gewachsen. Die Friedrichsbrücke sollte Abhilfe schaffen und war ein wesentliches Element, um das Wachstum der Stadt verkehrstechnisch in den Griff zu bekommen.

(links) Blick über die Friedrichsbrücke in die Neckarstadt mit der Feuerwache. Foto, um 1930.
(rechts) Die 1945 zerstörte Friedrichsbrücke wurde 1950 durch die Kurpfalzbrücke ersetzt.
Das Bild der östlichen Neckarstadt wird seit den späten 1970er Jahren von den Wohntürmen der Neckarufer-Nord-Bebauung dominiert. Foto, 2012.

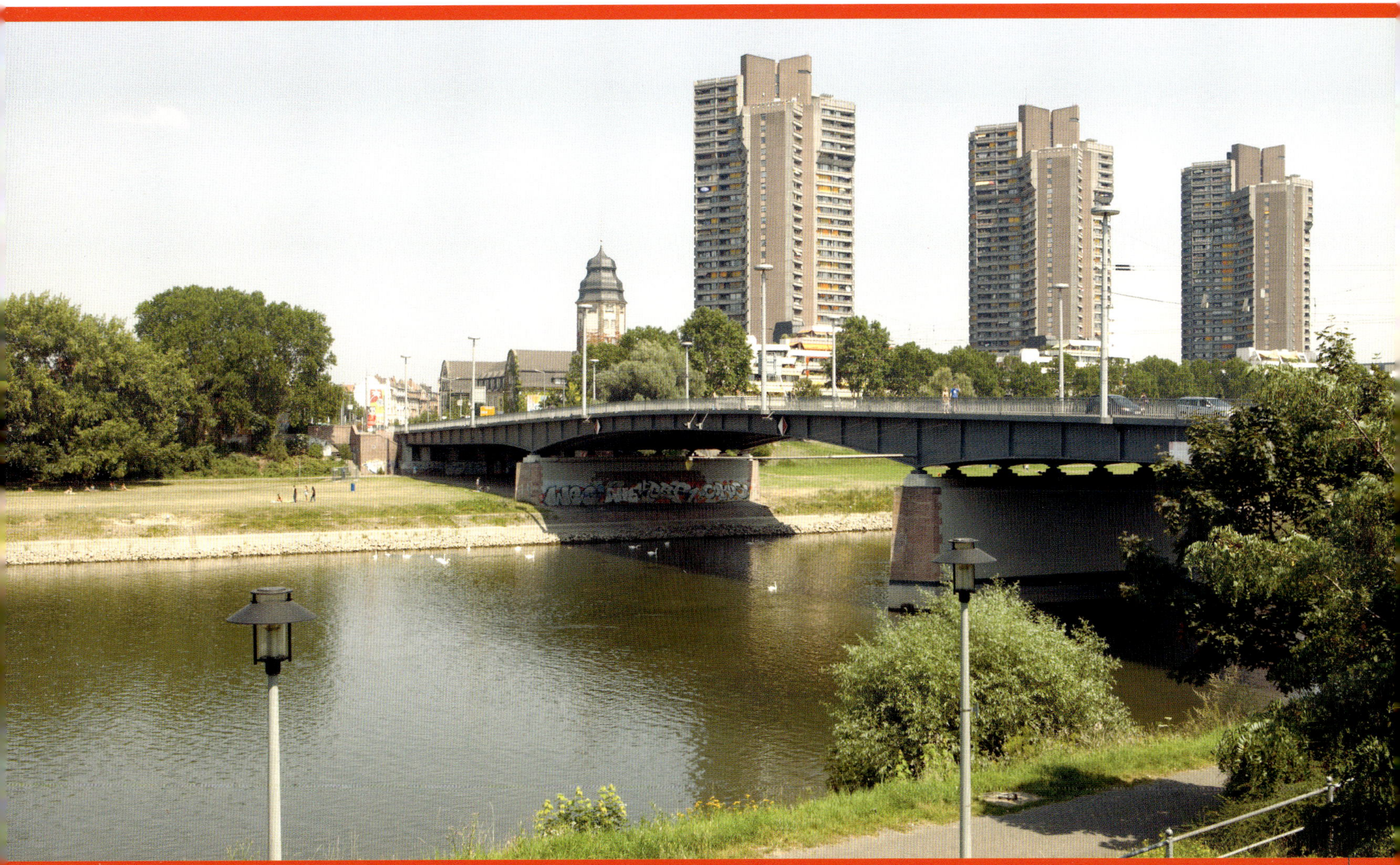

The opening of the Friedrich Bridge over the Neckar (Kurpfalzbrücke) *1891*

The opening of the Friedrich Bridge over the Neckar on 29 September 1891 was emblematic for the growth of the Mannheim city center beyond the squares. New districts such as Lindenhof, the Schwetzinger Vorstadt and the Neckarstadt districts were begun in the second half of the 19th century and expanded soon afterward. The Neckarstadt rose to the north of the river, on historical terrain. This had long been the site for the Neckar gardens, tended by citizens of Mannheim. Since the middle of the 19th century, factories had been built here, among others the later world-renowned Bopp & Reuther. Workers followed, so that even before the area was declared a part of the extended city in 1872, over 2,200 people lived here. In the following years, the number of inhabitants as well as factories multiplied, and soon it was apparent that the old chain bridge built in 1845 to connect the city center with the Neckarstadt was no longer adequate. The Friedrich Bridge was planned to relieve the situation, and was an important element in the attempt to manage transportation problems due to the growth of the city.

(left) A view of the Friedrich Bridge over to the Neckarstadt with the Fire Tower. Photo, circa 1930.
(right) The Friedrich Bridge was destroyed in 1945 and was replaced by the Kurpfalz Bridge.
The cityscape of the eastern Neckarstadt has been dominated since the late 1970's by apartment high-rises on the northern banks of the Neckar. Photo, 2012.

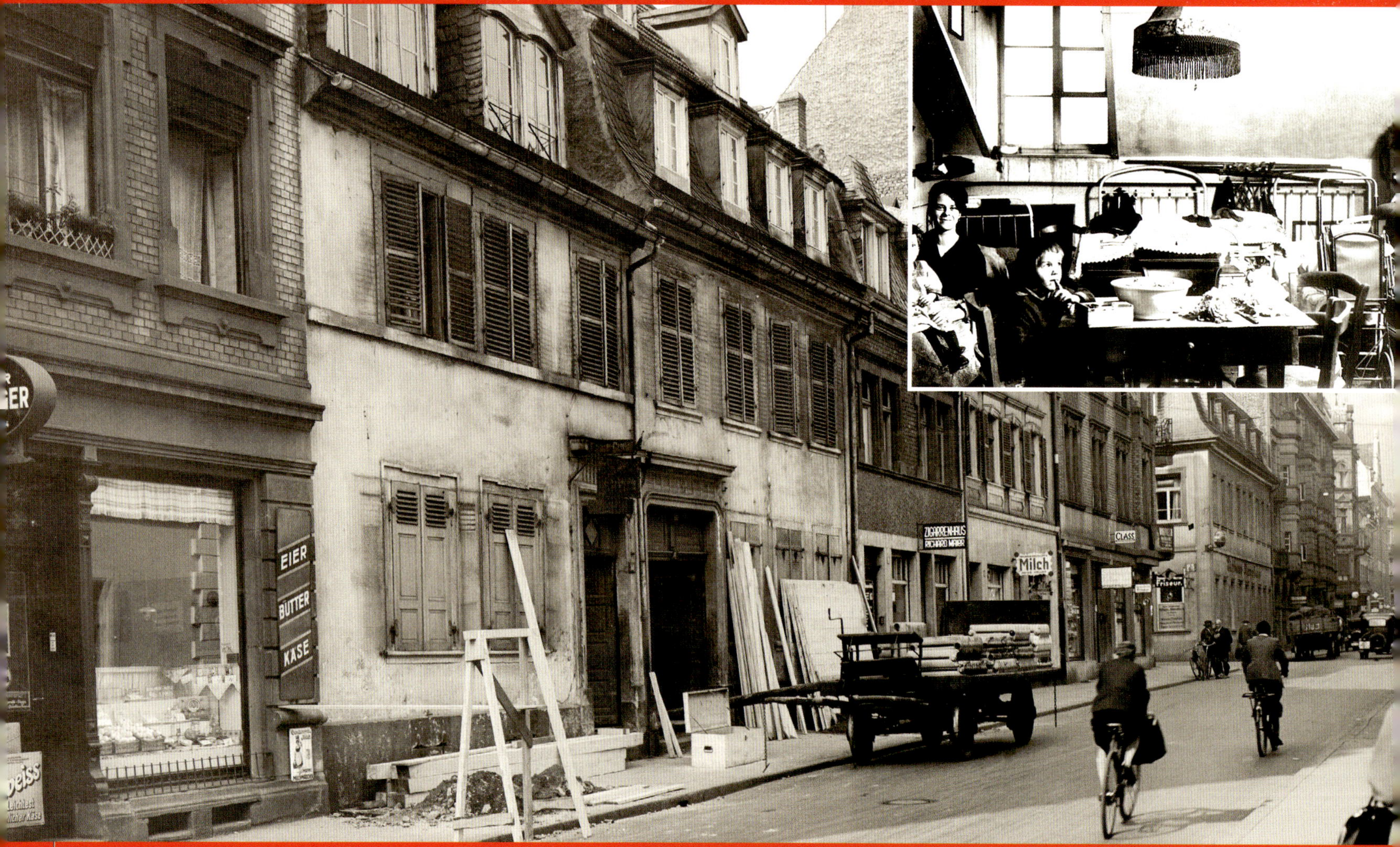

1897 Wohnverhältnisse in der Unterstadt (Mannheim-Innenstadt, Fressgasse, Höhe P 6)

Die boomende Industrie machte Mannheim seit dem letzten Viertel des 19. Jahrhunderts zum Ziel zahlreicher Zuwanderer. Vor allem Menschen aus der ländlichen Umgebung – dem Odenwald, dem Kraichgau oder dem Bauland – zog es in die Quadratestadt auf der Suche nach Arbeit und Auskommen. Ein Zeitgenosse notierte, dass „in Mannheim mehr Leute aus dem Amte Buchen als in diesem Amte selbst“ lebten. Hinzu kamen zahlreiche Zuwanderer aus der Pfalz, aus Württemberg, aber auch aus Österreich-Ungarn, Italien und der Schweiz. 1897 überschritt Mannheim, das 1880 noch rund 50.000 Einwohner gehabt hatte, die 100.000-Schwelle, 1911 wohnten hier bereits über 200.000 Menschen. Kein Wunder, dass die Stadt förmlich aus allen Nähten platzte und die Wohnungsnot eines ihrer drängendsten Probleme war. Insbesondere in der Unterstadt wohnten die Menschen häufig unter engsten Verhältnissen, selbst kleinste Häuser wurden nicht selten bis unters Dach für Schlafplätze genutzt. Erst neue Siedlungen wie die kurz vor dem Ersten Weltkrieg gegründete Gartenstadt oder in den 1920er Jahren der Erlenhof sollten hier langsam Abhilfe schaffen.

(links) Fressgasse auf der Höhe von P 6 mit kleinen Wohn- und Geschäftshäusern, die in den oberen Etagen und unterm Mansardendach lange Zeit auch Elendsunterkünfte beherbergten. Foto, 1934.
(Mitte) Blick in eine Elendswohnung: eine Mansarde, die gleichzeitig als Küche und Schlafzimmer dient. Foto, um 1920.
(rechts) Der Straßenzug hat sich völlig verändert. Anstelle der kleinen Wohnhäuser befinden sich heute hier überwiegend Geschäfte und Bürogebäude. Foto, 2012.

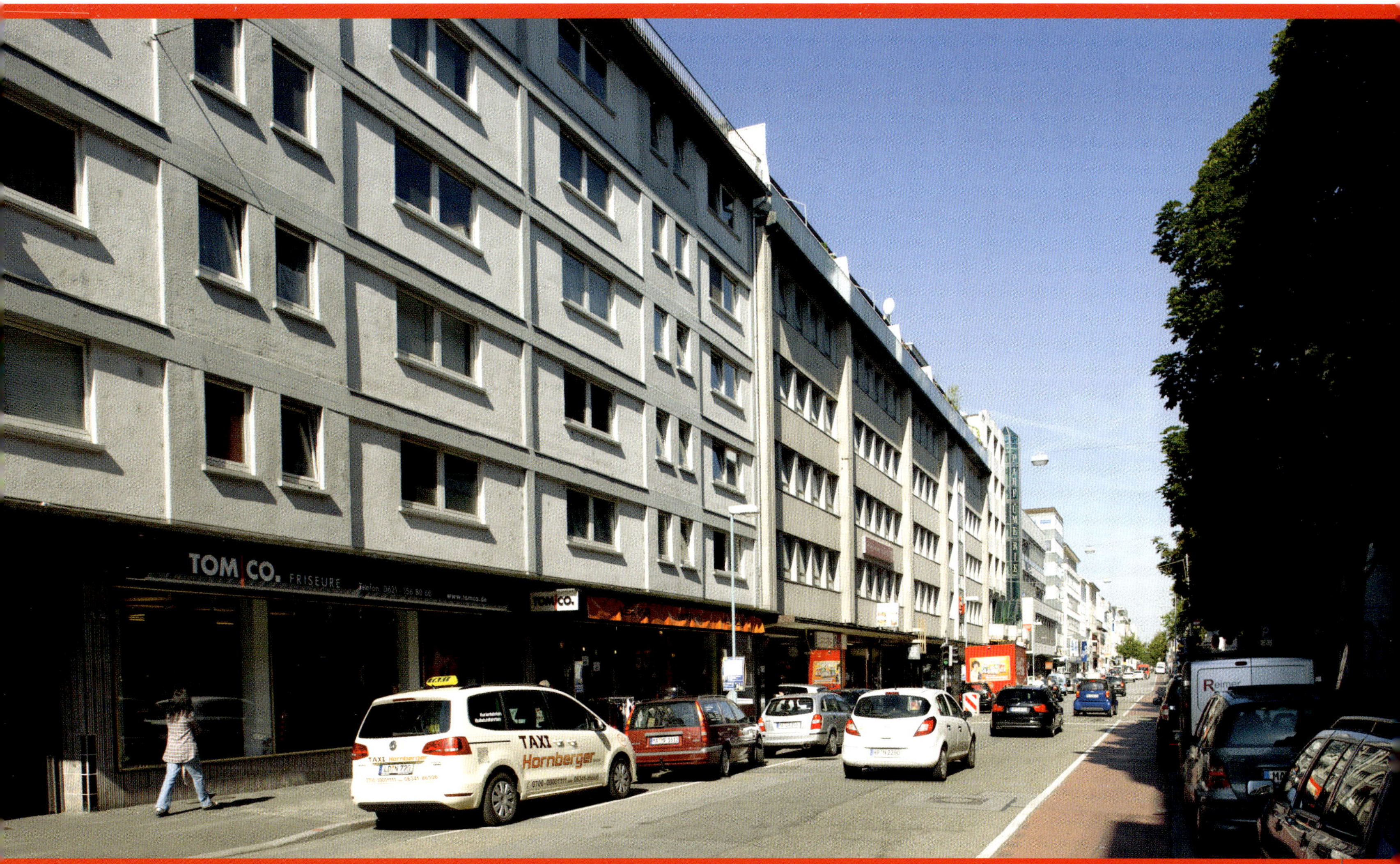

Living conditions in the Unterstadt (Mannheim city center, Fressgasse, near P 6) 1897

Booming industry made Mannheim the goal of countless immigrants after the last quarter of the 19th century. Especially people from the rural countryside – the Odenwald, the Kraichgau or the Bauland – came to the City of the Squares looking for work and a good life. A contemporary noted that "there were more people from Buchen (Odenwald) living in Mannheim than in Buchen itself." In addition, many immigrants came from the Palatinate, from Württemberg, but also from Austria-Hungary, Italy and Switzerland. Mannheim, which had had a population of around 50,000 in 1890, passed the 100,000 mark in 1897, and by 1911, more than 200,000 people lived here. It was no wonder that the city was bursting at the seams and the housing shortage was one of the most pressing problems. Especially in the Unterstadt, people often lived in cramped quarters, where even the smallest houses were often packed up to the roofs with sleeping places. Relief came only with the development of new communities such as Gartenstadt, begun shortly before World War I, and Erlenhof, after the 1920's.

(left) A view of the Fressgasse near P 6 with small apartment buildings and stores, which often housed slum rooms for rent under the mansard roofs. Photo, 1934.
(middle) A view of a slum room: a mansard doubling as kitchen and bedroom. Photo, circa 1920.
(right) The street has since changed completely. In the place of small apartment houses are now mostly stores and office buildings. Photo, 2012.

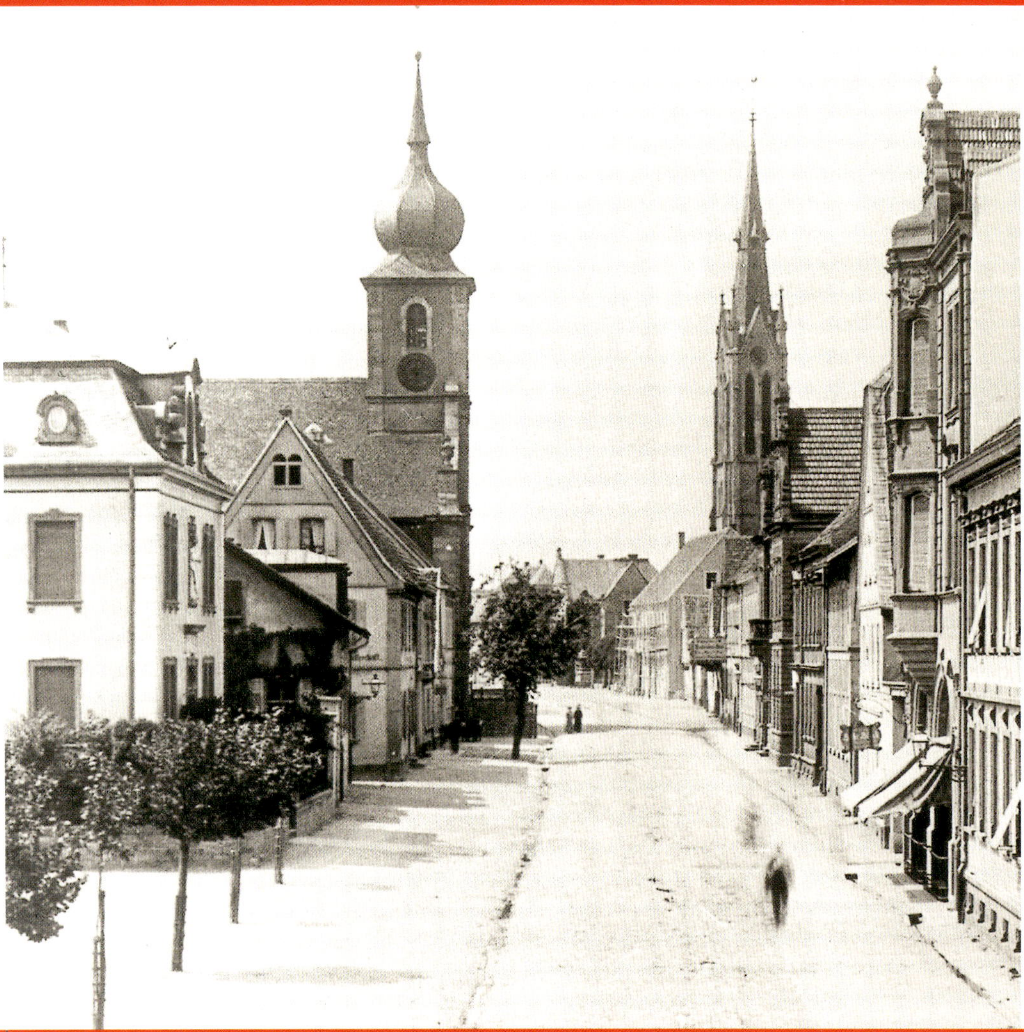

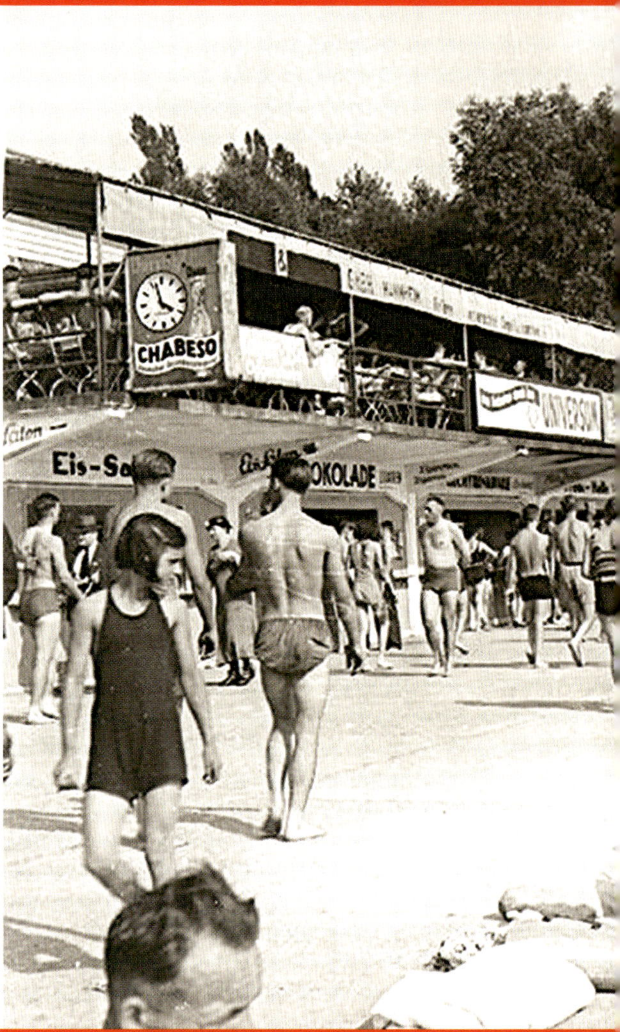

1899 Die Angliederung Neckaraus 1899 (Rheingoldstraße)

Dem rasanten wirtschaftlichen und demographischen Wachstum Mannheims in der zweiten Hälfte des 19. Jahrhunderts drohte die geringe Gemarkungsfläche der Stadt zunehmend Grenzen zu setzen. So hatten sich im Norden bereits mehrere große Unternehmen jenseits der Stadtgrenze angesiedelt wie etwa die Spiegelglasfabrik in Waldhof-Käfertal, im Süden drohte dem eigenen Standort mit dem Ausbau des Rheinauer Hafens unerwünschte Konkurrenz. Vor diesem Hintergrund unternahm die Mannheimer Stadtspitze seit 1890 enorme Anstrengungen, die umliegenden Dörfer für eine Eingemeindung zu gewinnen. Hierbei hatte sie durchaus Erfolg, auch wenn so mancher lokalpatriotische Streit zu bestehen war. So traten in einer ersten Phase von 1895 bis 1913 die Friesenheimer Insel, Käfertal mit Waldhof, Neckarau, Feudenheim, Sandhofen sowie Rheinau bei, in einer zweiten von 1929 bis 1944 unter anderem Wallstadt, Friedrichsfeld und Seckenheim. Mannheim versechsfachte dadurch seine Gemarkungsfläche, etablierte sich als industrieller Ballungsraum und wurde – wie später Oberbürgermeister Hans Reschke feststellte – zu einer „Stadt der Vororte".

(links) Von großer Bedeutung für Mannheim war die 1899 vollzogene Eingemeindung Neckaraus, das sich bereits zu einem ansehnlichen Industriestandort entwickelt hatte. Blick in die Rheingoldstraße. Foto, um 1910.
(Mitte) Naherholungsgebiet auf Neckarauer Gemarkung: das Strandbad. Foto, 1937.
(rechts) Die alte Bausubstanz des Neckarauer Ortskerns hat sich bis heute weitgehend erhalten. Foto, 2012.

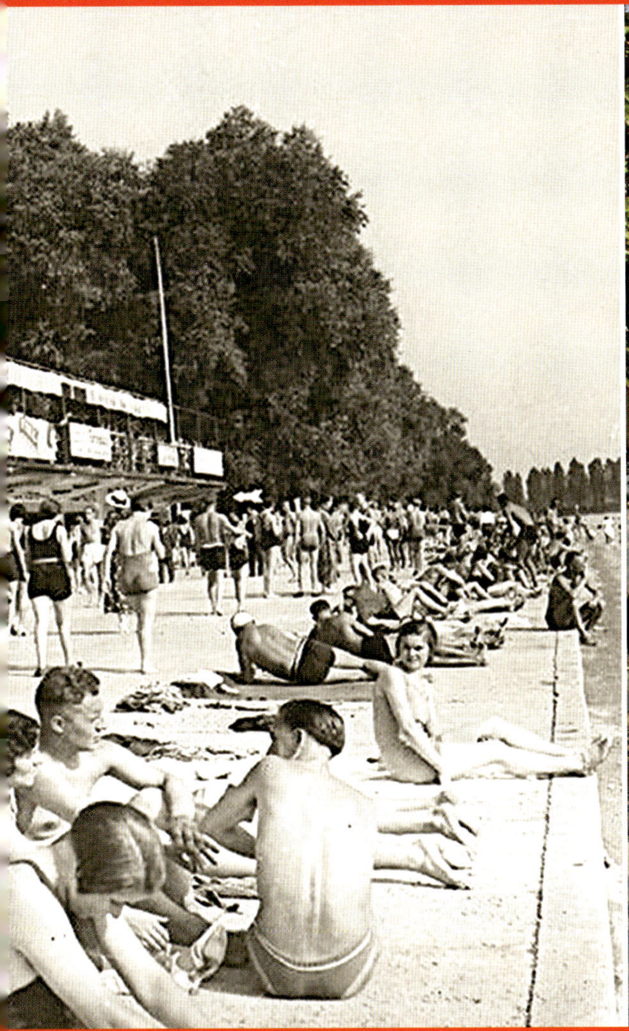

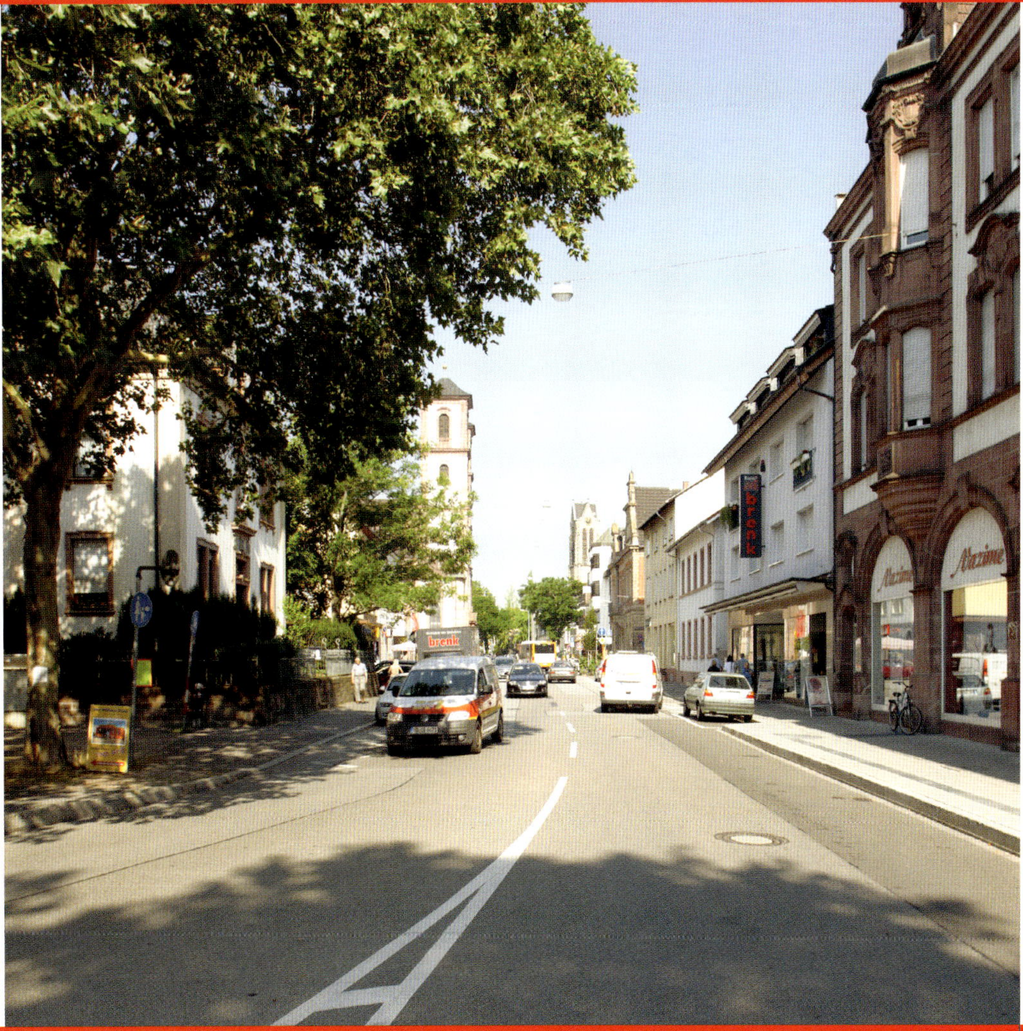

The incorporation of Neckarau in 1899 (Rheingoldstraße) 1899

Mannheim's rapid economic and demographic growth in the second half of the 19th century threatened to exceed the city's boundaries and presented it with new problems. In the north, several large factories had been built just beyond the city limits, such as the Mirror and Plate Glass Factory in Waldhof-Käfertal. In the south, the development of the Rheinau harbor also meant new competition. Against this background, after 1890 Mannheim's City Council made enormous efforts to entice surrounding villages to be incorporated. They were quite successful, even though some local patriots were disposed to hold out. In a first phase from 1895 to 1913, Mannheim incorporated Friesenheimer Island, Käfertal and Waldhof, Neckarau, Feudenheim, Sandhofen and Rheinau, while the second phase from 1929 to 1944 included Wallstadt, Friedrichsfeld and Seckenheim among others. Mannheim's city limits increased by a factor of six, and the city established itself as an industrial urban center and became – as later Lord Mayor Hans Reschke would note – "a city of suburbs."

(left) Of great importance for Mannheim was the incorporation of Neckarau in 1899, which had already developed into a sizeable industrial center. A view of Rheingoldstraße. Photo, circa 1910.
(middle) The public bathing beach, a recreation area inside Neckarau's city limits. Photo, 1937.
(right) Old buildings in Neckarau's city center largely survive today. Photo, 2012.

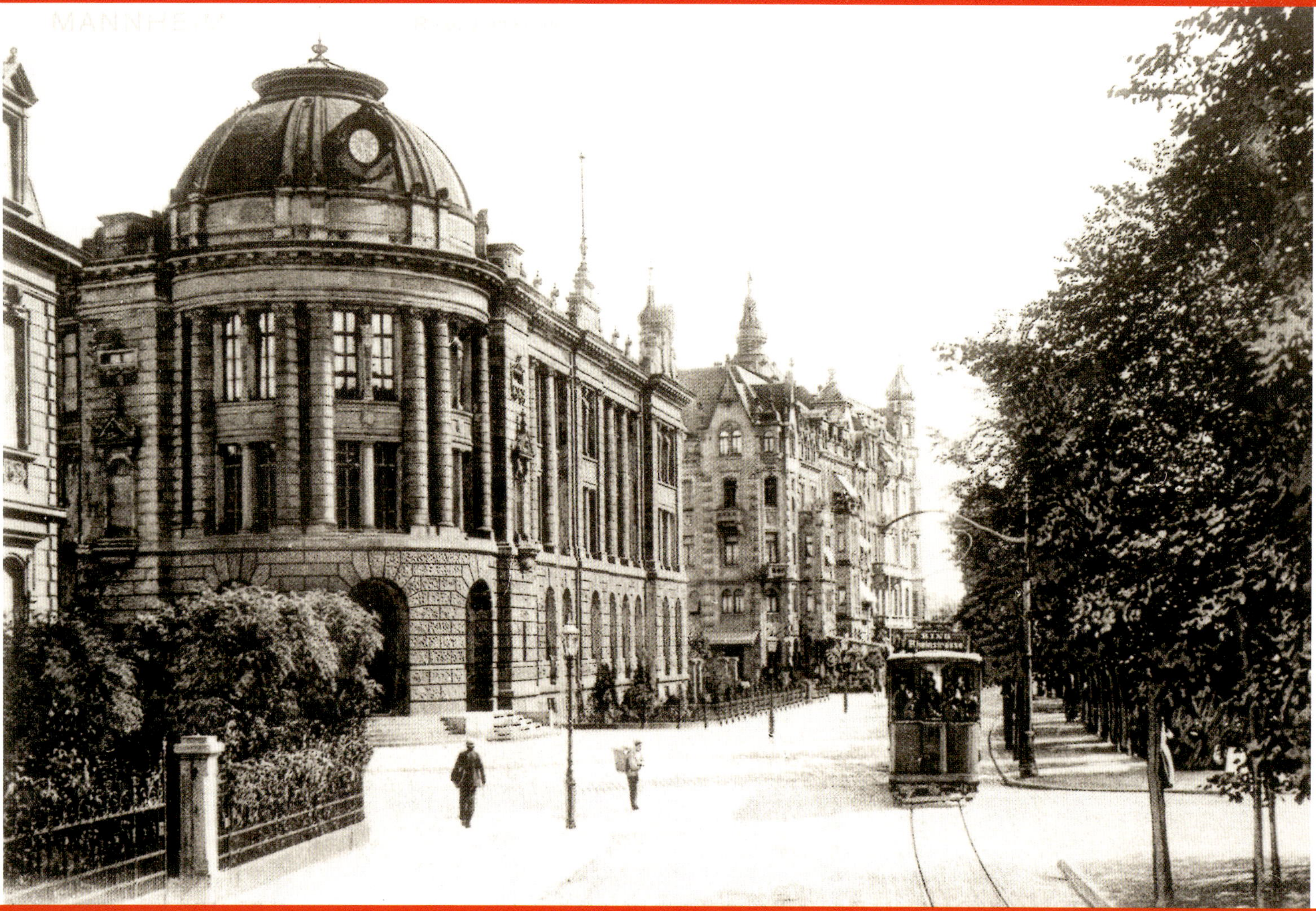

1901 Der Ausbau des höheren Bildungswesens (Friedrichsring 6)

Der rapide Anstieg der Stadtbevölkerung stellte das Bildungswesen vor neue Herausforderungen. Mehr als ein Drittel der Einwohner war um 1900 jünger als 15 Jahre. Dieser wachsenden Schülerzahl konnte nur mit einem massiven Ausbau des Schulwesens begegnet werden. Entsprechend schossen die Volksschulen im Stadtgebiet wie Pilze aus dem Boden. Doch auch die höheren Bildungsanstalten waren dem Ansturm neuer Schüler nicht mehr gewachsen. Größtes Ansehen genoss nach wie vor das altsprachliche Lyceum, das heutige Karl-Friedrich-Gymnasium. Ihm erwuchs jedoch in neuen naturwissenschaftlich orientierten Schultypen Konkurrenz. Insbesondere das 1869 gegründete Realgymnasium verzeichnete stetig wachsende Schülerzahlen, die es räumlich freilich kaum mehr bewältigen konnte. Abhilfe schafften ein eigener Neubau sowie gleich mehrere neu gegründete Schulen. Nach der Jahrhundertwende trugen neue höhere Bildungseinrichtungen wie die die Lessingschule, die später nach Tulla benannte Oberrealschule sowie nicht zuletzt die beiden Mädchenschulen, das spätere Elisabeth- und das Liselottegymnasium, dazu bei, die Situation zu entspannen.

(links) 1901 bezog das Großherzogliche Realgymnasium am Friedrichsring ein neues Gebäude. Postkarte, um 1905.
(rechts) Das alte Schulgebäude wurde im Zweiten Weltkrieg weitgehend zerstört. An seinem Platz steht heute ein Hotel. Foto, 2012.

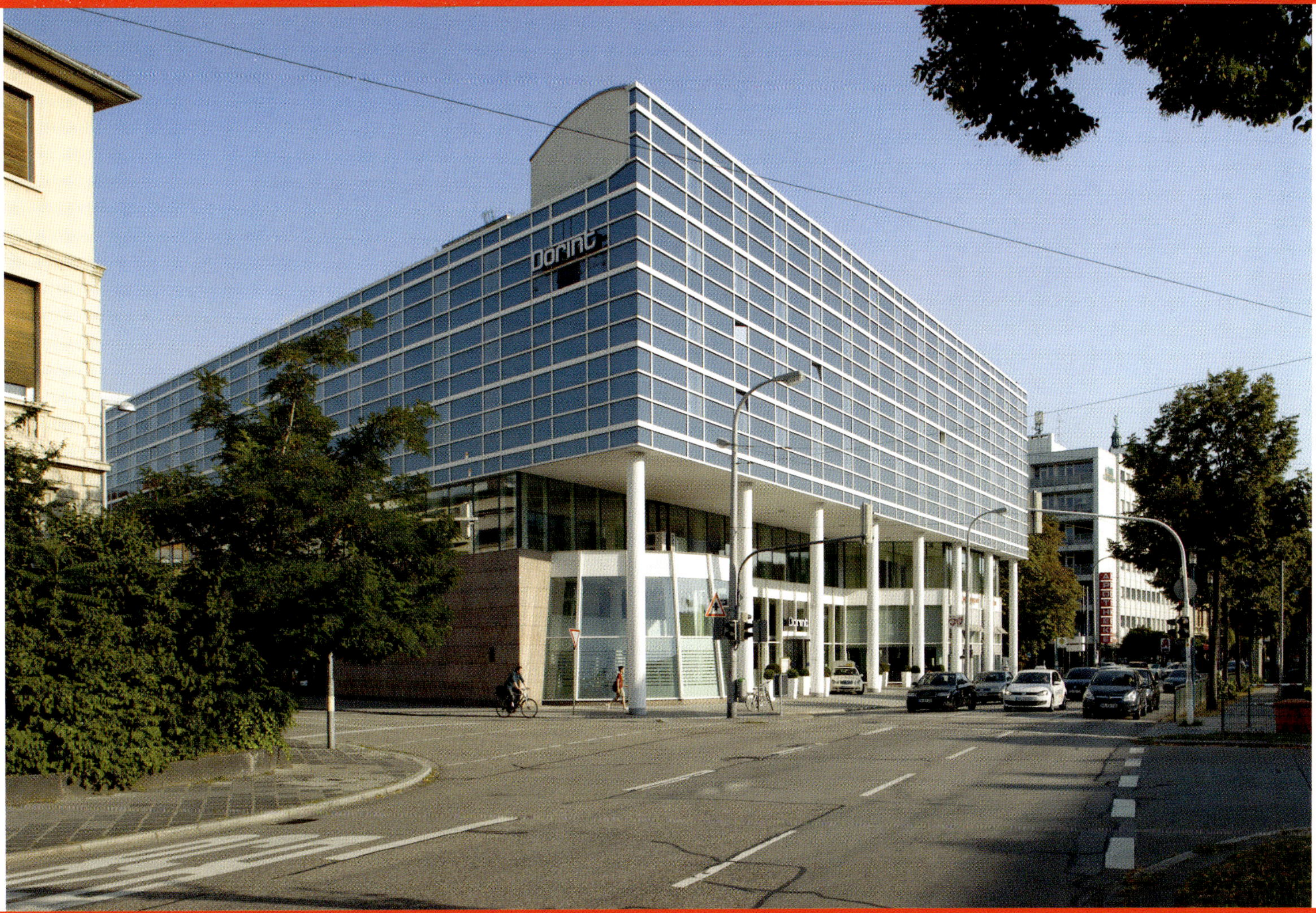

The expansion of secondary education (Friedrichsring 6) 1901

The rapid rise in population challenged the existing system of education. In 1900, more than a third of all inhabitants were younger than 15 years old. This growing number of students could only be accommodated with a massive expansion project. Accordingly, primary schools mushroomed in the city. But also the secondary schools could not cope with the onslaught of new pupils. As before, the classical Lyceum, today's Karl-Friedrich-Gymnasium, enjoyed the highest reputation. Now, new natural sciences-oriented school types brought competition. Especially the Realgymnasium, founded in 1869, recorded constantly growing student numbers, which it could hardly handle. Relief came with a new building as well as several other newly founded schools. After the turn of the century, new secondary schools were built, such as Lessing School, the Oberrealschule later named after Tulla, as well as the two girls' schools, the later Elisabethgymnasium and Liselottegymnasium, which all helped to ease the situation.

(left) The Großherzogliche Realgymnasium (Grand Duke School) moved into a new building in 1901. Postcard, circa 1905.
(right) The old school building was almost completely destroyed in World War II. A hotel was built in its place. Photo, 2012.

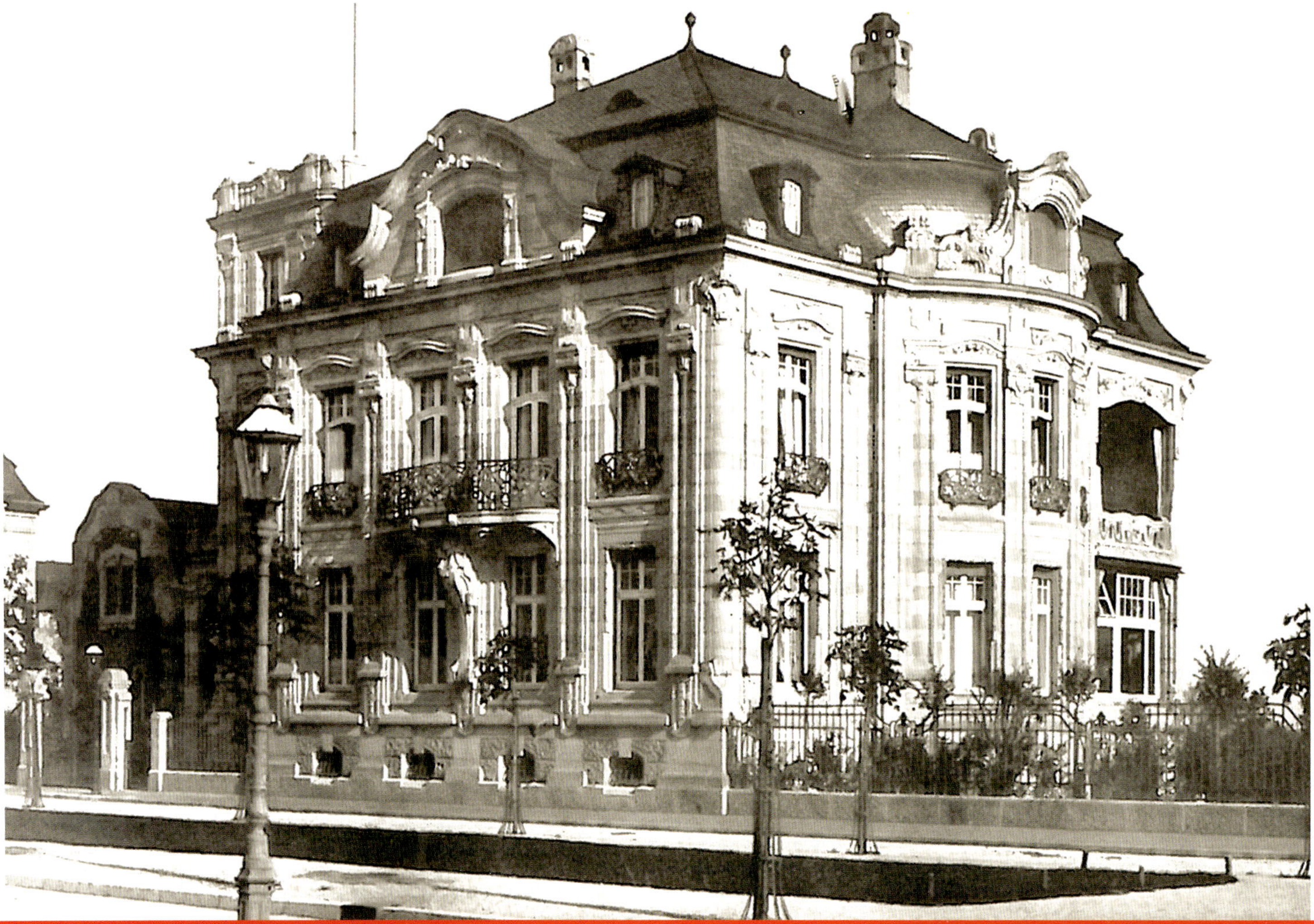

1903/04 Die Familie Engelhorn als erfolgreiche Industriedynastie (Werderstr. 44)

Mit der Oststadt wurde Ende des 19. Jahrhunderts ein neues Baugebiet erschlossen, in dem das Bürgertum in Villen und Stadtpalästen seinen erworbenen Reichtum wie auch sein Selbstbewusstsein zur Schau stellte. Ein Beispiel bietet die 1903/04 erbaute Villa von Dr. Friedrich Engelhorn, die dem Inhaber des Chemie- und Pharmaunternehmens Boehringer und seiner Familie als Wohnsitz diente. Der Architekt Rudolf Tillessen bezeichnete den neobarocken Bau als „idyllisches Schlößchen". Als Aufsichtsrat in vielen Unternehmen wie auch als Politiker gehörte Engelhorn zu den einflussreichsten Persönlichkeiten der Stadt. Dies galt auch für seinen Vater Friedrich Engelhorn. Der Sohn eines Gastwirts und gelernte Goldschmied war erfolgreich als Gasfabrikant, Grundstücksspekulant und Unternehmer. 1865 gründete er in Mannheim mit der BASF ein Unternehmen, das Weltgeltung erlangen sollte, freilich noch im gleichen Jahr seinen Produktionsstandort in Ludwigshafen nahm. Die Familie Engelhorn ist ein Beispiel für die Industriedynastien, welche Mannheim bis weit ins 20. Jahrhundert prägen sollten und die in der Oststadt bis heute erhaltene bauliche Zeugnisse hinterlassen haben.

(links) Villa Engelhorn kurz nach ihrer Fertigstellung. Foto, 1907.
(rechts) Die Villa erlitt im Zweiten Weltkrieg Zerstörungen und wurde danach leicht verändert wieder aufgebaut.
Heute beherbergt sie das Friedrich-Engelhorn-Archiv e.V. Foto, 2012.

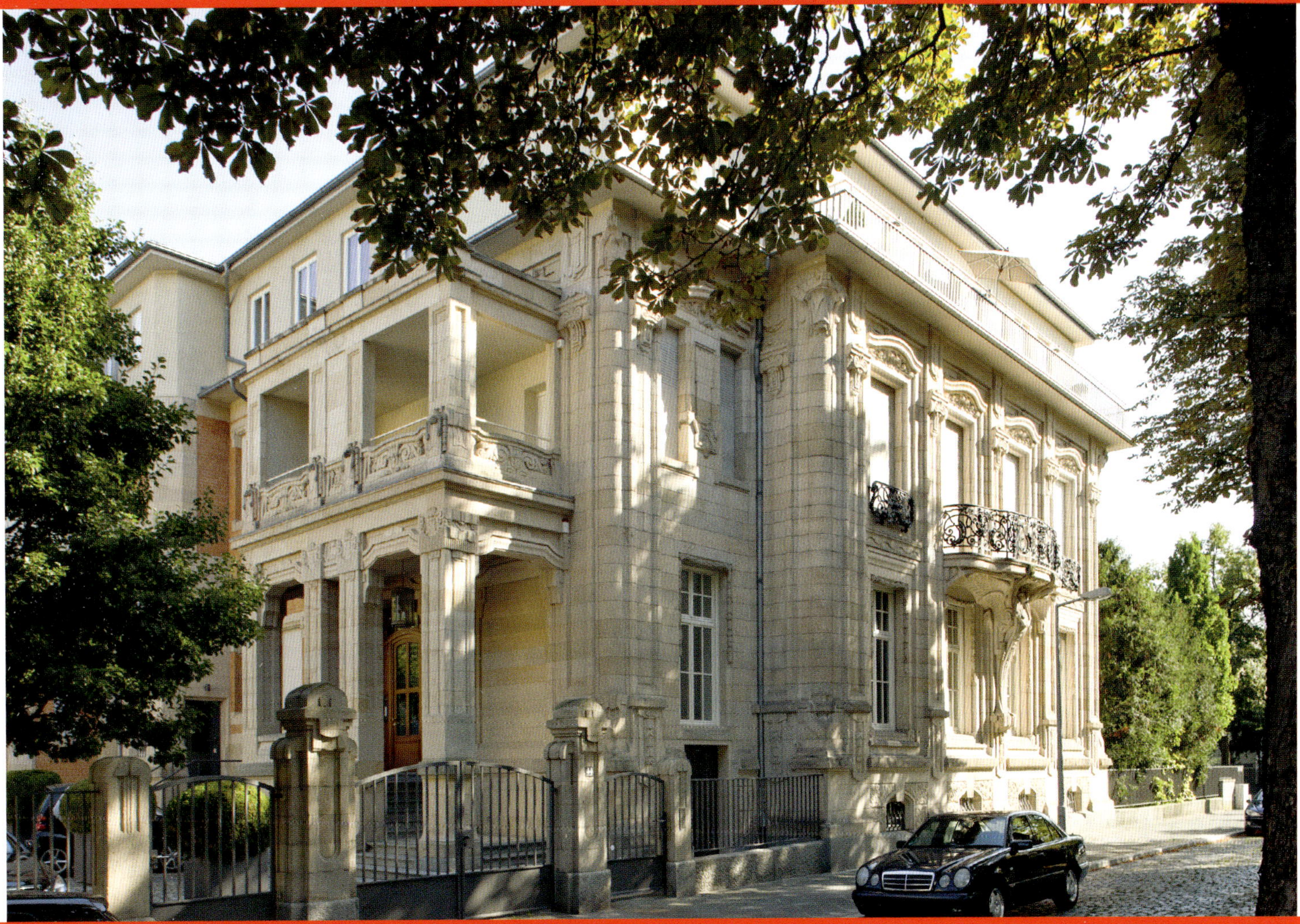

The Engelhorn family as a successful industrial dynasty (Werderstr. 44) 1903/04

A new building development was begun at the end of the 19th century in the Oststadt, providing the middle class with the opportunity to show off its newly earned wealth with villas and city palaces as well as put its self-importance on display. A good example is the villa built in 1903/04 by Dr. Friedrich Engelhorn, the owner of the chemical and pharmaceutical company Boehringer, for his family. The architect Rudolf Tillessen called this Neo-baroque building an "idyllic little castle." On the boards of directors for many companies as well as a politician, Engelhorn was one of the most influential citizens of the city. The same was true of his father Friedrich. The son of an innkeeper, and a trained goldsmith, he was successful as a gas factory owner, land speculator and businessman. In 1865, he founded the BASF in Mannheim, a company which would become world-renowned, although it did move its factory in the same year to Ludwigshafen. The Engelhorn family is an example of the industrial dynasties which would shape Mannheim far into the 20th century and which left numerous buildings behind in the Oststadt.

(left) Villa Engelhorn after completion. Photo, 1907.
(right) The villa was destroyed in World War II and was rebuilt in a slightly different form. Today it houses the Friedrich-Engelhorn-Archives. Photo, 2012.

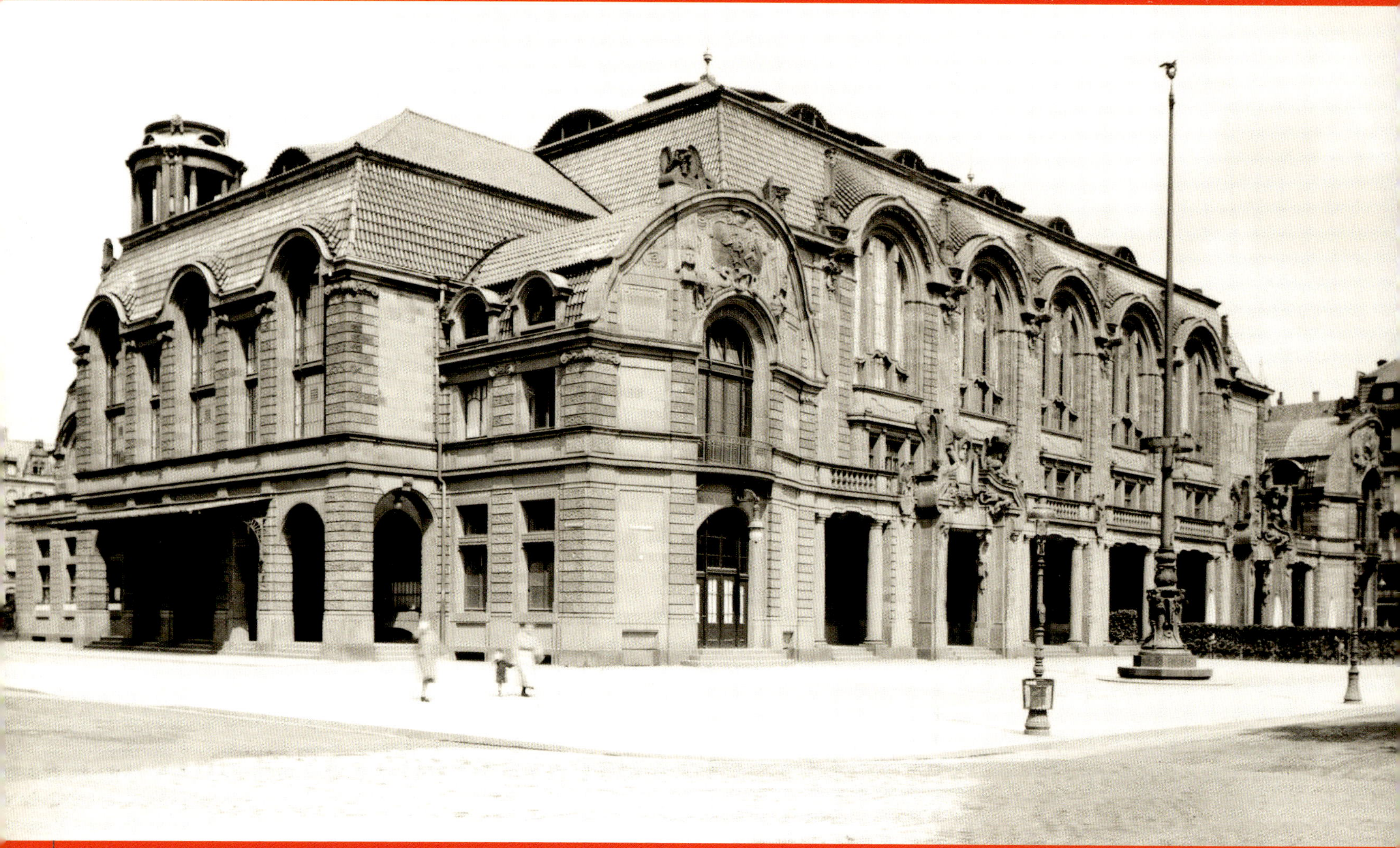

1906 Der Parteitag der SPD 1906 im Rosengarten (Friedrichsplatz)

Der in den Jahren 1901 bis 1903 von der Stadt erbaute Rosengarten entstand auf Initiative vor allem der Vereine, die endlich eine ausreichend große Festhalle wünschten. Die Zahl der hier in den folgenden Jahrzehnten ausgerichteten kulturellen wie geselligen Veranstaltungen ist fast schon unüberschaubar. Dabei diente der Rosengarten auch immer wieder als Bühne für politische Versammlungen, die eine Strahlkraft weit über die Quadratestadt hinaus hatten. Dies gilt insbesondere für den Parteitag der SPD im Jahr 1906. Damals wurde nicht nur mit Hermann Müller ein gebürtiger Mannheimer in den Vorstand gewählt, der in den 1920er Jahren das Amt des Reichskanzlers innehaben sollte; viel wichtiger noch war der Parteitag aufgrund des „Mannheimer Abkommens". SPD und Gewerkschaften beschlossen darin eine gleichberechtigte Zusammenarbeit und vereinbarten, künftig nur noch gemeinschaftlich zu Massenstreiks im politischen Kampf aufzufordern. Ausgerechnet in Mannheims „guter Stube" des Bürgertums fiel somit eine weitreichende Entscheidung der Arbeiterbewegung, mit der die Quadratestadt ihrem Ruf als „rote Hochburg" einmal mehr gerecht wurde.

(links) Blick auf den Rosengarten vom Wasserturm aus. Foto, 1925.
(rechts) Der Rosengarten wurde im Zweiten Weltkrieg weitgehend zerstört. Während der dem Friedrichsplatz zugewandte Teil im alten Stil wiederaufgebaut wurde, erfuhr der andere Abschnitt mit dem ehemaligen Nibelungensaal moderne Anbauten. Foto, 2012.

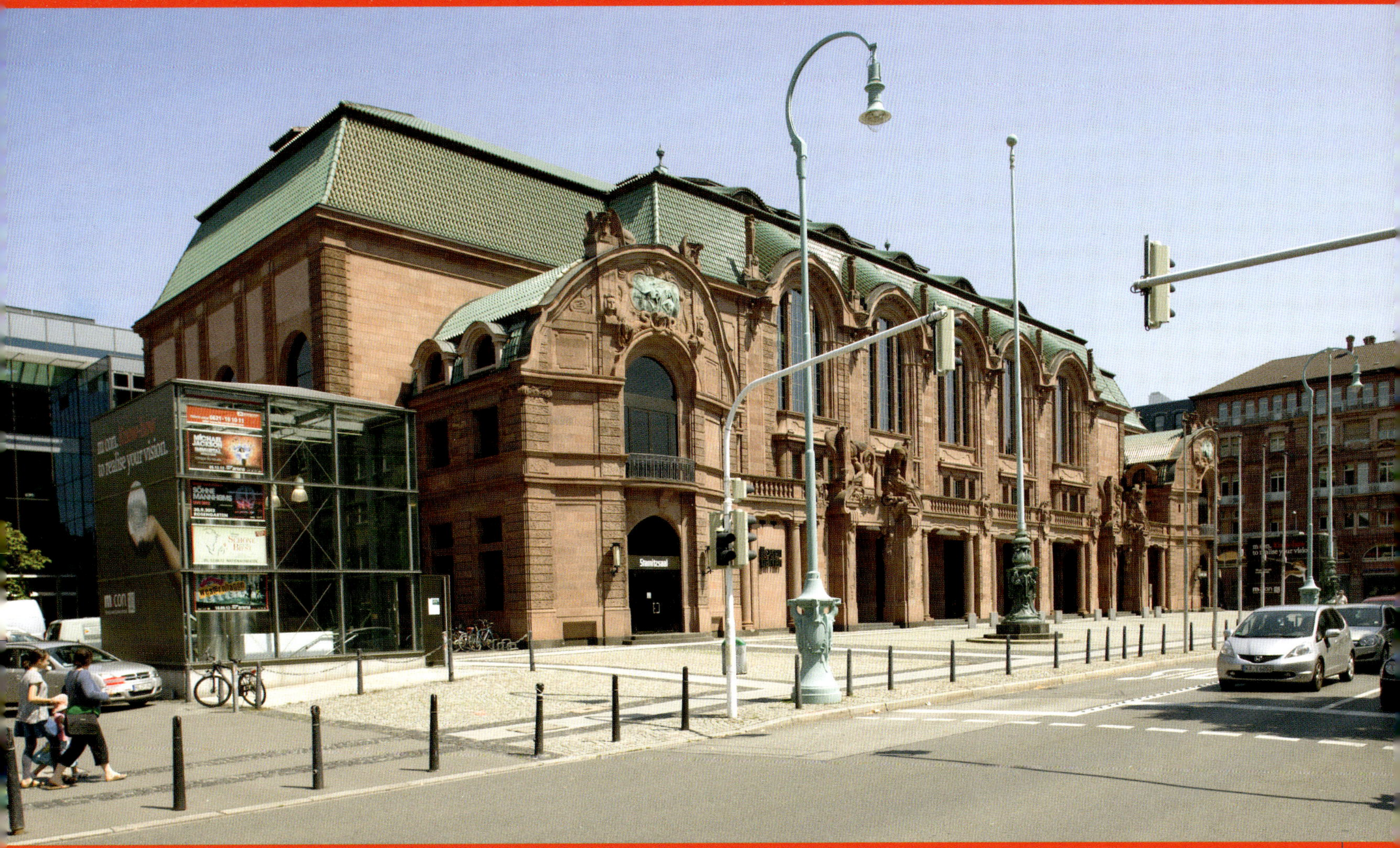

The SPD convention in the Rosengarten (Friedrich Square) 1906

The Rosengarten was built by the city between 1901 and 1903, particularly at the initiative of several societies which finally wanted a festival hall large enough for their functions. The number of cultural and social events held here in the following decades is almost countless. The Rosengarten was also used as a stage for political gatherings, which influenced the entire region beyond the City of the Squares. This is especially true of the SPD convention which was held here in 1906. Not only was Hermann Müller named to the steering committee, a Mannheim citizen who would become German Chancellor in the 1920's; of greater importance was the convention because of the so-called "Mannheim Agreement." The SPD and the labor unions resolved to work together as equal partners, and agreed to only call for strikes together in the political struggle. In Mannheim's "prime address" of all places, this far-reaching decision by the workers' movement was made, which underlined once again Mannheim's deserved reputation as a "red stronghold."

(left) A view of the Rosengarten, as seen from the Water Tower. Photo, 1925.
(right) The Rosengarten was almost completely destroyed in World War II. While the side facing Friedrich Square was rebuilt in the old style, the other section with the former Nibelungensaal was added in modern style. Photo, 2012.

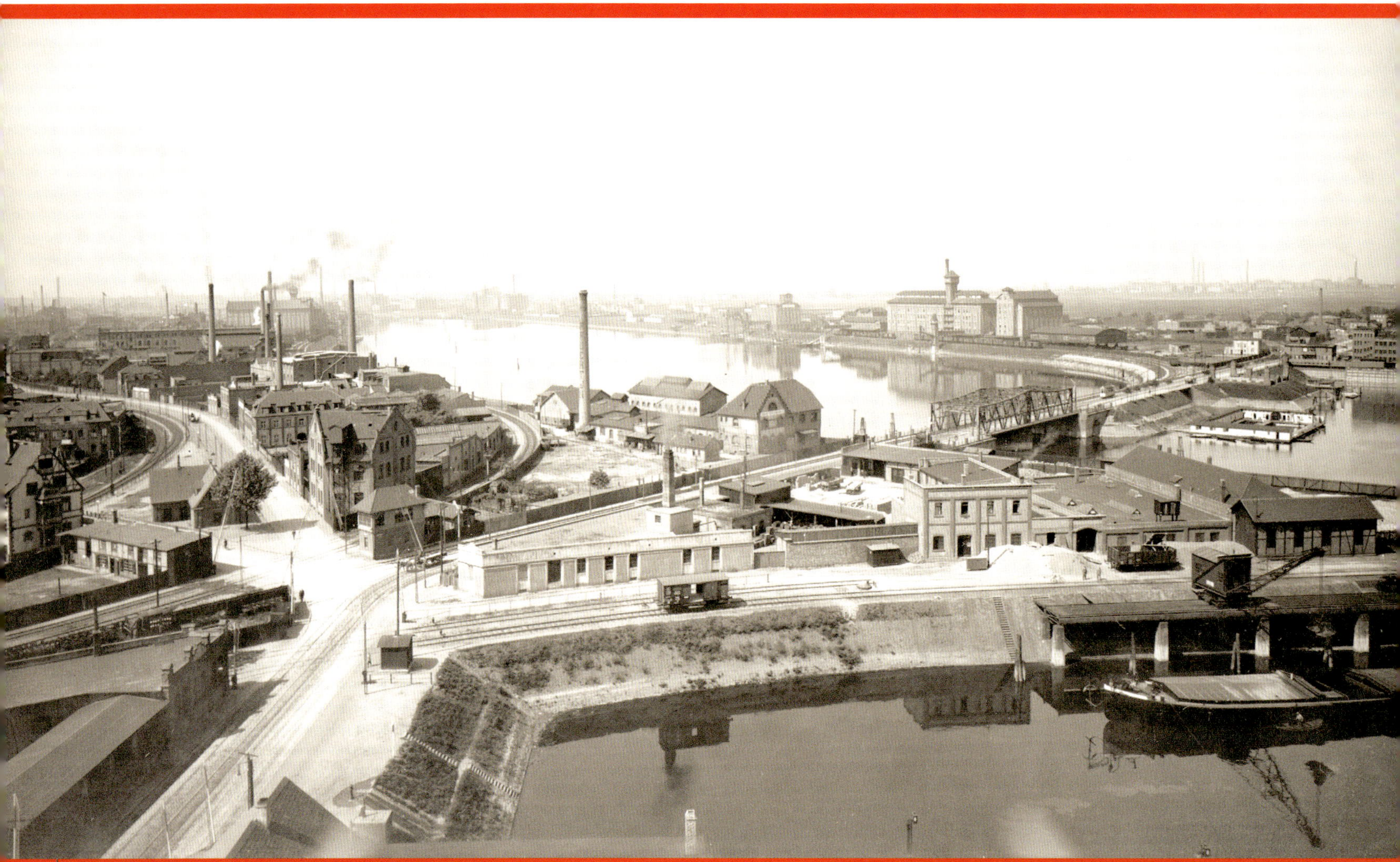

1907 Die Eröffnung des Industriehafens im Jahr des Stadtjubiläums

Am 3. Juni 1907 wurde in Anwesenheit von Großherzog Friedrich I. der Industriehafen eingeweiht. Dieser Festakt bildete einen Höhepunkt der Feierlichkeiten zum 300. Stadtjubiläum, darüber hinaus markiert er ein Schlüsselereignis in der jüngeren Stadtgeschichte. Mit dem neuen Hafen sicherte sich Mannheim dauerhaft die Stellung als führende Industriestadt Badens. Denn der bisher einzigartige Standortvorteil als Endpunkt der Großschifffahrt auf dem Rhein sollte durch die Schiffbarmachung des Oberrheins wegfallen, wodurch der Stadt mit Karlsruhe, Straßburg und Basel mächtige Konkurrenten im Handel erwuchsen. Es war vor allem Oberbürgermeister Otto Beck, der das Mammutprojekt Industriehafen vorantrieb, das organisatorisch wie auch finanziell Außergewöhnliches von der Kommune forderte. Der Bau des Hafens war der erste Schritt einer städtischen Wirtschaftsstrukturpolitik, die mit ihren verschiedenen Komponenten – Bau eines Gas- bzw. Elektrizitätswerks, Ausbau des Nahverkehrs, Eingemeindung von Vororten – den Weg Mannheims zur modernen Großstadt prägen sollte.

(links) Blick auf den neuen Industriehafen vom Wasserturm der Luzenbergschule aus.
Im Vordergrund das Waldhofbecken sowie die Diffenébrücke, im Hintergrund die „Hildebrand-Mühle". Foto, um 1910.
(rechts) Blick auf den Industriehafen mit der 1990 neu eingeweihten Diffenébrücke. Foto, 2012.

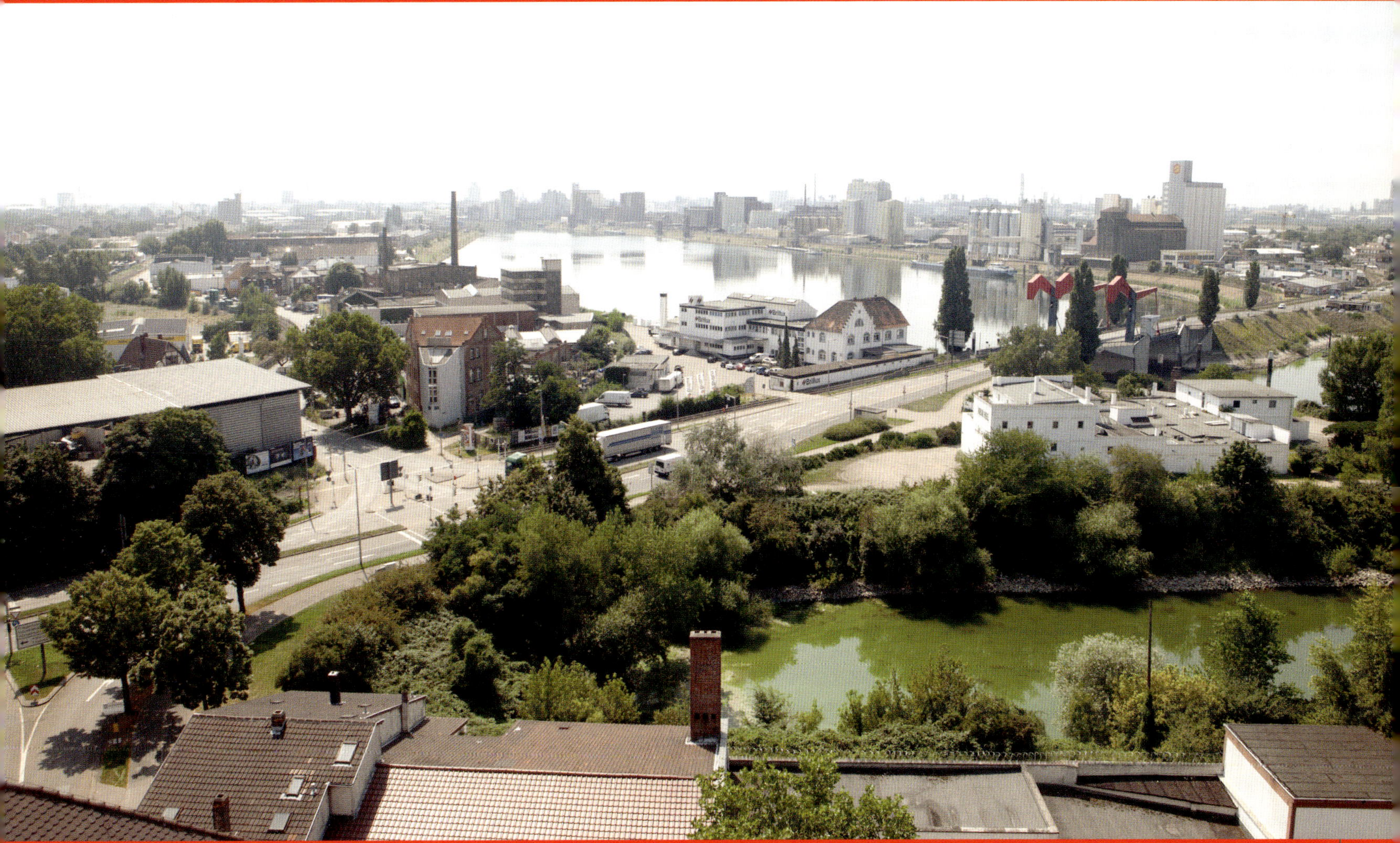

The opening of the industrial harbor in the city's jubilee year 1907

The new industrial harbor was inaugurated on 3 June 1907 in the presence of Grand Duke Friedrich I. This ceremony was the culmination of many festivities marking the city's 300th birthday, as well as a decisive occasion in Mannheim's more recent history. With this new harbor, Mannheim secured its position as the leading industrial city in Baden. The heretofore unique advantage of the city's location as the end point for larger shipping on the Rhine would fall to the project to make navigable the upper reaches of the river, making the cities of Karlsruhe, Straßburg and Basel into major business rivals. It was especially Lord Mayor Otto Beck who pressed for the mammoth project of the industrial harbor, which demanded exceptional organizational as well as financial support from the city. The construction of the harbor was a first step in a municipal economic program which, with other components – the building of a gasworks and a power plant, the development of mass transit, the incorporation of suburbs – would determine Mannheim's road to becoming a modern metropolis.

(left) A view of the new industrial harbor from the water tower of the Luzenberg school. In the foreground is the Waldhof basin as well as the Diffené Bridge, in the background the Hildebrand-Mühle. Photo, circa 1910.
(right) A view of the industrial harbor with the new Diffené Bridge, dedicated in 1990. Photo, 2012.

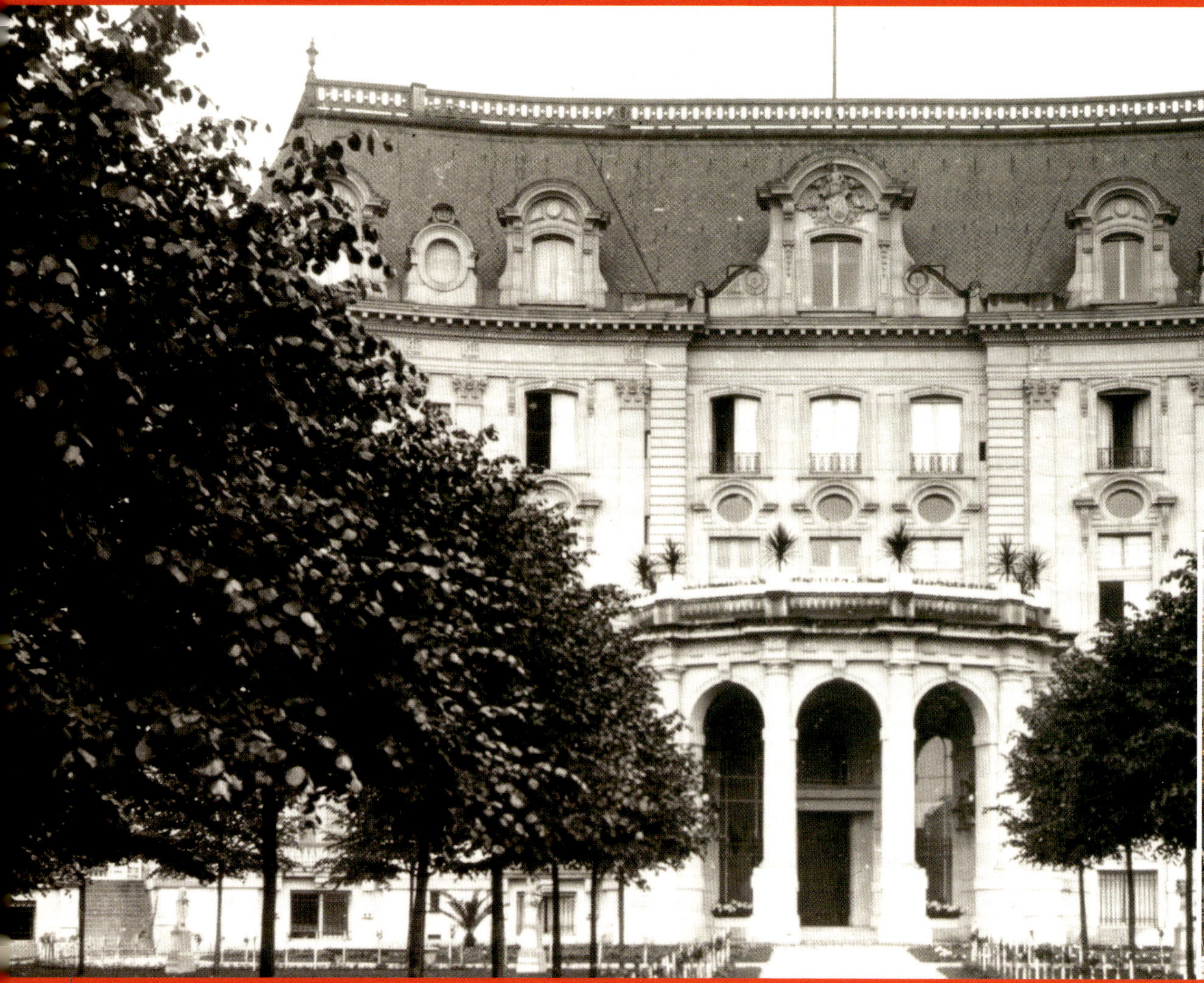

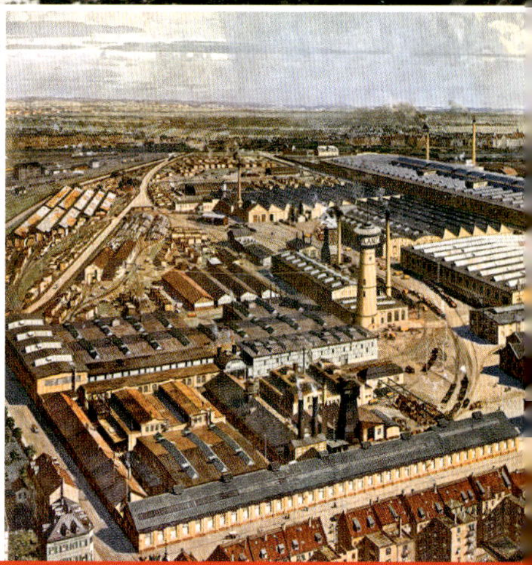

1908 Das Palais Lanz in der Oststadt (Erzbergerstr. 18)

Im Jahr 1908 entwarf der französische Architekt Eugène Saint-Ange den Plan eines „Palastes für Herrn Fabrikant Karl Lanz", der bis 1913 realisiert wurde. Dabei entstand ein Gebäude, das mit seiner schieren Größe und seiner Pracht aus der Oststadt herausragte. Dies war in den Augen der Zeitgenossen durchaus standesgemäß, gehörte das Unternehmen Lanz doch zu den größten Arbeitgebern in Mannheim. Gegründet von Heinrich Lanz 1859, hatte es sich auf die Herstellung von Landmaschinen und Lokomobilen spezialisiert. Seit 1873 waren die einzelnen Fabriken nach und nach auf den Lindenhof verlegt worden. Dort entstand ein riesiges Industrieareal, wo 1905 über 4.000 Menschen Arbeit fanden. Die Familie Lanz gehörte auch zu den größten Mäzenen Mannheims, finanzierte etwa die Errichtung von Krankenhäusern und Kinderheimen, aber auch die Gründung der Heidelberger Akademie der Wissenschaften. 1910 erhielt Julia Lanz, die Witwe von Heinrich Lanz, die Mannheimer Ehrenbürgerwürde. Das Lanz-Unternehmen ging 1956 in den Besitz der amerikanischen Firma John Deere über, die nach wie vor als großer Arbeitgeber in Mannheim präsent ist.

(links) Hoffassade des Palais Lanz. Foto, um 1914.
(Mitte) Gesamtansicht des Heinrich-Lanz-Werkes auf dem Lindenhof. Gemälde, 1910.
(rechts) Das Palais Lanz wurde 1922 an die Deutsche Reichspost verkauft und ist heute in Privatbesitz. Foto, 2012.

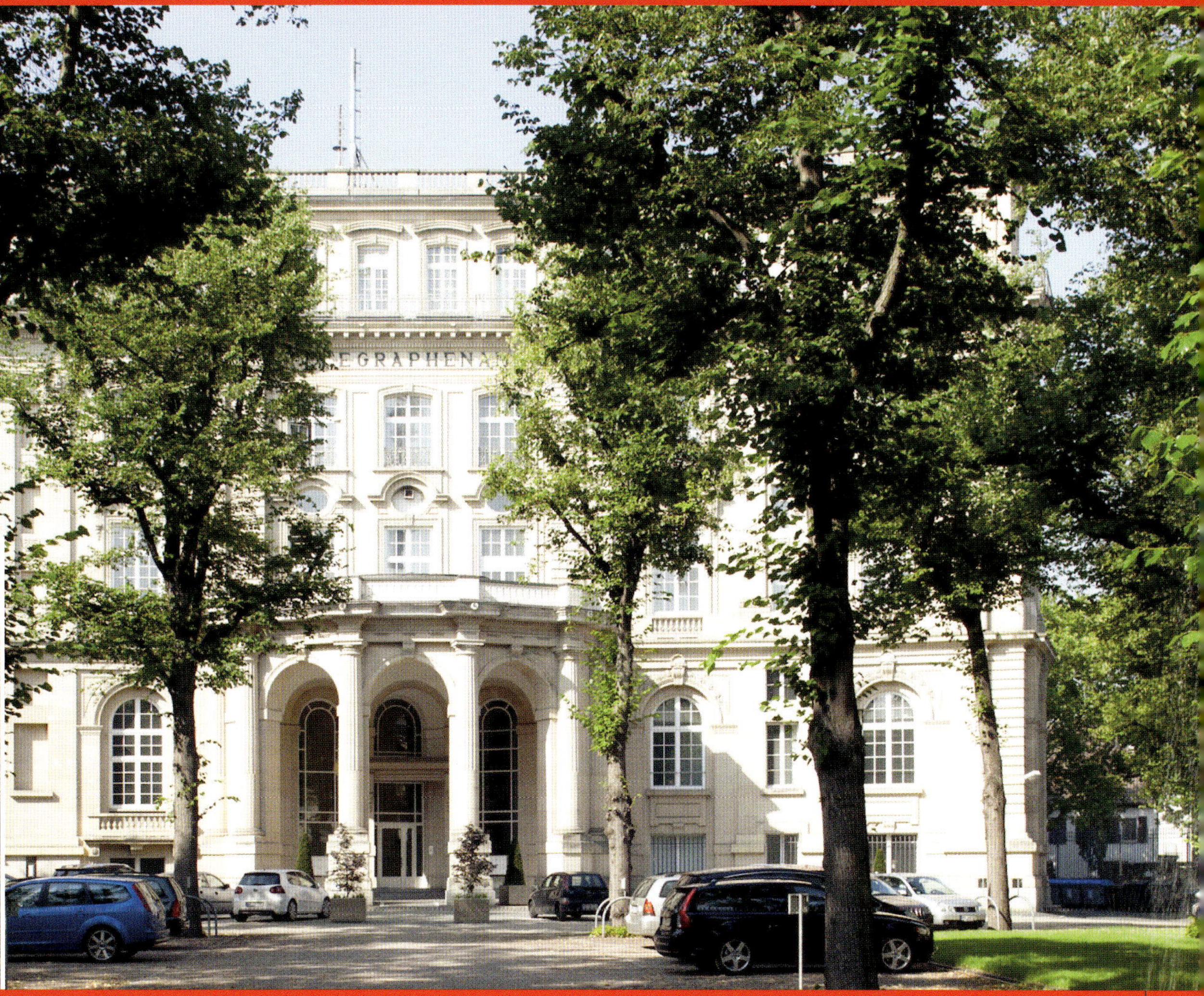

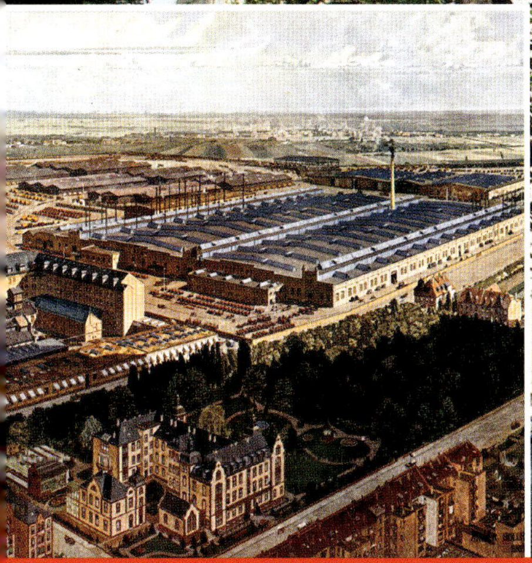

Lanz Palace in the Oststadt (Erzbergerstr. 18) *1908*

In 1908, French architect Eugène Saint-Ange designed the plans for a "Palace for the factory owner Karl Lanz," which was then constructed by 1913. It was a building which stood out from the rest of the Oststadt for its sheer size and grandeur. In the eyes of contemporaries, this was absolutely fitting, since the businessman Lanz was one of the most important employers in Mannheim. Founded by Heinrich Lanz in 1859, the company had specialized in the production of farming machinery and locomobiles. Following 1873, the individual factories were moved one after the other to Lindenhof. An immense industrial complex was established, where in 1905, over 4,000 people found work. The Lanz family was among the greatest philanthropists in Mannheim, financing hospitals and orphanages, but also the founding of the Academy of Science in Heidelberg. In 1910, Julia Lanz, the widow of Heinrich Lanz, became an honorary citizen of Mannheim. The Lanz Company was bought in 1956 by the American John Deere Company, which remains a major employer in Mannheim.

(left) The courtyard facade of the Lanz Palace. Photo, circa 1914.
(middle) An overall view of the Heinrich-Lanz-Factory in Lindenhof. Painting, 1910.
(right) The Lanz Palace was sold in 1922 to the German Postal Service and is today private property. Photo, 2012.

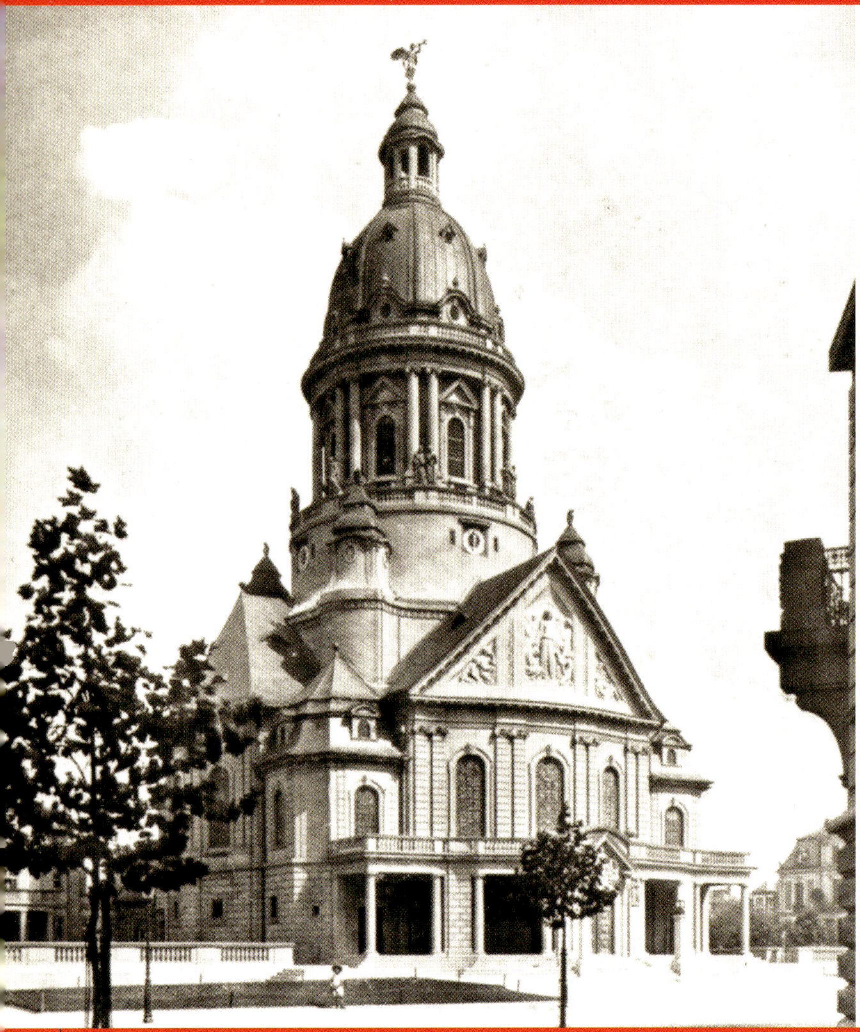

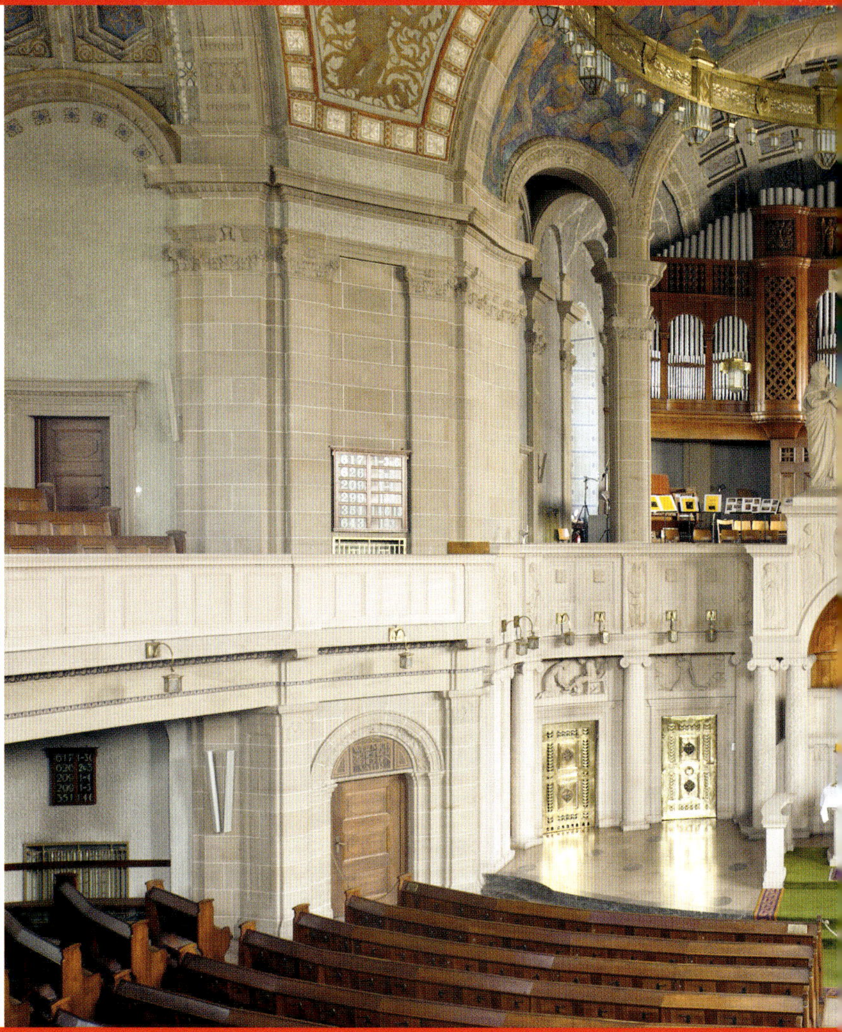

1911 Der Bau der Christuskirche in der Oststadt (Werderplatz)

Die 1911 nach den Plänen der Architekten Theophil Frey und Christian Schrade fertiggestellte Christuskirche in der Oststadt ist ein Sinnbild des Repräsentationsbedürfnisses des erfolgreichen protestantischen Großbürgertums. Der mächtige Kuppelbau, der sich von der Dresdner Frauenkirche inspirieren ließ, wurde auch über Mannheim hinaus wahrgenommen. Denn geradezu modellhaft wurde in ihm der Gedanke eines Zentralbaus nach dem sogenannten Wiesbadener Programm realisiert, durch den das Kirchengebäude stärker den Charakter einer Versammlungsstätte für die Gemeinde erhalten sollte, in deren räumlicher Mitte die Abendmahlfeier stattfindet und die Kanzel als Ort der Predigt dem Altar als liturgischem Ort gleichgestellt ist. Dabei war die Christuskirche nur einer von zahlreichen Kirchenbauten, die in Mannheim um die Jahrhundertwende errichtet wurden. Dies war angesichts des Bevölkerungszuwachses eine dringende Notwendigkeit. Auch in den neu entstandenen Stadtteilen wie Lindenhof, Neckarstadt, Schwetzinger Vorstadt und in den Eingemeindungsgebieten wurden von Protestanten wie auch von Katholiken neue Gotteshäuser gebaut.

(links) Die Christuskirche kurz nach ihrer Fertigstellung. Foto, 1911.
(Mitte) Innenansicht der Christuskirche. Foto, 2012.
(rechts) Die Kirche wurde im Zweiten Weltkrieg von Zerstörungen verschont und ist heute noch weitgehend im Originalzustand erhalten. Foto, 2012.

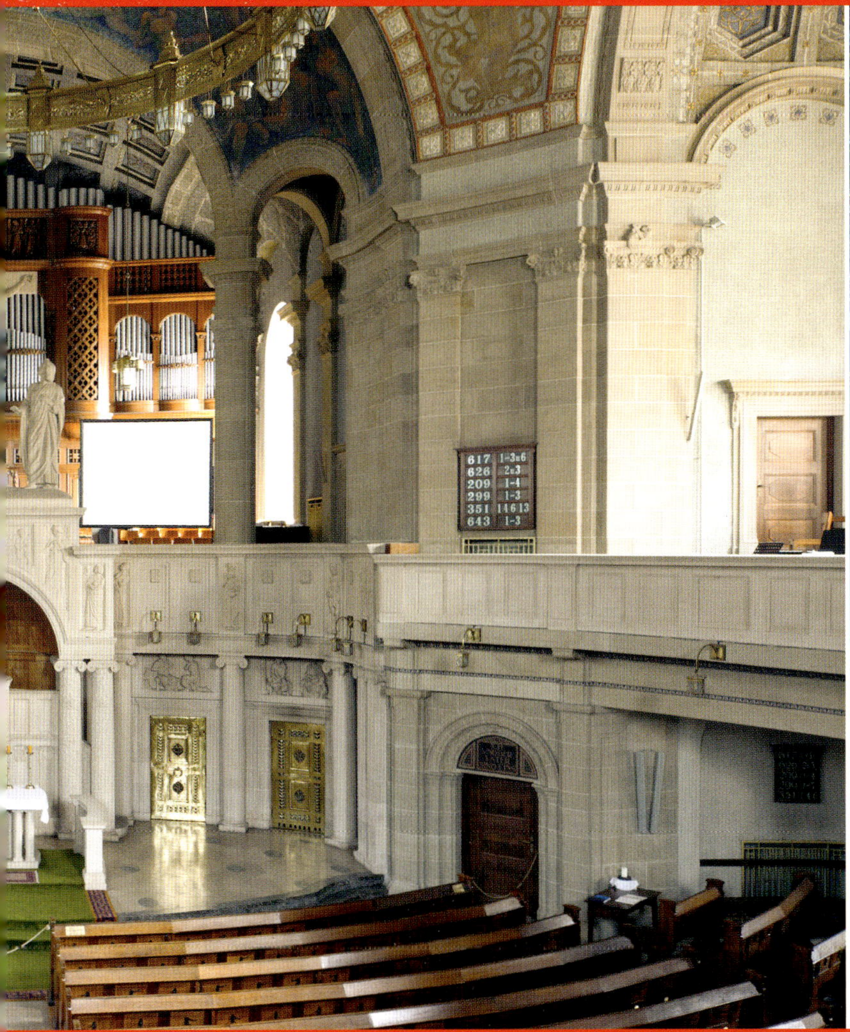

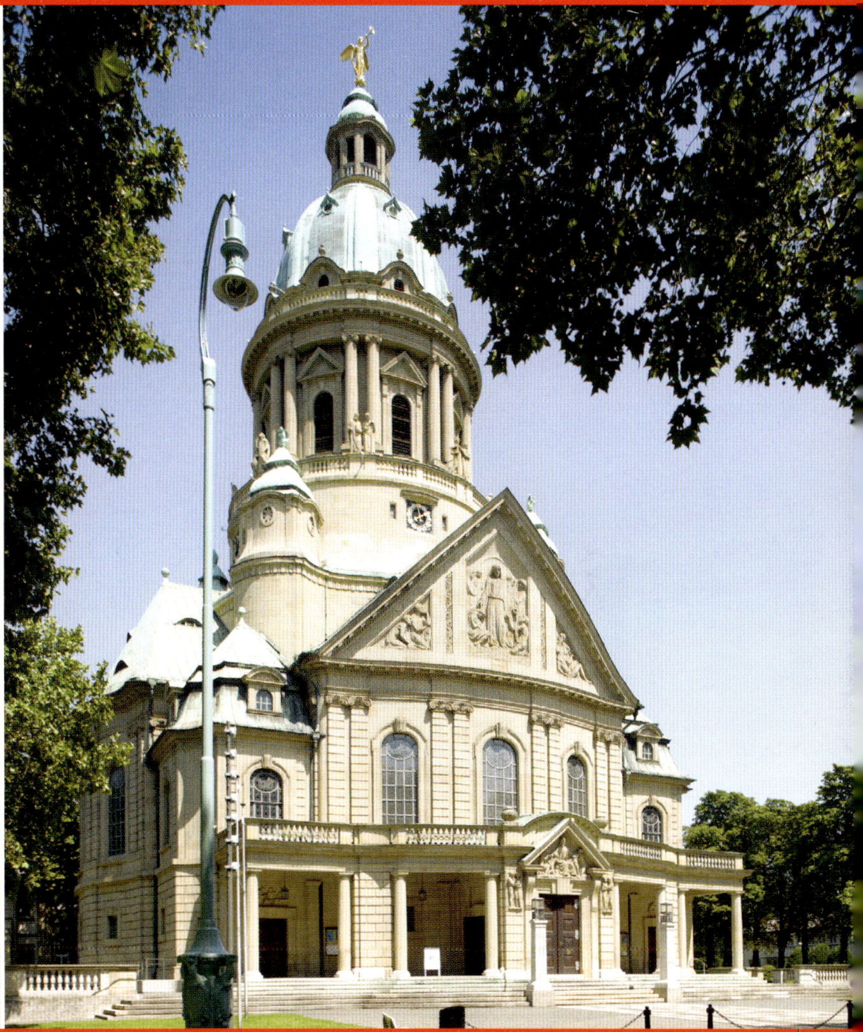

The construction of Christ Church in the Oststadt (Werderplatz) 1911

Designed by the architects Theophil Frey and Christian Schrade and completed in 1911, Christ Church in the Oststadt symbolized the need of the successful Protestant middle class for ostentatious display. The mighty domed structure, inspired by the Frauenkirche in Dresden, was also known beyond Mannheim. In it, the idea of a central structure is exemplary for the so-called Wiesbaden Program, through which the church building itself takes on more strongly the character of a meeting place for the congregation, and where Communion is held in the middle of the nave and the pulpit as the place of preaching is of equal importance to the altar as a liturgical site. Christ Church was one of numerous church buildings built in Mannheim around the turn of the century. In view of the growth in population, this was urgently needed. Both Protestant and Catholic churches were built in the new districts of Lindenhof, Neckarstadt, the Schwetzinger Vorstadt and in other incorporated areas as well.

(left) Christ Church shortly after completion. Photo, 1911.
(middle) A view inside Christ Church. Photo, 2012.
(right) The church was spared in World War II and is today largely preserved in its original form. Photo, 2012.

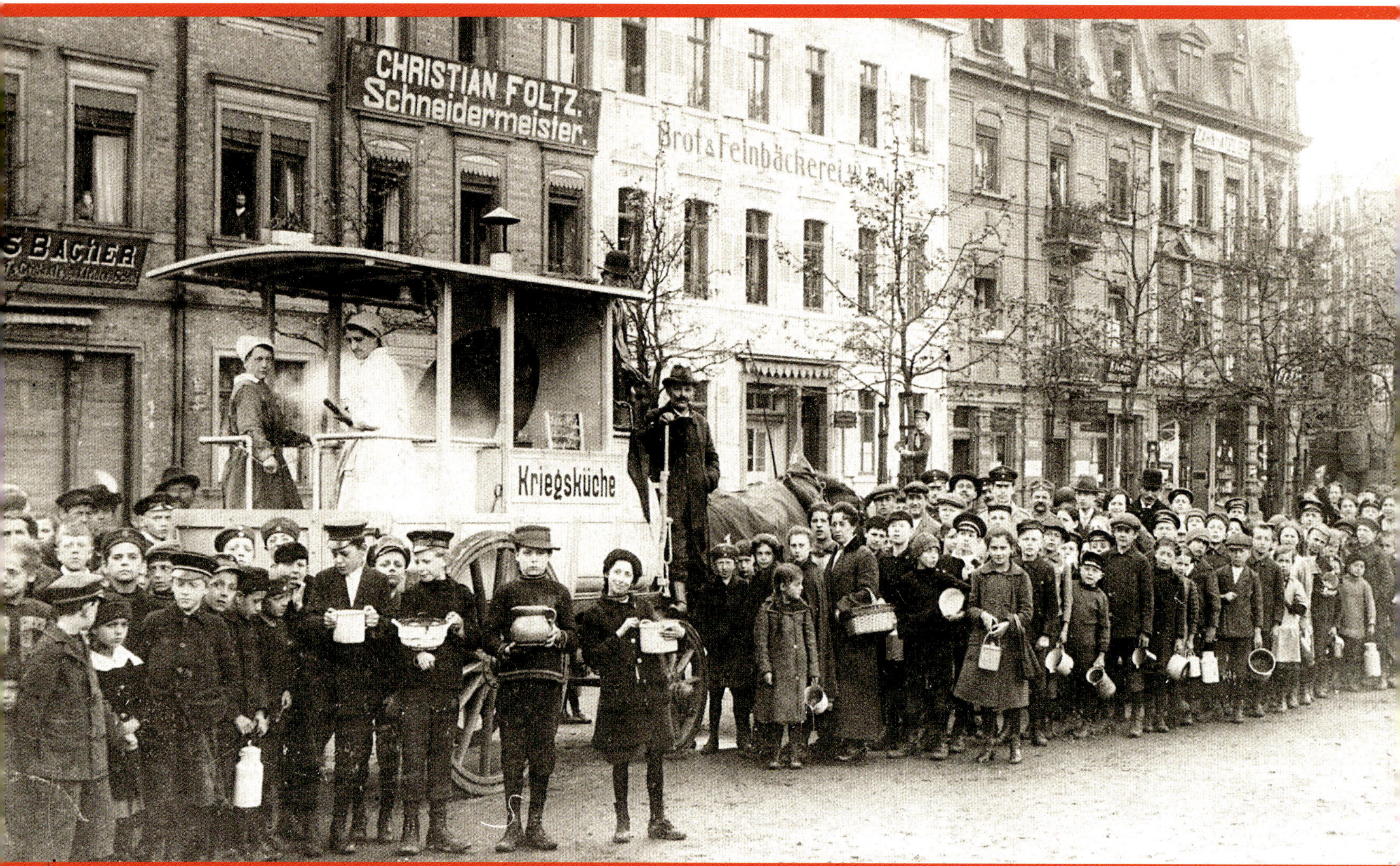

1917 Kinderspeisung am Alten Meßplatz (Am Meßplatz 6–10)

Mit dem Ersten Weltkrieg endete für Mannheim eine Epoche des Wachstums und des Fortschrittsglaubens. Die meisten Männer wurden eingezogen, der Krieg bestimmte fortan den Alltag. Wie unzureichend Deutschland auf einen langen Krieg vorbereitet war, zeigte sich auch in Mannheim. Die Stadt sah sich nicht nur mit Angriffen feindlicher Flugzeuge einer neuen Bedrohung gegenüber, mehr noch hatte die Bevölkerung mit einer wachsenden Lebensmittelknappheit zu kämpfen. Steigende Preise machten Nahrungsmittel für viele unerschwinglich. Weite Teile der Einwohnerschaft verarmten. Schlechte Ernten verschärften die Not, insbesondere im sogenannten „Steckrübenwinter" 1916/17 hungerten breite Kreise der Bevölkerung. Die Folge der Unterernährung war eine erhöhte Anfälligkeit für Seuchen wie Ruhr und Grippe, was die Sterblichkeit drastisch erhöhte. Zudem hatte die Stadt 6.239 gefallene Soldaten zu beklagen, dazu kamen ungezählte Verwundete, Versehrte und Traumatisierte. Vor diesem Hintergrund stellt der Erste Weltkrieg auch für Mannheim die „Urkatastrophe" des 20. Jahrhunderts dar, der dem „goldenen Zeitalter" der Stadt ein Ende bereitete.

(links) Kampf gegen den Hunger: Fahrbare Kriegsküche am Alten Meßplatz im „Steckrübenwinter". Foto, 1917.
(Mitte) Blick auf den Alten Meßplatz. Links die Häuserfront Am Meßplatz 6-10. Foto, 1942.
(rechts) Häuserfront am Alten Meßplatz. Foto, 2012.

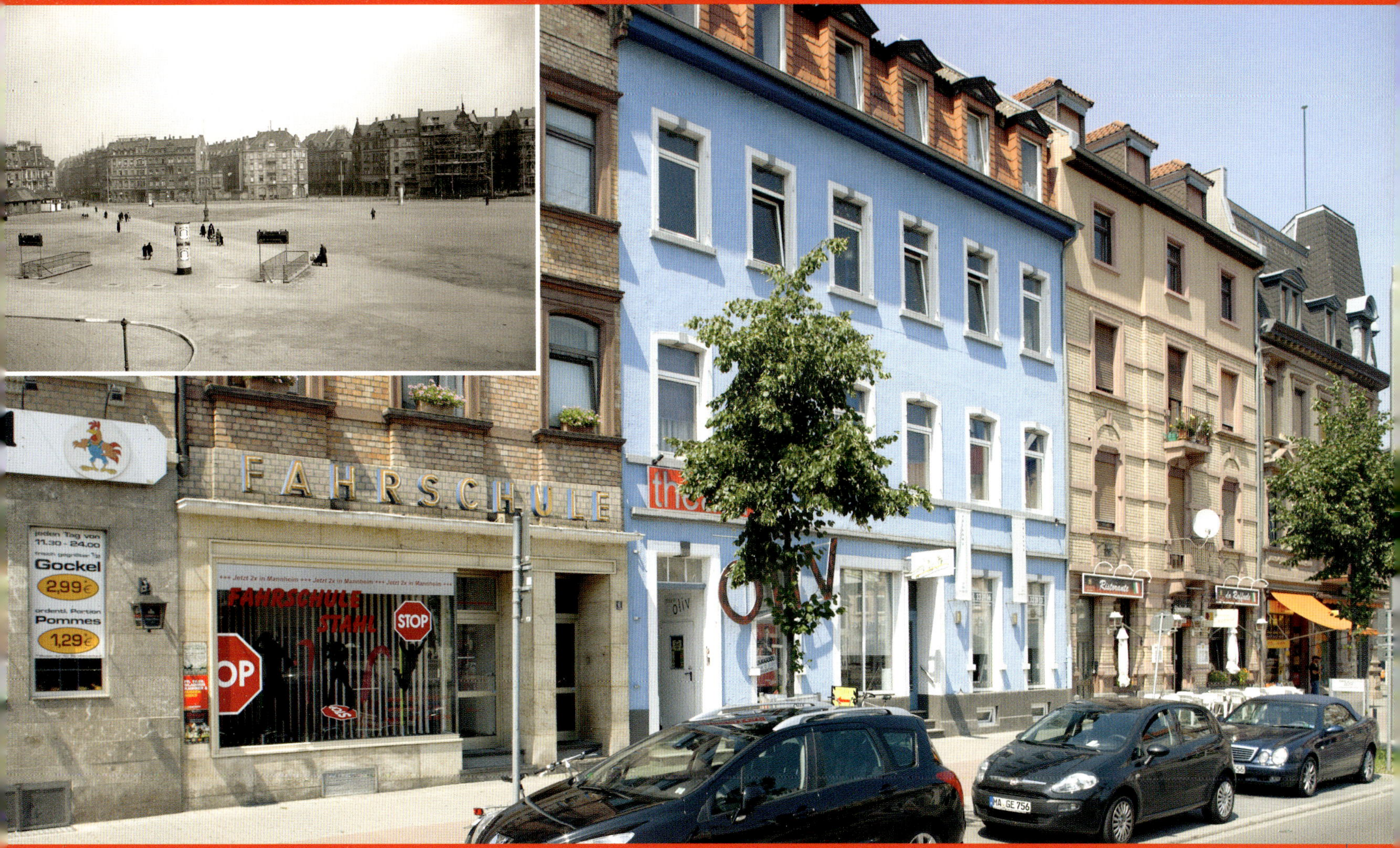

Feeding children on the Alte Meßplatz (Am Meßplatz 6–10) 1917

An epoch of growth and belief in progress ended for Mannheim with World War I. Most of the men were drafted, and the war defined everyday life. How unprepared Germany was for a long war was also apparent in Mannheim. The city was not only threatened by attacks of enemy airplanes, a completley new weapon of war, but the population also faced growing food shortages. Rising prices made food for many prohibitively expensive. Large sections of the populace sank into poverty. Poor harvests exacerbated the destitution, and especially in the so-called "rutabaga winter" of 1916/17, large numbers of people starved to death. The consequence of malnutrition was also an increased susceptibility for epidemics such as dysentery and influenza, which drastically raised mortality rates. Besides this, the city also suffered the loss of 6,239 soldiers, as well as countless wounded, disabled and traumatized men and women. Against this background, World War I was "the great seminal catastrophe" of the 20th century, which set an end to Mannheim's "golden age."

(left) The fight against hunger: a moveable war kitchen on the Alte Meßplatz during the "rutabaga winter." Photo, 1917.
(middle) A view of the Alte Meßplatz. To the left, the housefront Am Meßplatz 6-10. Photo, 1942.
(right) Row of houses on the Alte Meßplatz. Photo, 2012.

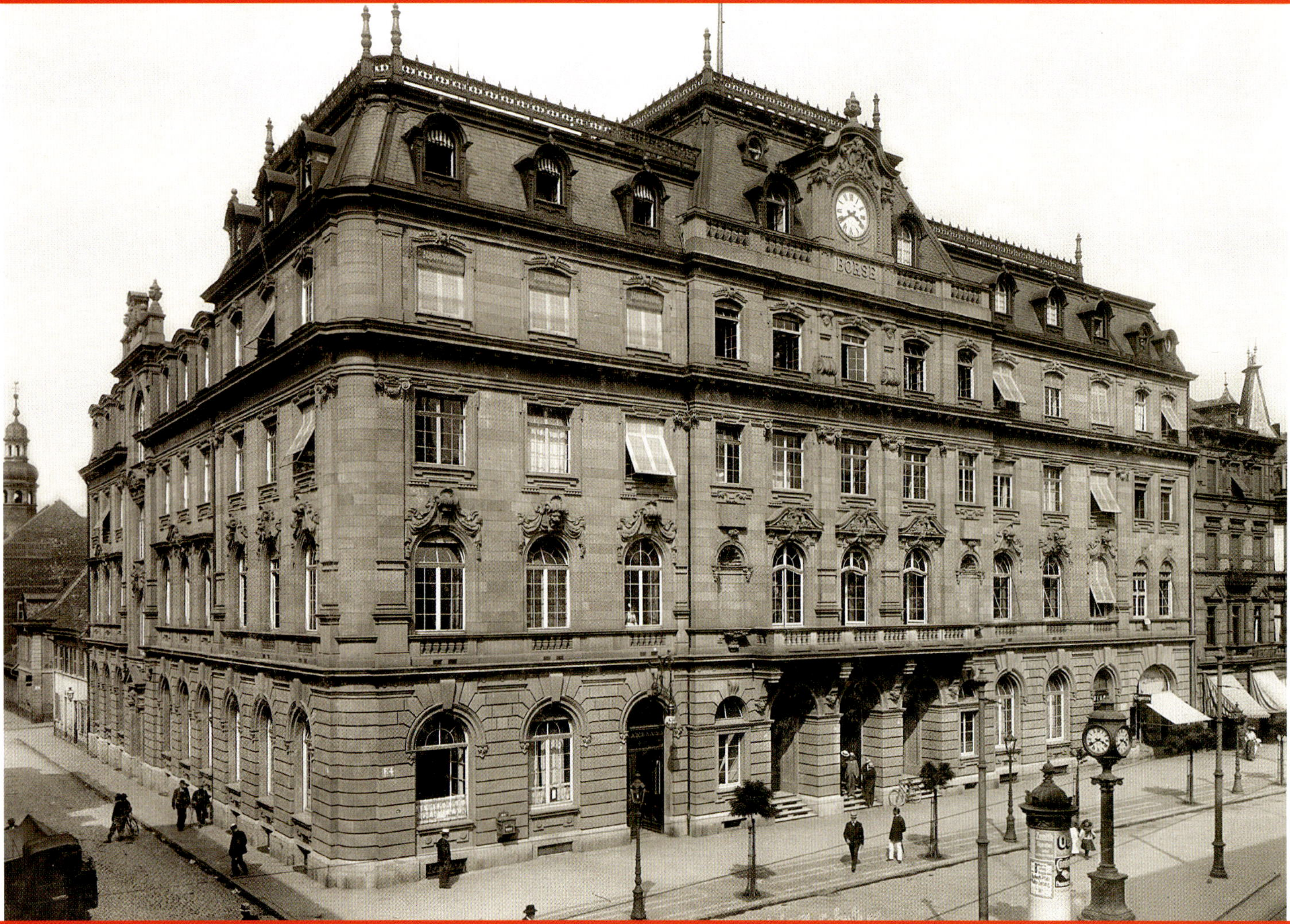

1922 Bombenanschlag auf die Börse und Hitler-Auftritte im Rosengarten (Mannheim-Innenstadt, E 4, 14)

Die Niederlage im Ersten Weltkrieg und der Versailler Friedensvertrag bildeten eine schwere Hypothek für die Weimarer Republik. Insbesondere rechte Gruppierungen und Parteien bekämpften das junge Staatswesen aufs heftigste und schreckten auch nicht vor politischen Morden zurück. Auch Mannheim wurde schon früh zur Bühne gewalttätiger Auseinandersetzungen. 1922 explodierte in der Börse eine Handgranate, geworfen von einem Nationalsozialisten, der über Verbindungen zum Hitler-Kreis in München verfügte. Es entstand glücklicherweise nur Sachschaden. Das 1923 erlassene NSDAP-Verbot schien dem braunen Spuk ein Ende zu machen. Doch im Zuge der wirtschaftlichen Depression kam es erneut zur politischen Radikalisierung. Hitler selbst agitierte 1928 und 1930 im Rosengarten, auch Goebbels und Strasser traten in Mannheim auf. Verbale Ausfälle gegen das „System" gehörten ebenso zum Repertoire wie Saalschutz und Massenschlägereien mit dem politischen Gegner. Auch wenn in Mannheim die Arbeiterparteien die Mehrheit behielten – den Angriffen der Rechten sollte sich die Weimarer Demokratie letztlich nicht gewachsen zeigen.

(links) Blick auf die Börse in E 4. Foto, um 1902.
(rechts) Das ehemalige Börsengebäude wird heute von der Städtischen Musikschule genutzt. Foto, 2012.

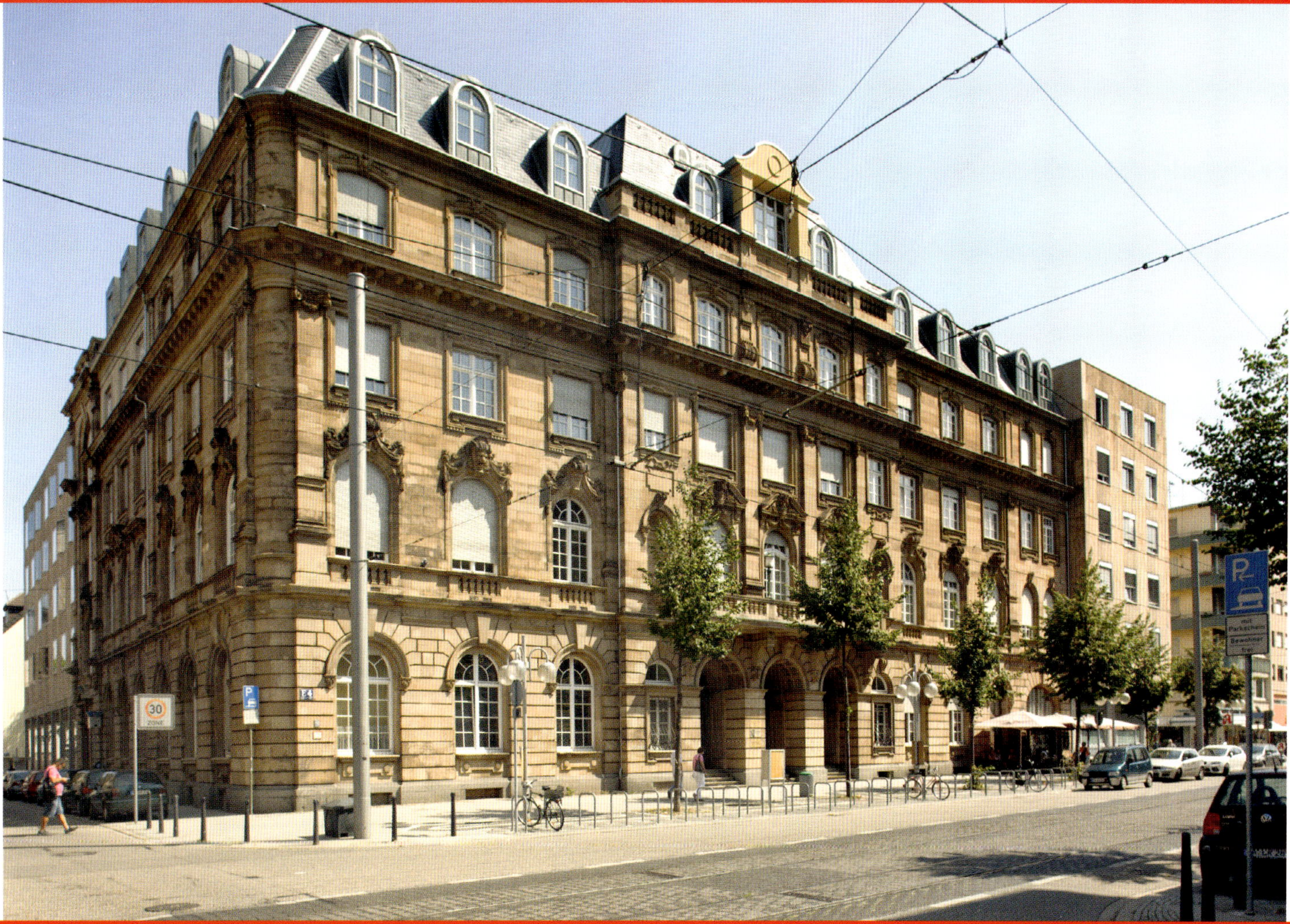

The bomb attack on the Stock Exchange and Hitler's appearances in the Rosengarten (Mannheim city center, E 4, 14) 1922

The defeat in World War I and the Treaty of Versailles were a heavy burden for the Weimar Republic to bear. Conservative groups and parties in particular fought bitterly against the young state and would not even shy away from political murder. Mannheim, too, soon became the scene of violent conflict. In 1922, a hand grenade thrown by a national socialist connected with the Hitler circle in Munich exploded at the Stock Exchange. Luckily there was only limited property damage. The ban on the NSDAP enacted in 1923 seemed to put an end to the brown specter. But following the economic depression, political radicalization reappeared. Hitler himself agitated in 1928 and 1930 at the Rosengarten, and Goebbels and Strasser also came to Mannheim. Vocal barrages against the "system" were as much a part of their repertoire as bands of "protectors" for the hall and mass brawls with political enemies. Even though Mannheim's workers' parties remained in the majority – the attacks from the right would prove stronger than the Weimar democracy.

(left) A view of the Stock Exchange in E 4. Photo, circa 1902.
(right) The former Stock Exchange building today houses the Municipal Music School. Photo, 2012.

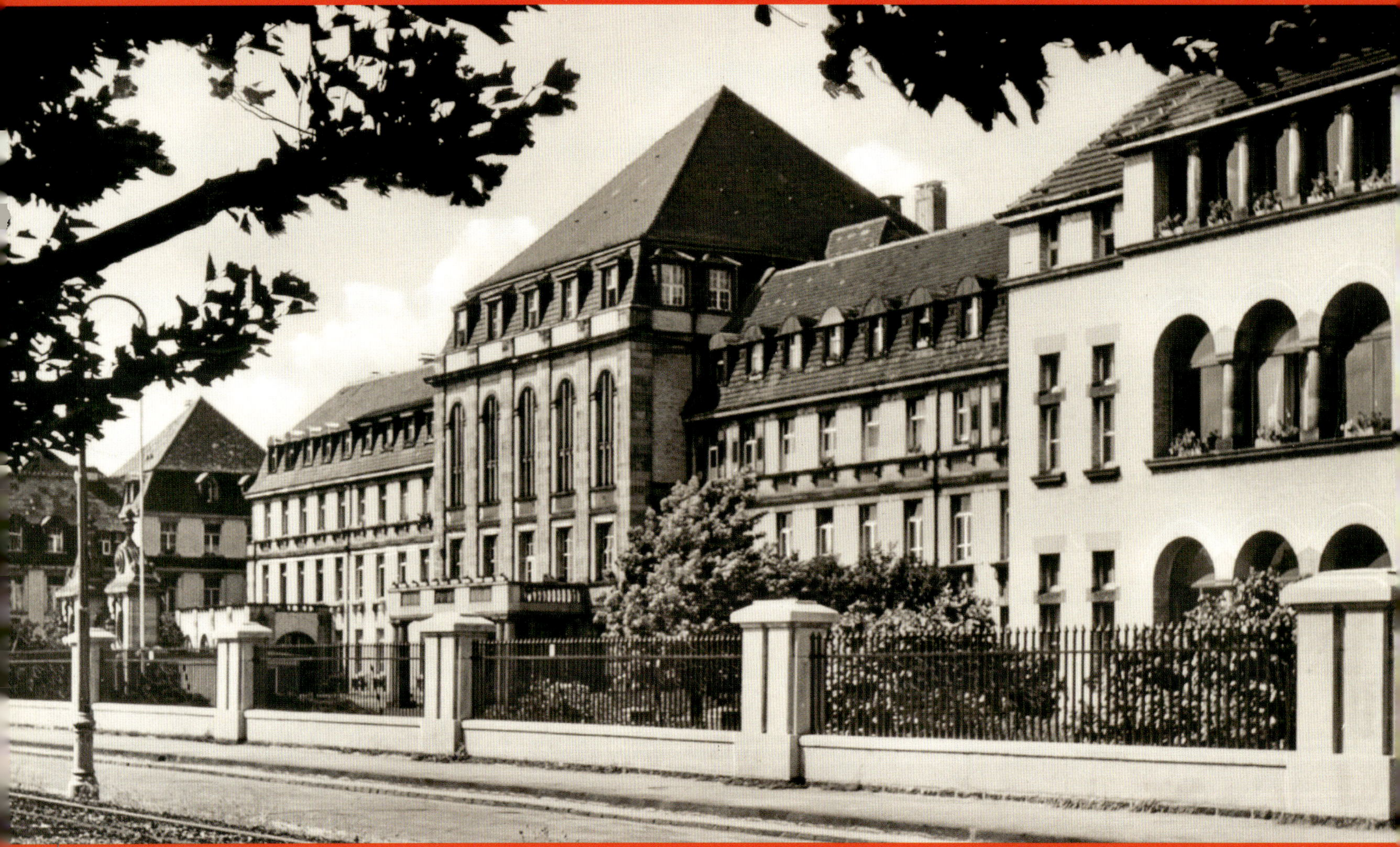

1922 Die Eröffnung der „Städtischen Krankenanstalten“ (Theodor-Kutzer-Ufer 1–3)

Mit der Eröffnung der neuen „Städtischen Krankenanstalten“ am nördlichen Neckarufer am 8. Juli 1922 fand ein zentrales Bauvorhaben der Stadt endlich seinen Abschluss. Seit Beginn des Jahrhunderts war über einen Neubau diskutiert worden, nachdem das bisherige Krankenhaus in R 5 längst nicht mehr den Anforderungen einer Großstadt genügt hatte. 1911 fiel die Entscheidung für den neuen Standort nördlich des Neckars, mit den Bauarbeiten wurde 1913 begonnen. Sie verzögerten sich jedoch aufgrund des Ersten Weltkriegs sowie der zunehmenden Finanzklemme der Kommune. Dass das Mammutprojekt schließlich doch fertiggestellt wurde, erfüllte die Verantwortlichen mit Stolz. Der 440 Meter lange Neubau mit über 1.000 Betten entsprach in seinem Grundriss und Aufbau den neuesten technischen Standards. Dies galt auch für das 1929 eröffnete Theresienkrankenhaus am gegenüberliegenden Neckarufer. Somit entstand am Neckar mit der im gleichen Zeitraum realisierten Friedrich-Ebert-Brücke als Verbindungsglied über den Fluss ein großer Krankenhauskomplex, der in der Weimarer Zeit als einer der modernsten Europas galt.

(links) Blick auf das Städtische Krankenhaus. Postkarte, um 1930.
(rechts) Entgegen Bestrebungen in den 1960er Jahren musste das alte Gebäude nicht einem Neubau weichen, sondern wurde im Laufe der Jahrzehnte nach Norden hin erweitert. Blick auf das Universitätsklinikum. Foto, 2012.

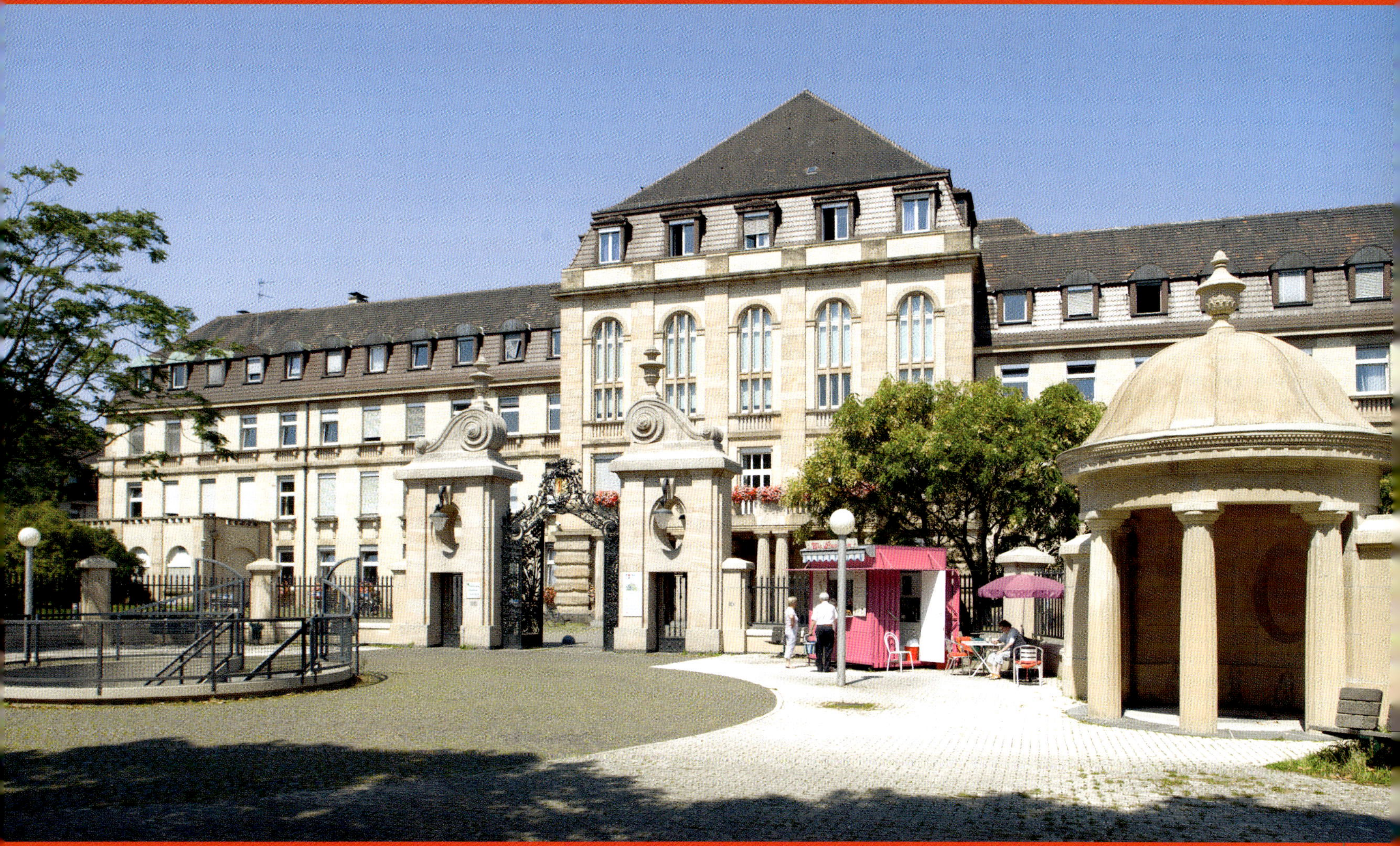

The opening of the City Hospital (Theodor-Kutzer-Ufer 1–3) 1922

A central element of the development plan for the city was achieved with the opening of the new "City Hospital" on the northern banks of the Neckar on 8 July 1922. Plans for a new building had been discussed since the beginning of the century, when the former hospital in R 5 was no longer adequate for the needs of a major city. In 1911, the decision was made in favor of the new site to the north of the Neckar, and construction was begun in 1913. Work was interrupted by World War I as well as the growing financial difficulties of the city. That the project was completed at all was a source of great pride for the community. The almost 1,450 foot-long new building with over 1,000 beds was planned according to the very latest technical standards of layout and design. This was true as well of the Theresienkrankenhaus (St. Theresa Hospital), opened in 1929 on the opposite side of the Neckar. With the contemporaneous construction of the Friedrich-Ebert-Bridge joining the two hospitals into one, the new hospital complex became one of most modern in all of Europe during the Weimar years.

(left) A view of the City Hospital. Postcard, circa 1930.
(right) Rather than replacing the building in the 1960's, the old structure was enlarged to the north through several decades. A view of the Universitätsklinikum (University Hospital). Photo, 2012.

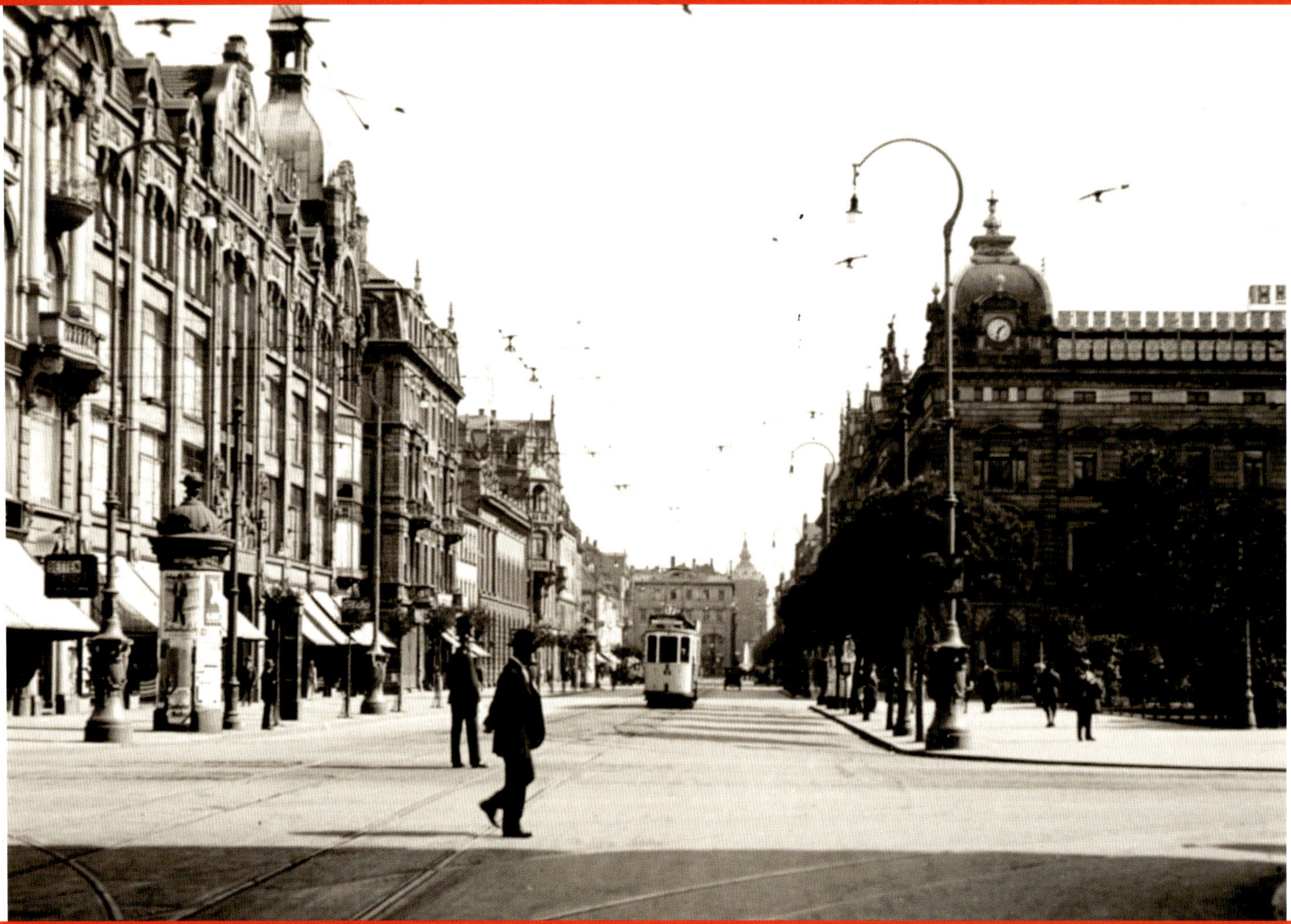

1923 Ausschreitungen rund um die Warenhäuser (Mannheim-Innenstadt, P 1)

Mit den Kaufhäusern Kander (T 1), Wronker (E 1) und Schmoller (P 1) etablierten sich um 1900 auch in Mannheim großflächige Warenpaläste. Mit ihrem umfangreichen Produktangebot, festen Preisen und neuartiger Werbung wurden sie zu Aushängeschildern der modernen Großstadt und lockten viele Kunden an, was allerdings zu Lasten kleinerer Geschäfte ging. Ihr unaufhaltsamer Aufstieg, der den Ersten Weltkrieg überdauerte, machte sie allerdings in der Phase der Hyperinflation und Versorgungskrise des Jahres 1923 zu Zentren der Auseinandersetzung. Während sie selbst als Arbeitgeber dazu übergegangen waren, den Lohn halbtäglich auszuzahlen, suchten sie mit außerordentlichen Schließungen ihre Warenlager zu sichern, die angesichts des wertlosen Geldes eine letzte Sicherheit vor der Inflation boten. Konsequenz waren schwere Ausschreitungen, die in Plünderungen und Schießereien mündeten, so dass am 18. Oktober der Ausnahmezustand über Mannheim verhängt wurde. Erst mit der Einführung der Rentenmark kam der Handel ab 1924 wieder in Gang und auch die Warenhäuser wurden von der der nunmehr wieder zahlenden Kundschaft frequentiert.

(links) Blick in die Planken mit dem Kaufhaus Schmoller (links). Foto, um 1910.
(rechts) Die Gebäude wurden im Zweiten Weltkrieg zerstört. Nach wie vor bildet der Paradeplatz mit den Einkaufshäusern in E 1 und P 1 ein Zentrum des Einzelhandels. Foto, 2012.

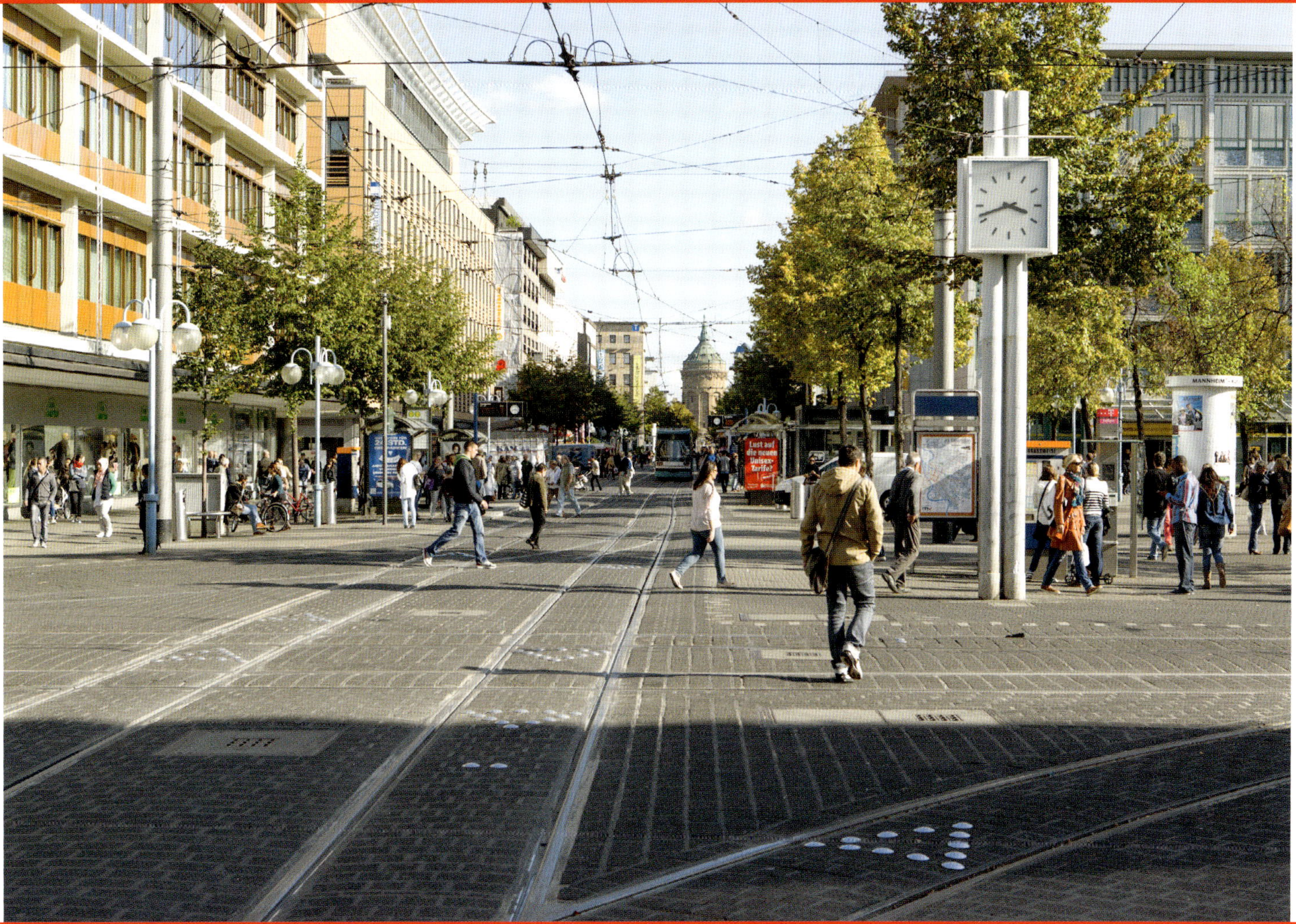

Riots around the department stores (Mannheim city center, P 1) 1923

Large department stores, truly palaces of merchandise, such as Kander's (T 1), Wronker's (E 1) and Schmoller's (P 1) were established in Mannheim. With their extensive range of goods, fixed prices and novel advertising, they soon became the figureheads of the modern city and attracted many customers, although unfortunately at the expense of smaller shops. Their unstoppable success, which lasted until after World War I, made them the focus of problems arising during the phase of hyperinflation and the crisis of the supply shortage of 1923. While switching to paying their workers' salaries twice a day, employers attempted to shut their stores some of the time, in order to protect the goods, which represented a last bit of security from inflation now that money was worth next to nothing. Violent riots were the consequence, which ended in plundering and shootings, so that on 18 October 1923, a state of emergency was declared in Mannheim. Only with the introduction of the Rentenmark as a new currency in November 1923, did business warm up again and the department stores began to refill with paying customers.

(left) A view down Planken with Schmoller's Store to the left. Photo, circa 1910.
(right) The buildings were destroyed in World War II. The Paradeplatz remains a center of department stores and small businesses in E 1 and P 1. Photo, 2012.

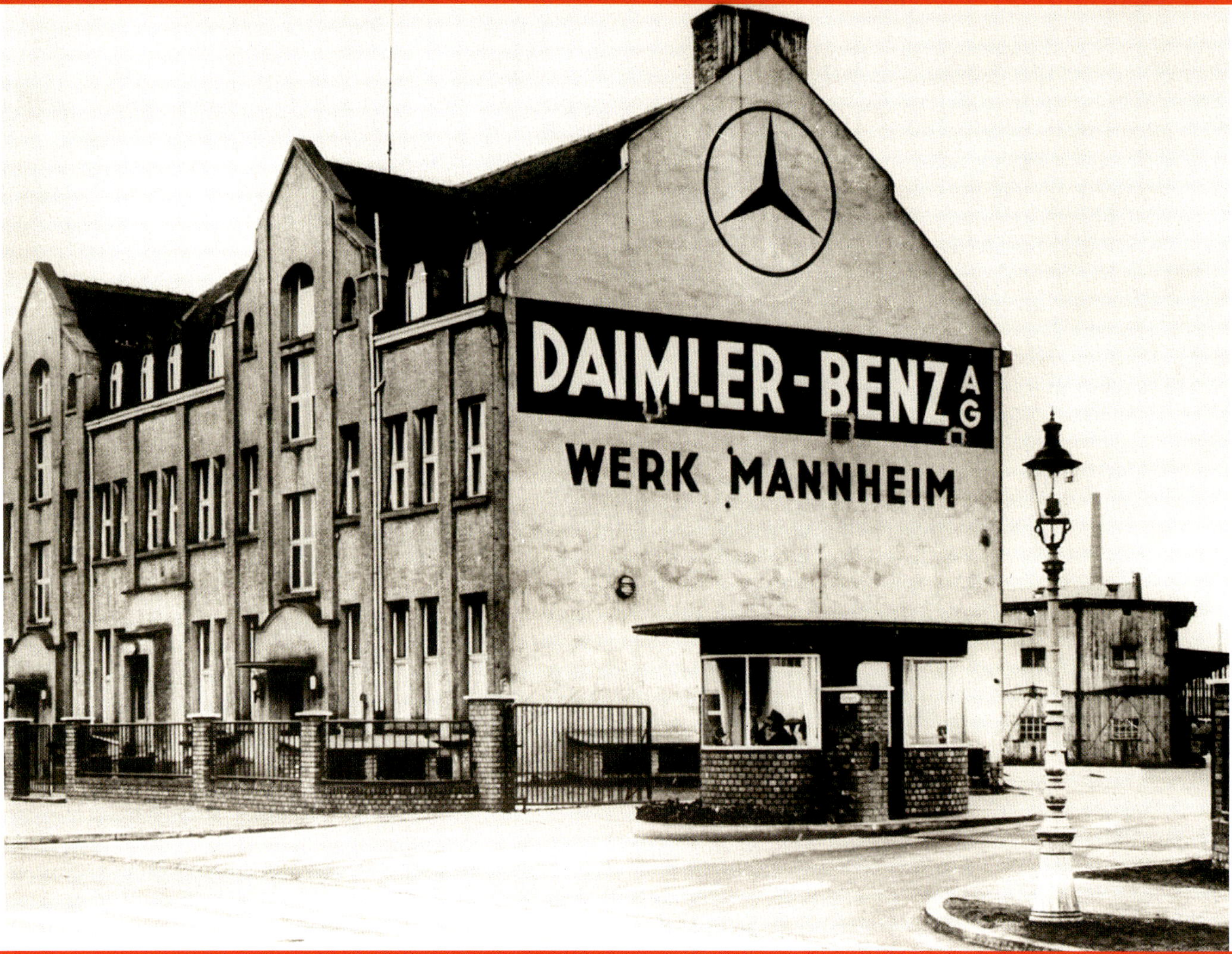

1926 Die Fusion der Automobilfirmen Benz und Daimler (Hanns-Martin-Schleyer-Str.)

Die kreditbasierte Finanzierung der Kriegsausgaben, die hohen Reparationskosten an die Siegermächte wie auch das Wegbrechen wichtiger Auslandsmärkte hatten in Deutschland einen rapiden Konjunktureinbruch sowie eine galoppierende Hyperinflation zur Folge, die 1923 ihren Höhepunkt erreichte. Auch die Mannheimer Unternehmen litten unter diesen Wirtschaftsbedingungen. So konnte die Automobilfirma Benz & Cie nur durch Kurzarbeit und Rationalisierung ihr Überleben sichern. Das Unternehmen hatte nach der Erfindung des Automobils durch Firmengründer Karl Benz im Jahr 1886 in seiner Werkstätte in T 6, 11 einen raschen Aufstieg vollzogen und war 1908/09 mit seinem Werk auf den Waldhof übergesiedelt. Der Abstieg erfolgte aufgrund unternehmerischer Fehlentscheidungen wie auch der schlechten Konjunktur. Diese Umstände zwangen die Firma schließlich zu einer Fusion mit dem inzwischen größeren Konkurrenten Daimler, die 1926 vollzogen wurde. Sitz der neuen Daimler-Benz AG wurde Stuttgart, wo künftig die PKW-Produktion stattfand. In Mannheim hingegen verblieb der Bau von Nutzfahrzeugen.

(links) Eingangspforte des Mannheimer Werks der Daimler-Benz AG auf dem Waldhof. Foto, um 1935.
(Mitte) Geburtsort des Automobils. Werkstatt von Karl Benz in T 6, 11. Zeichnung, um 1925.
(rechts) Eingangspforte des Mannheimer Evobus-Werks der Daimler AG auf dem Waldhof. Foto, 2012.

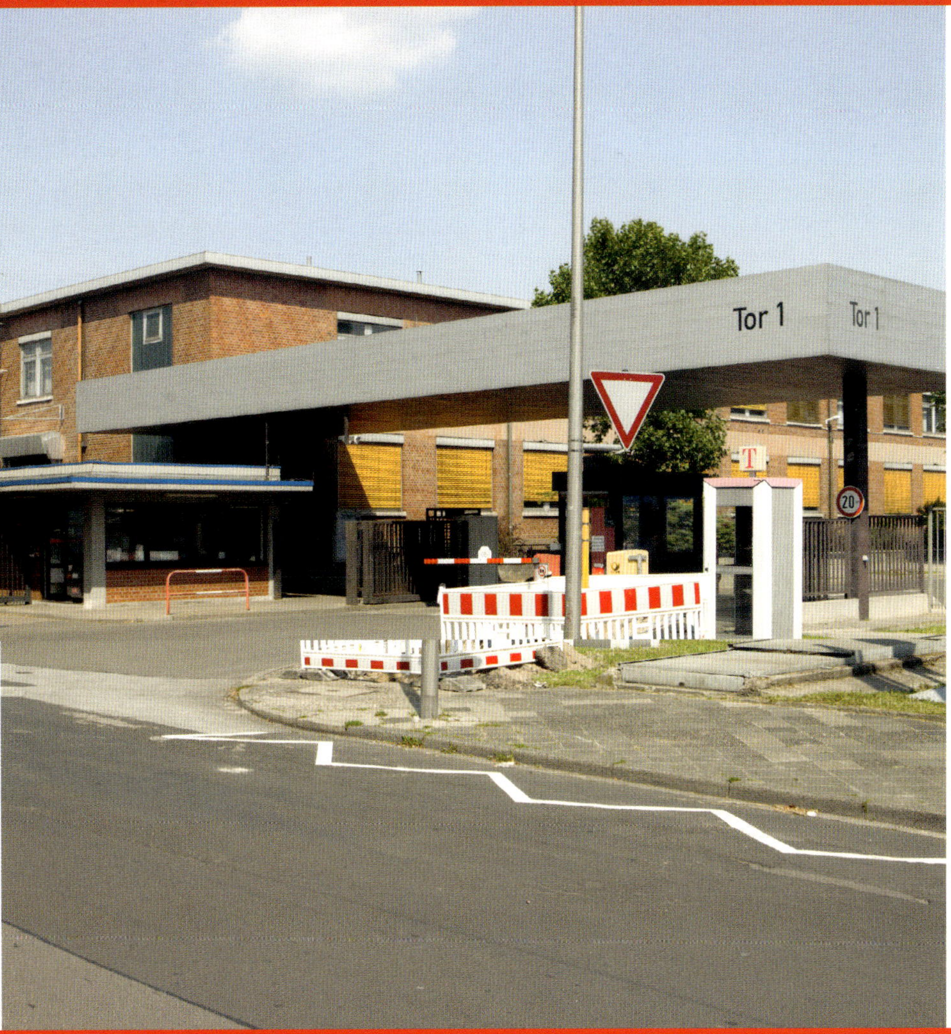

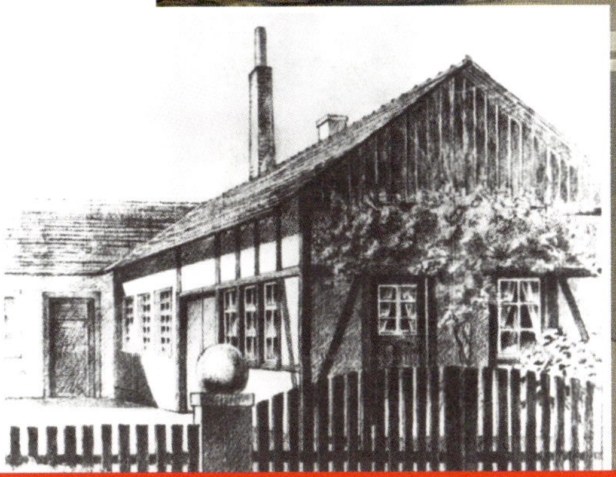

The fusion of the automobile companies Benz and Daimler (Hanns-Martin-Schleyer-Str.) 1926

The credit-based financing of war expenditures and the cost of reparations to the winners of the war combined with the disappearance of foreign markets led to a rapid breakdown of the economy in Germany as well as galloping hyperinflation, which reached its peak in 1923. Companies in Mannheim also suffered under this economic situation. The automobile company Benz and Co. could only survive through reduced working hours and rationalization. After the 1886 invention of the automobile by Karl Benz in his workshop in T 6, 11, the company he founded enjoyed great success and moved its factory to Waldhof in 1908/09. Difficulties arose through the company's failed decisions and the poor economy. In 1926, this situation forced the Benz Company into a fusion with the competing Daimler Company, which had in the meantime become the larger of the two. Seat of the new Daimler-Benz AG was Stuttgart, where future automobile production took place. The production of commercial vehicles remained in Mannheim.

(left) The entry to the Mannheim factory of Daimler-Benz AG in Waldhof. Photo, circa 1935.
(mitte) The birthplace of the automobile, Karl Benz' workshop in T 6, 11. Sketch, circa 1925.
(right) The entry to the Mannheim Evobus-Factory of Daimler AG in Waldhof. Photo, 2012.

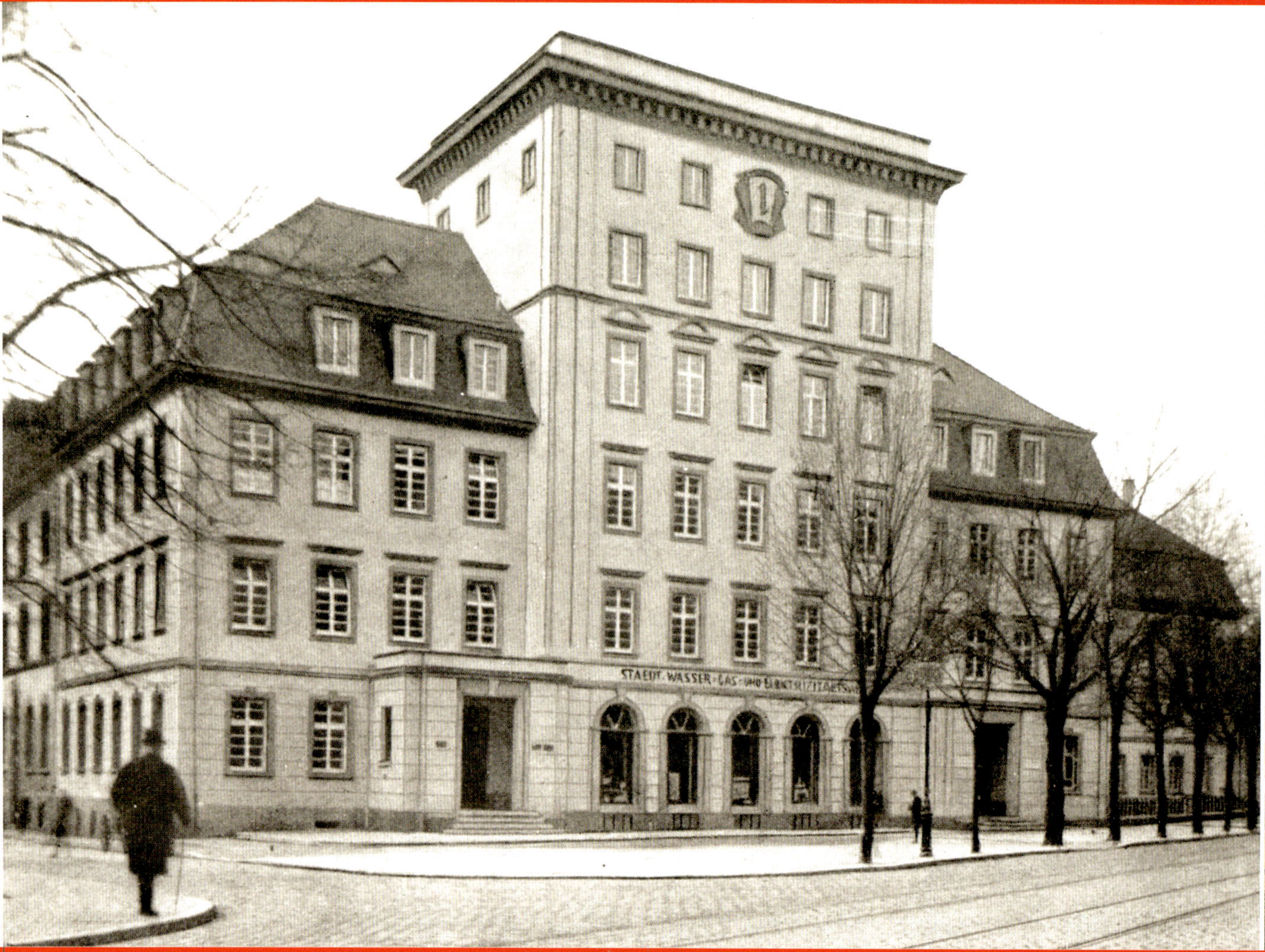

1927 Ein „Schloss“ für die Stadtwerke (Mannheim-Innenstadt, K 7)

Untrennbar mit dem Anwachsen Mannheims zur Großstadt verbunden war die Errichtung einer modernen Infrastruktur im Energie- und Versorgungsbereich. Meilensteine bildeten die Errichtung eines Elektrizitätswerks am Industriehafen 1900 sowie eines neuen Gaswerks 1906 auf dem Luzenberg. Zugleich gingen auch die bisher privaten Straßenbahnen in den Besitz der Stadt über und wurden elektrifiziert. Die Versorgungsbetriebe wurden als Städtische Wasser-, Gas- und Elektrizitätswerke vereint. 1927 bezogen sie ein neues Verwaltungsgebäude in K 7, das im Stil der Neuen Sachlichkeit errichtet wurde. 1965 siedelten sie in das gegenüberliegende, neu erbaute Rhein-Neckar-Hochhaus im Stadtteil Jungbusch über. Nach dem Vorbild anderer Kommunen wurden die städtischen Versorgungsbetriebe einschließlich des Personennahverkehrs in den 1970er Jahren organisatorisch neu geordnet und unter dem Dach der Mannheimer Verkehrs- und Versorgungsbetriebe zusammengeführt. Die Stadtwerke wurden als MVV Energie AG 1999 in ein börsennotiertes Unternehmen umgewandelt, das sich dauerhaft auf dem nationalen Energiemarkt etablieren konnte.

(links) Der neue Sitz der Städtischen Wasser-, Gas- und Elektrizitätswerke. Foto, um 1933.
(Mitte) Das MVV-Hochhaus am Luisenring. Foto, 2012.
(rechts) Das „Filzbachschlösschen“. Heute sind hier die Bürgerdienste Mannheim untergebracht. Foto, 2012.

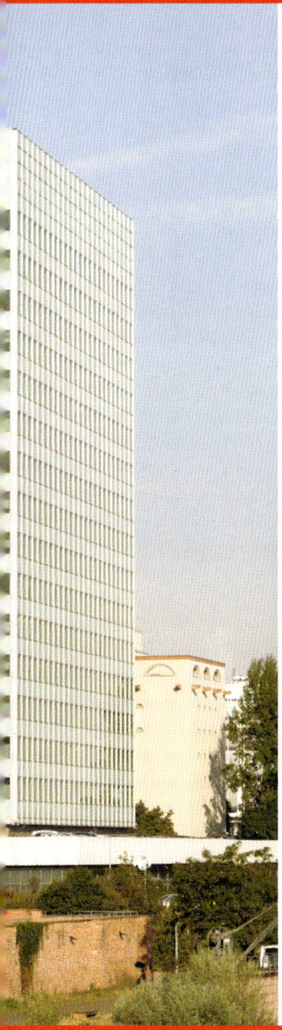

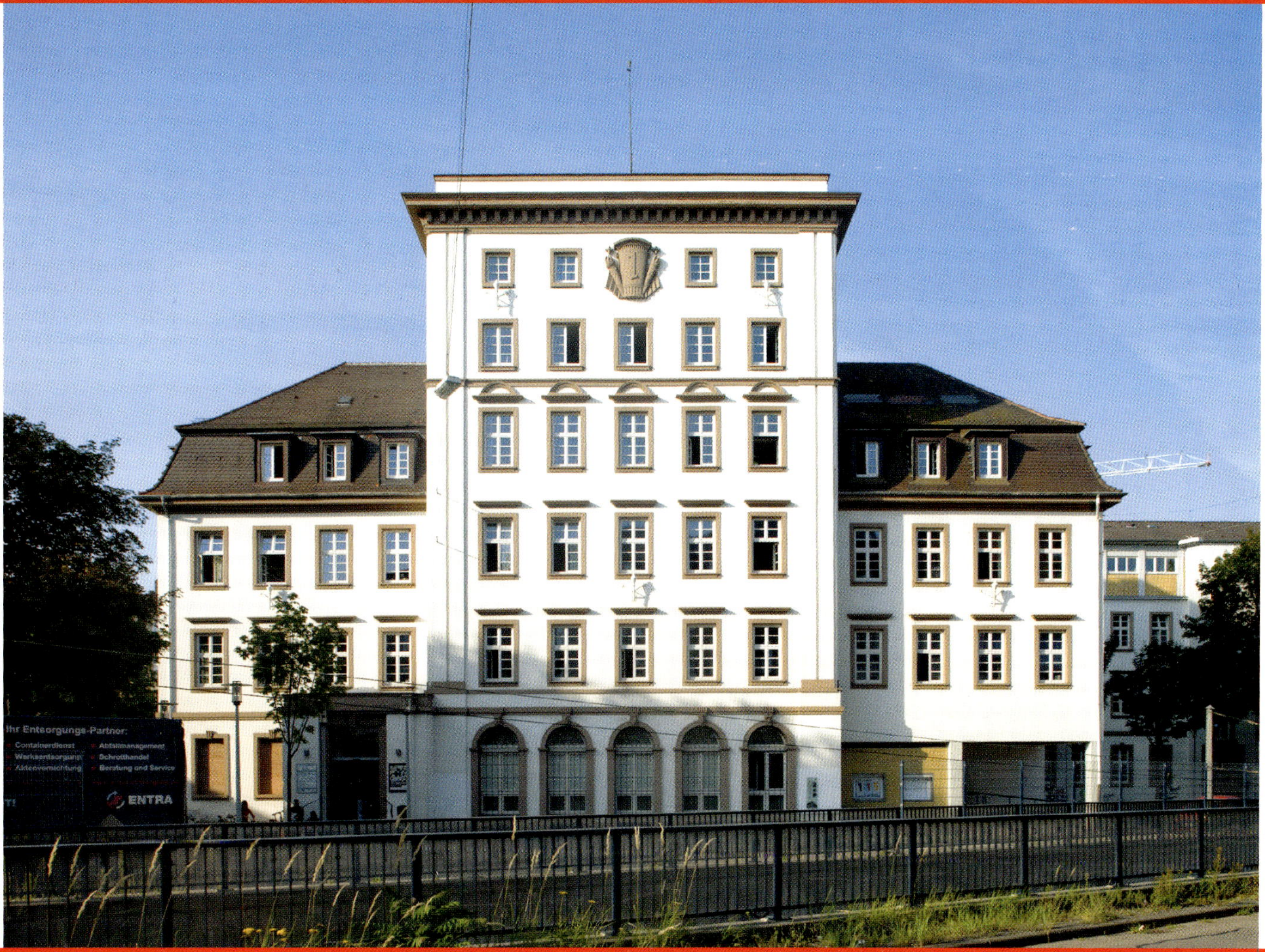

A "castle" for public utilities (Mannheim city center, K 7) 1927

Inseparable with the growth of Mannheim into a major metropolis was the development of a modern infrastructure in the areas of energy and the supply of necessary goods and services. Milestones along the way were the construction of the electrical plant at the industrial harbor in 1900 as well as the new gasworks at Luzenberg in 1906. At about the same time, the formerly privately owned streetcar system was bought by the city and electrified. These utility companies were united into the City Water, Gas and Electric Works. In 1927, they moved into a new administration building at K 7, built in the style of New Objectivity. In 1965, they moved again into the newly built Rhein-Neckar-Skyscraper in the Jungbusch district just opposite. After the model of other communities, the municipal utilities including mass transit were reorganized in the 1970's and united under the roof of the Mannheim Transportation and Utilities Company. As the MVV Energie AG, the public utilities went on the stock market in 1999. It has since then been able to establish itself as a permanent player in the national energy market.

(left) The new seat of the City Water, Gas and Electric Works. Photo, circa 1933.
(middle) The MVV skyscraper on Luisenring. Photo, 2012.
(right) The "Little Filzbach Castle." Today, it houses the Public Service offices. Photo, 2012.

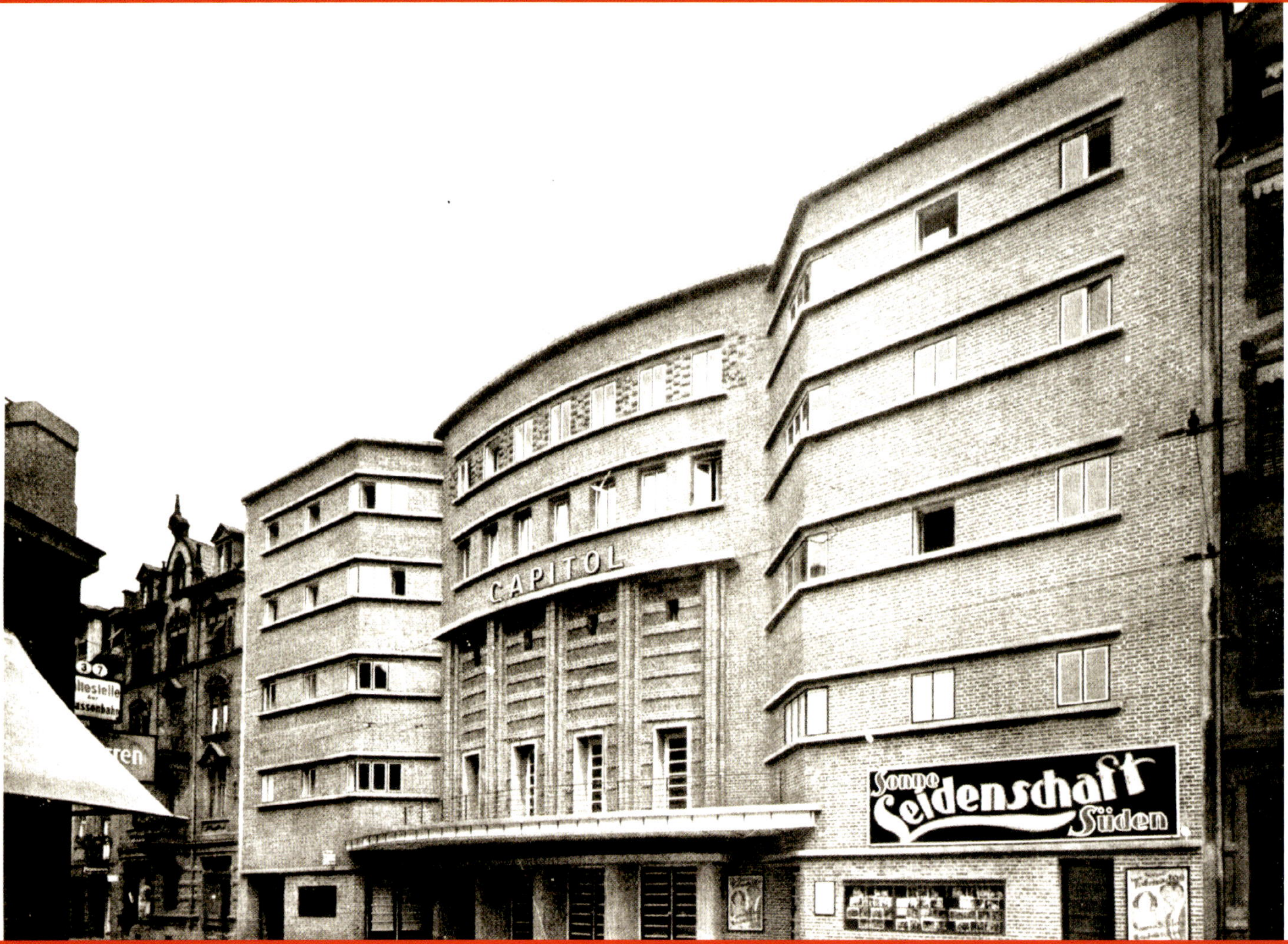

1927 Die Eröffnung des Capitol-Kinos (Waldhofstr. 2)

Das Etikett der „Goldenen Zwanziger Jahre" beschreibt nur unzureichend die Widersprüchlichkeit der Zeit mit technischem Fortschritt, wirtschaftlicher Depression und politischem Extremismus. Es fokussiert vor allem auf das ungemein vielfältige kulturelle Leben der Zeit, das auch in Mannheim seinen Widerhall fand. Ausstellungen wie die – eine ganze Stilrichtung prägende – „Neue Sachlichkeit" 1925 in der Kunsthalle, die Eröffnung des Schlossmuseums 1926 oder aber moderne Inszenierungen von Stücken von Brecht oder Zuckmayer im Nationaltheater wurden zu Markenzeichen der nun so titulierten „Stadt der Arbeit und der Kultur". Hierzu gehörte auch ihre reiche Kinolandschaft. Mit knapp 20 Lichtspielhäusern galt Mannheim als filmfreudige Stadt, die 1926 mit der Europa-Uraufführung von „Ben Hur" Filmgeschichte schrieb. 1927 eröffnete mit dem „Capitol" in der Neckarstadt ein beeindruckender Kinobau, der sich mit einer modernen einfachen Formensprache von den bis dato gängigen stuckbeladenen Filmpalästen architektonisch abhob. 1928 sah Mannheim die erste Tonfilmvorführung, was den Siegeszug des Kinos weiter fortsetzen sollte.

(links) Blick auf das Capitol. Foto, um 1928.
(rechts) Das Capitol blieb bis 1981 im Besitz der Mannheimer Kinodynastie Müller und wird auch heute noch für Veranstaltungen genutzt. Foto, 2012.

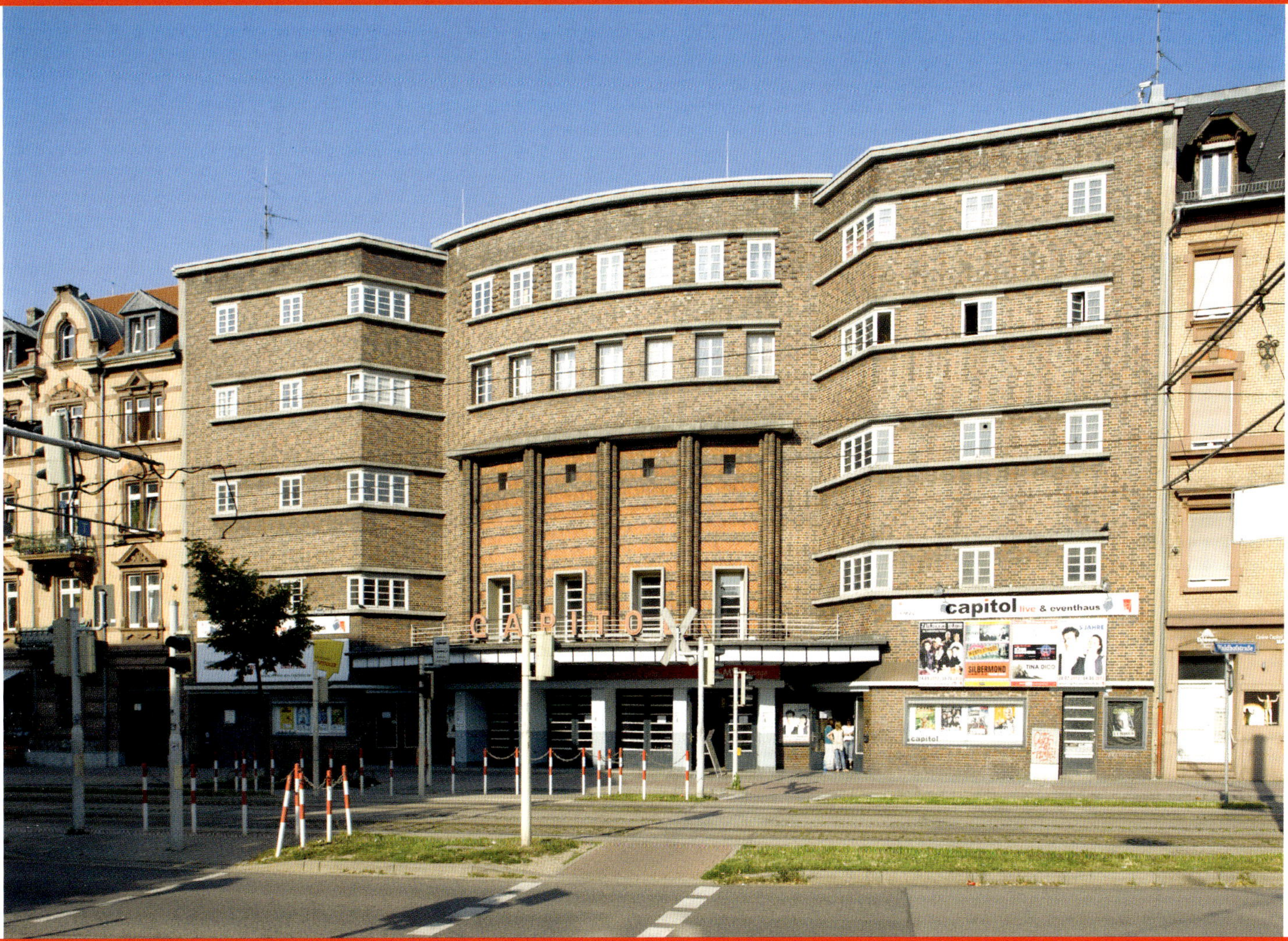

The opening of the Capitol Theater (Waldhofstr. 2) 1927

The label "Roaring Twenties" only partially describes the disparity of those years with technical progress, economic depression and political extremism. It focuses mainly on the unusually diverse cultural life of the time, also reflected in Mannheim. Exhibitions on such themes as New Objectivity in the Kunsthalle in 1925, which influenced an entire style, the opening of the Castle Museum in 1926 and modern productions of plays by Brecht or Zuckmayer in the National Theater became trade marks of the city now known as "City of Work and Culture." Also important were the almost twenty movie theaters, making Mannheim an eager audience for new films. The 1926 European debut here of the film "Ben Hur" made history. In 1927, the "Capitol" opened in Neckarstadt in an impressive theater built according to the latest modern style with simple lines as opposed to the plush and stucco-ornamented film palaces known before. The first "talking picture" was shown in Mannheim in 1928, which started the long and successful march of film.

(left) A view of the Capitol. Photo, circa 1928.
(right) The Capitol was owned by the Mannheim film dynasty Müller until 1981, and is used today for various events. Photo, 2012.

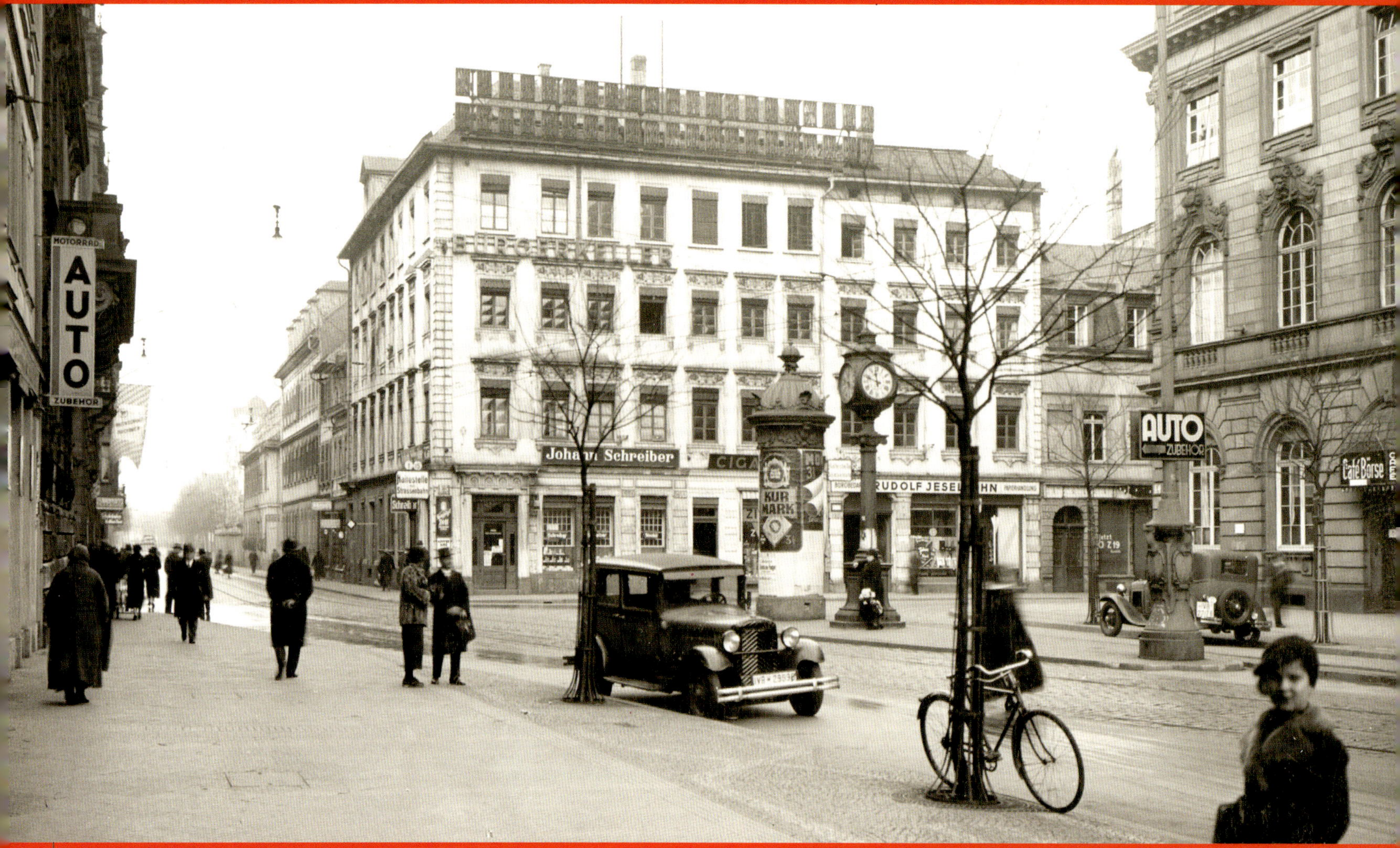

1933 Das neue Rathaus als Zeichen der „neuen Zeit“ (Mannheim-Innenstadt, E 5)

Die Machtergreifung der Nationalsozialisten in Berlin fand ihre Entsprechung auch auf der kommunalen Ebene. Unter Berufung auf den „Volkswillen“ wurden die meisten bisherigen Amtsträger massiv bedroht, in „Schutzhaft“ genommen und abgesetzt. Der vom badischen Gauleiter 1933 eingesetzte Kommissar und spätere Oberbürgermeister Renninger war ein überzeugter Nationalsozialist, der sich von Anfang an bemühte, die Stadtverwaltung nach der neuen Ideologie zu formen. Nicht nur wurden missliebige Beamte und Angestellte entlassen, auch die von ihm betriebene Politik gegenüber den Juden etwa im Zusammenhang mit der „Arisierung“ ging über das von Berlin vorgegebene Maß noch hinaus. Zum baulichen Symbol für die NS-Zeit in Mannheim wurde das neue Technische Rathaus, das ab 1937 in Zusammenhang mit dem westlichen Plankendurchbruch in E 5 errichtet wurde. Ausladend, monumental und mit dem Grundriss eines an den Namen Hitlers erinnernden „H“ – Architekt Josef Zizler sprach freilich von einem „Doppel-T“ – sollte es der Innenstadt nach dem Willen Renningers „eine besondere architektonische Note“ verleihen.

(links) Blick auf die westlichen „engen Planken“ vor dem Durchbruch. Foto, um 1935.
(Mitte) Modell des technischen Rathauses. Foto, 1950.
(rechts) Das Gebäude in E 5 wurde nach dem Zweiten Weltkrieg wieder instandgesetzt und dient seit 1951 als Rathaus und Sitz des Oberbürgermeisters. Foto, 2012.

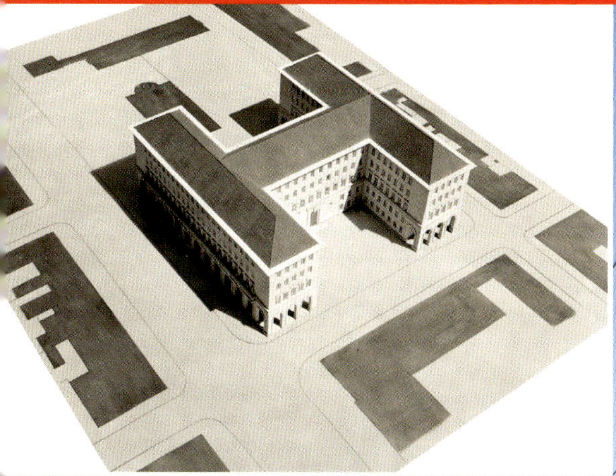

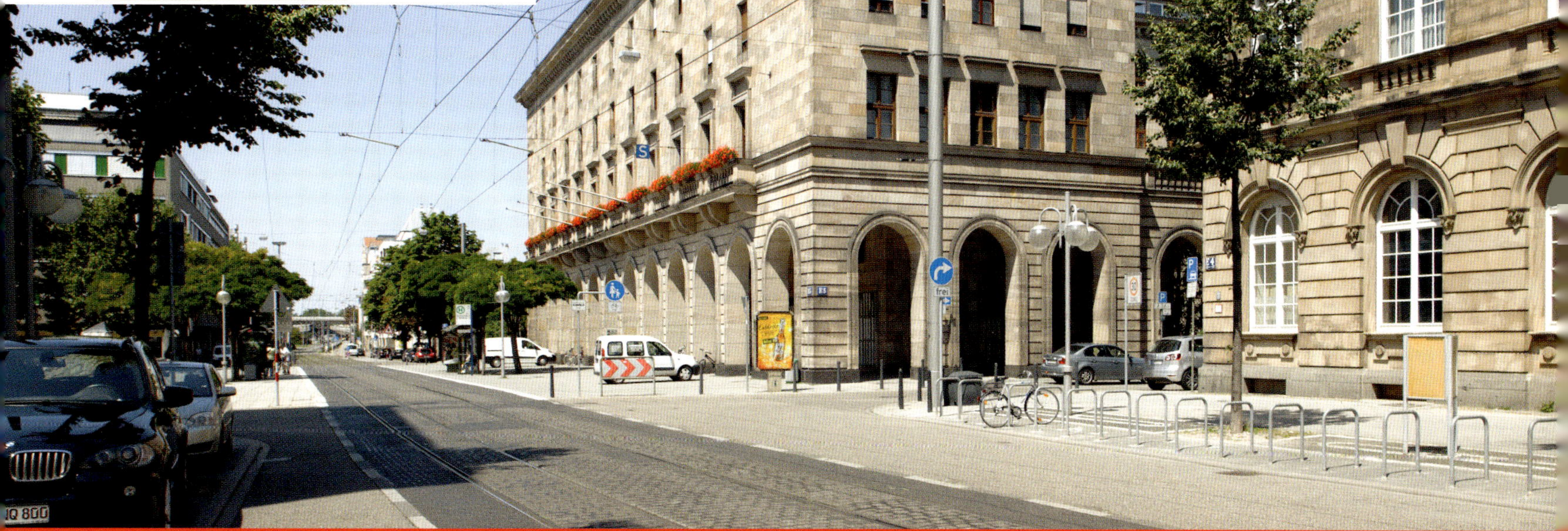

The new City Hall as a sign of the "new times" (Mannheim city center, E 5) 1933

The takeover by the national socialists in Berlin was mirrored at the community level. Under the pretense of the "Peoples' Will," most of the sitting officials were threatened blatantly, put into "protective custody" and removed from office. Commissar and later Lord Mayor Carl Renninger, appointed by the Gauleiter (regional leader) of Baden, was a staunch national socialist, who from the start intended to mold the city administration according to the new ideology. Not only were undesirable officers and employees dismissed, his politics against the Jews lead him to outdo Berlin's purported plans for "Aryanization." The new Technical City Hall, built in 1937 in connection with the cut-through of the western Planken in E 5, could be seen as a symbol for the Nazi years in Mannheim. Prominent, monumental and with a ground plan reminiscent of the "H" in Hitler's name – although architect Josef Zizler spoke of it as a "double-T" – according to Renninger it would give the city center a "distinctive architectural note."

(left) A view of the western "narrow Planken" before the cut-through. Photo, circa 1935.
(middle) A model of the Technical City Hall. Photo, 1950.
(right) The building in E 5 was repaired after World War II and has been used since 1951 as City Hall and the office of the Lord Mayor. Photo, 2012.

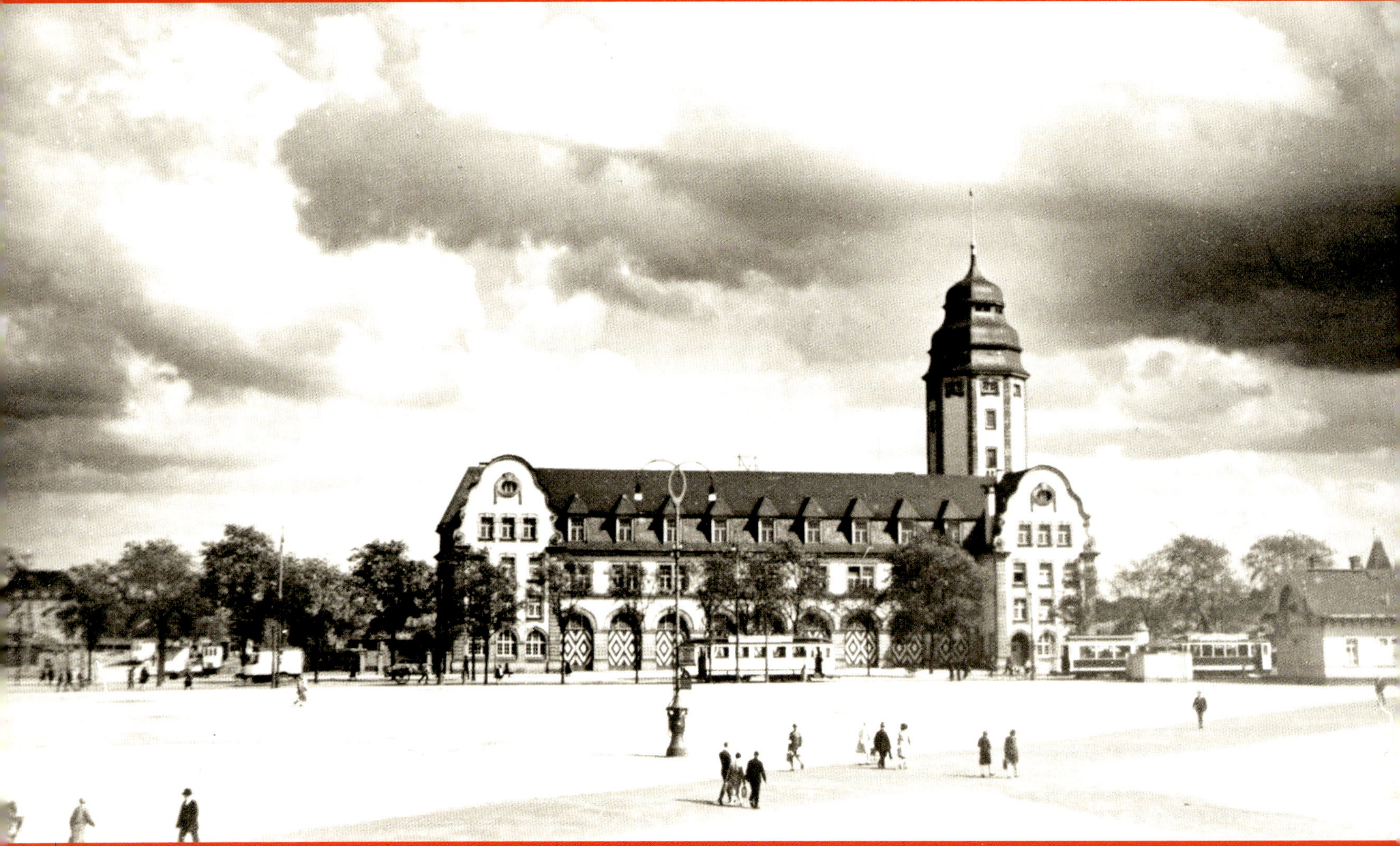

1933 Die Bücherverbrennung in Mannheim (Alter Meßplatz, Feuerwache)

Am 6. Februar 1933, wenige Tage nach der Machtergreifung, verkündete die NS-Zeitung „Hakenkreuzbanner" stolz: „Das rote Mannheim [ist] ein Trümmerhaufen." Dies war eine unverhohlene Drohung gegen politische Gegner jeder Richtung, die sogleich auch umgesetzt wurde. Vor allem Kommunisten und Sozialdemokraten waren von Anfang an das Ziel der NS-Verfolgung und wanderten in großer Zahl in Internierungslager. Am 9. März musste der gewählte SPD-Oberbürgermeister Hermann Heimerich gezwungenermaßen die Verbrennung der Republikfahne auf dem Paradeplatz mitansehen. Die nationalsozialistische Aggression fand eine unrühmliche Fortsetzung in der Bücherverbrennung, die am 10. Mai 1933 inszeniert wurde. Vorausgegangen war ein Fackelzug durch die Innenstadt und das „Einsammeln" missliebiger Schriften aus den Beständen der Universitäts- und Stadtbibliothek. Vor den Augen einer vielköpfigen Zuschauerschar loderte auf dem Platz hinter der Feuerwache ein Scheiterhaufen – ein Fanal für all die politisch wie rassisch motivierten Verfolgungen der kommenden Jahre, die auch vor der physischen Vernichtung nicht Halt machen sollten.

(links) Blick über den Alten Meßplatz auf die Alte Feuerwache, hinter welcher die Bücherverbrennung stattfand. Foto, um 1935.
(rechts) Alter Meßplatz und Alte Feuerwache, hinter der sich die Wohntürme der Neckaruferbebauung erheben. Foto, 2012.

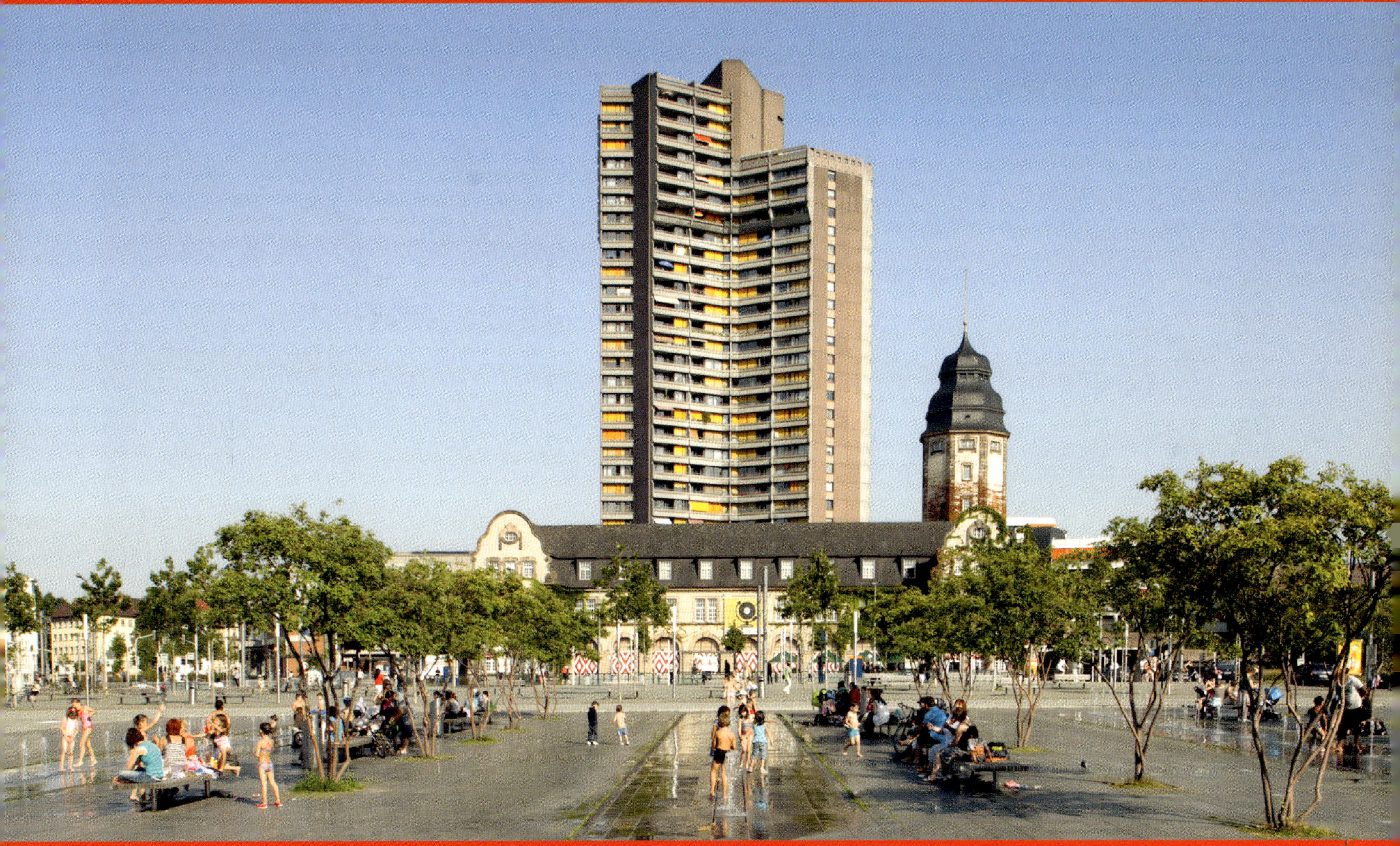

Burning books in Mannheim (Alter Meßplatz, Feuerwache) 1933

On 6 February 1933, only a few days after the Nazi takeover, the Nazi newspaper "Hakenkreuzbanner" proudly announced, "Red Mannheim is a heap of rubble." This was an unmistakable threat to political opponents of any kind, which was immediately carried out. From the start, especially communists and social democrats were the target of Nazi persecution, and landed in large numbers in concentration camps. On 9 March, the elected Lord Mayor, Hermann Heimerich of the SPD party, was forced to watch the burning of the flag of the Republic. National socialist aggression only continued with the infamous book burning rampage staged on 10 May 1933, preceded by a torch-light parade and the "collection" of undesirable works from the University and City libraries. Before the eyes of a huge crowd, a bonfire blazed on the square behind the Fire Station – a harbinger for all politically and racially motivated persecution in the coming years, which would not even stop at physical extermination.

(left) A view of the Alte Meßplatz to the old Fire Station, behind which the book burning took place. Photo, circa 1935.
(right) The Alte Meßplatz and Alte Feuerwache, with the apartment buildings lining the Neckar. Photo, 2012.

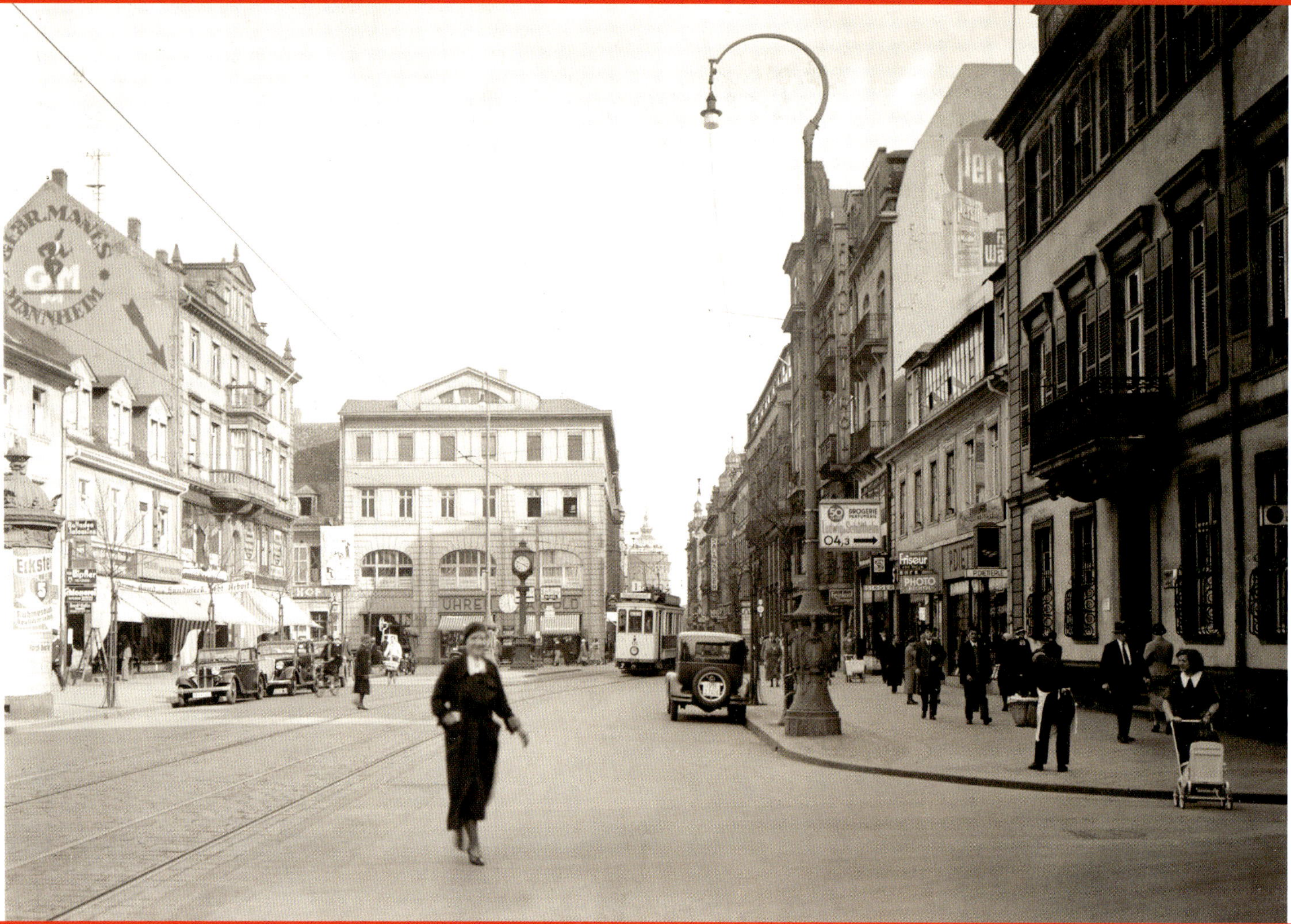

1934 Der Durchbruch der östlichen Planken (Mannheim-Innenstadt, P 5, P 6)

Mit großem Getöse propagierten die Nationalsozialisten nach 1933 einen Neubeginn der Baukultur auch für Mannheim. Dieser sollte sich bewusst vom verpönten Stil der Neuen Sachlichkeit absetzen und vor allem monumental ausfallen. Gleichwohl scheuten sie sich nicht, städtebauliche Überlegungen der Weimarer Zeit aufzugreifen und auszuführen. Dies gilt auch für die wohl repräsentativste städtebauliche Maßnahme der NS-Zeit, dem sogenannten Plankendurchbruch. Aufgrund des Verlaufs der ehemaligen Festungswälle verengten die Quadrate P 5 und P 6 bzw. E 5 und E 6 die Planken um nahezu die Hälfte. Aufbauend auf Plänen des Architekten Ferdinand Mündel von 1929 und Entwürfen von Stadtbaudirektor Josef Zizler erwarb die Stadt die betreffenden alten Häuser in P 5 und P 6 und ließ sie 1934 abreißen. An ihrer Stelle entstanden Geschäftshäuser im neuklassizistischen Stil. Die Bauflucht wurde zurückgenommen und den benachbarten Quadraten angepasst. Die Breite der Straße konnte dadurch nahezu verdoppelt werden und bildete über die Augustaanlage hinweg eine Achse zur neuen Autobahneinfahrt.

(links) Blick über die (noch) engen Planken zum Wasserturm. Rechts das Bankgebäude O 4, 4. Foto, 1934.
(rechts) Nur noch der Verlauf der Straßenbahnschienen lässt die engen Planken erahnen. Foto, 2012.

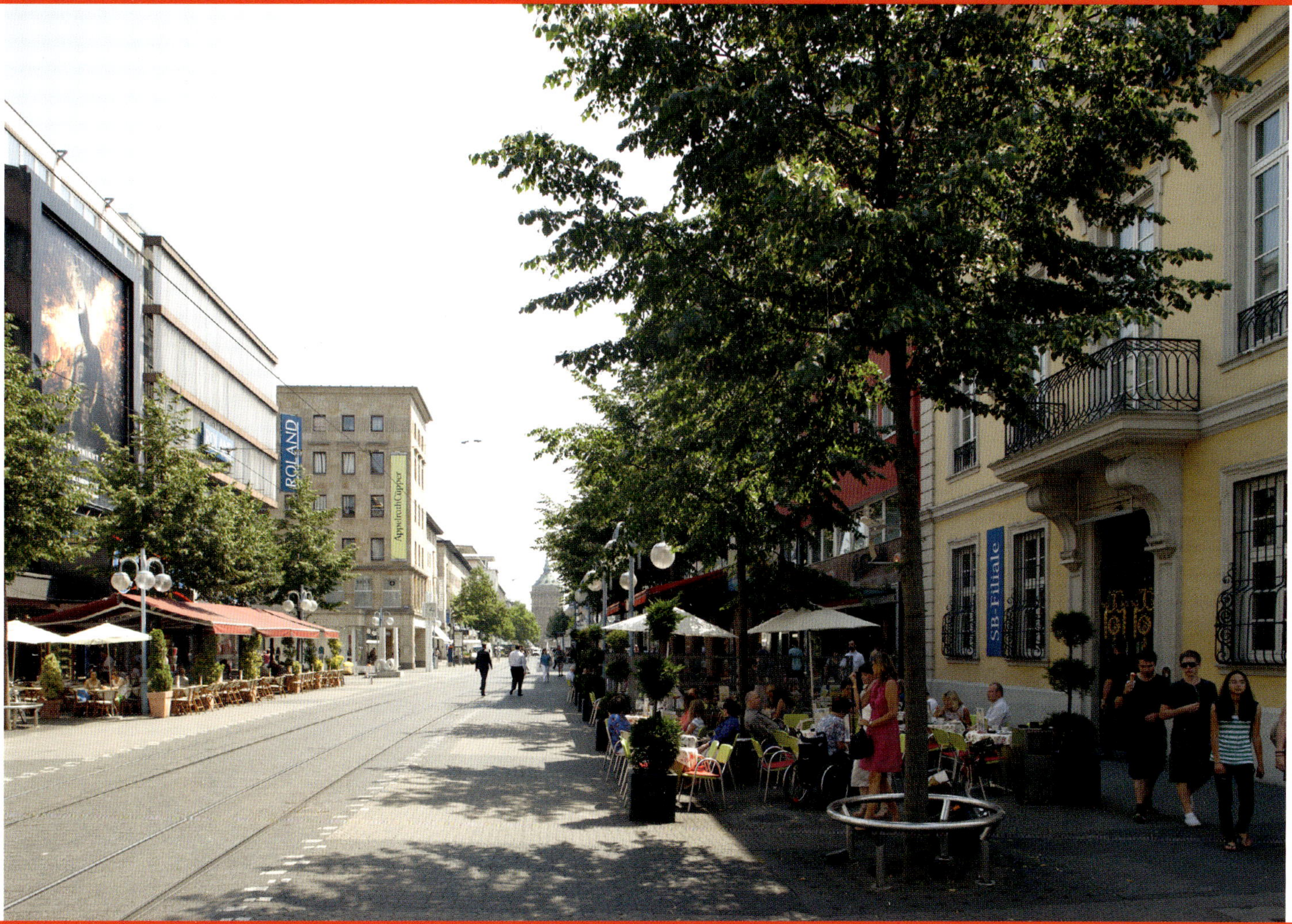

The cut-through of the western Planken (Mannheim city center, P 5, P 6) 1934

With great bluster, the national socialists clamored for a new architectural beginning for Mannheim after 1933. This new style would be a deliberate shift away from the New Objectivity now in disfavor, and one other thing it should be: monumental. There were, however, some aspects of city planning from the Weimar years which they did appropriate and carry out. This is particularly true of the probably most representative municipal project of the Nazi period, the so-called Planken cut-through. Because of the position of the old fortification walls, the squares P 5 and P 6, and E 5 and E 6, respectively, narrowed the width of the Planken by about half. Based on the plans designed by the architect Ferdinand Mündel in 1929 and preliminary plans by the city building director Josef Zizler, the city of Mannheim bought up the houses in question in P 5 and P 6, and had them torn down in 1934. In their place, stores and shops were built in Neo-classical style. The building line was set back and adjusted to conform to the neighboring squares. The width of the street could now be almost doubled and together with the Augustaanlage formed a trajectory toward the new freeway entrance.

(left) A view of the (still) narrow Planken to the Water Tower. To the right, the bank building O 4, 4. Photo, 1934.
(right) Only the tracks of the streetcar are reminiscent of the narrow Planken. Photo, 2012.

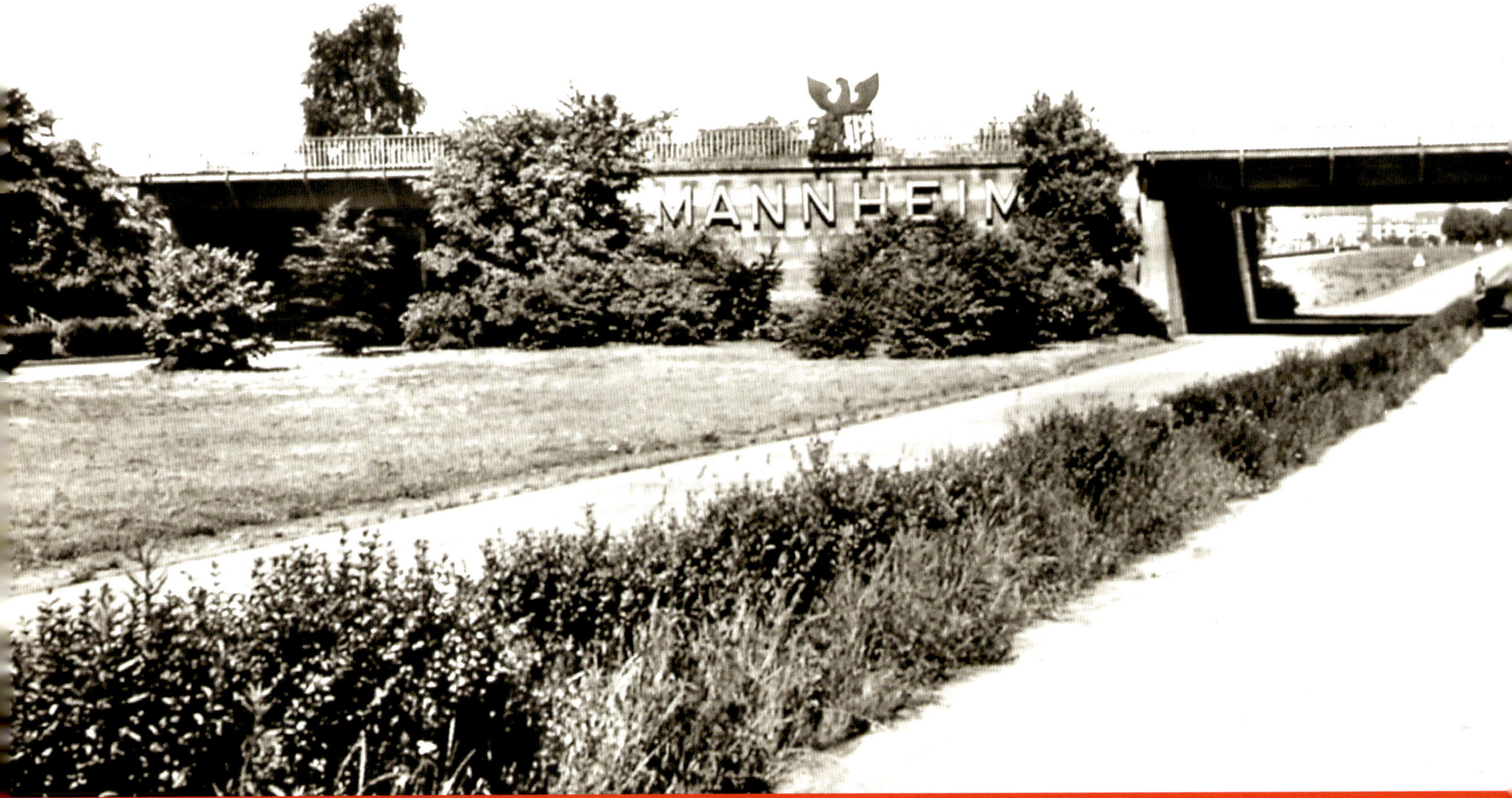

1935 Die Eröffnung des Mannheimer Reichsautobahnabschnitts (Autobahneinfahrt Mannheim)

Zu den erfolgreichen Propagandalügen des NS-Regimes gehört die Behauptung, mittels des Autobahnbaus sei es gelungen, die Arbeitslosigkeit in Deutschland abzubauen. Verschwiegen wurde nicht nur die Tatsache, dass die Pläne auf die Weimarer Zeit zurückgingen und dass die Arbeiten selbst eine unvorstellbare Ausbeutung der Menschen darstellten, sondern auch, dass der Arbeitsmarkteffekt mit gerade einmal 125.000 am Autobahnbau beteiligten Beschäftigten eher gering war. Mannheim spielte beim Autobahnbau eine durchaus wichtige Rolle, war die Stadt doch Teil der projektierten Strecke Hamburg—Frankfurt— Basel (HAFRABA) mit dem Unterabschnitt Darmstadt—Mannheim—Heidelberg. Letzterer konnte am 3. Oktober 1935 eröffnet werden, rund 2.400 Kräfte hatten daran mitgearbeitet. Insbesondere die „königliche Einfahrt" nach Mannheim, die in gerader Linie bis zum Wasserturm führte, war der ganze Stolz der Stadtspitze. Flankiert wurde die Einweihung von der Ausstellung „Vom Wildpfad zur Reichsautobahn" im Schlossmuseum, das wie die Medien zur Mythisierung der „Straßen des Führers" seinen Beitrag leistete.

(links) Autobahneinfahrt nach Mannheim mit dem badischen Greif als Wappen an der Brücke. Foto, um 1940.
(Mitte) Blick auf die Autobahnausfahrt vor zwei Stelen mit Hakenkreuz und Reichsadler. Links die Rhein-Neckar-Hallen. Foto, um 1938.
(rechts) Autobahneinfahrt mit heute verbreiterter Streckenführung. Foto, 2012.

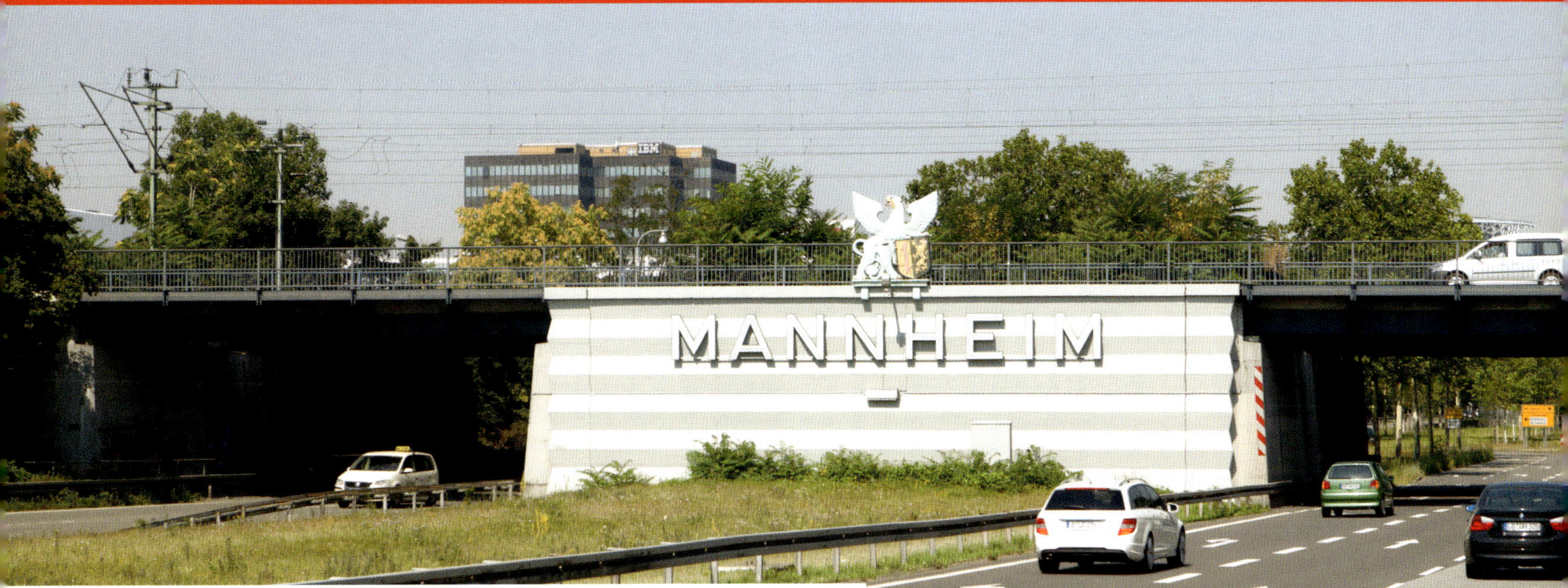

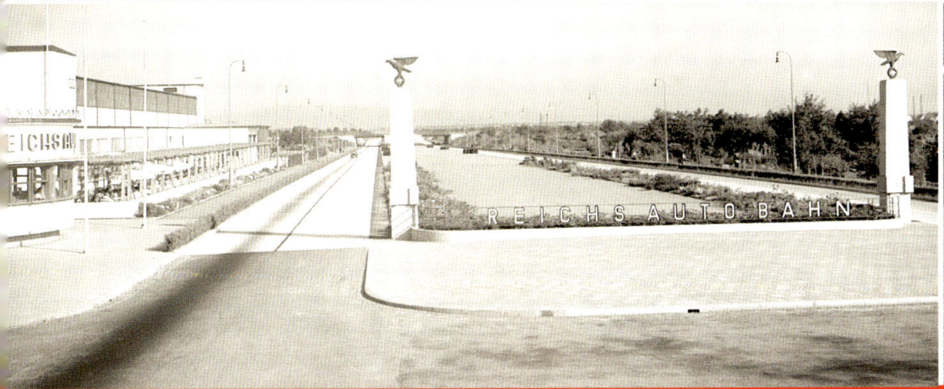

The opening of the Mannheim section of the freeway (Freeway entrance Mannheim) 1935

Among the many successful propaganda lies told by the Nazi regime was the contention that through building the freeways, it was possible to reduce unemployment in Germany. Unmentioned, of course, remained the facts that the plans really originated in the Weimar period and that the project itself represented not only an unimaginable exploitation of the workers, but also that the actual effect on the employment market was negligible considering only some 125,000 people found work building freeways. Mannheim played an important roll in the freeways' construction, since the city was responsible for the Darmstadt – Mannheim – Heidelberg section of the entire projected system from Hamburg to Frankfurt to Basel (HAFRABA). The Mannheim section, built by some 2,400 workers, was opened on 3 October 1935. The "royal entrance" into Mannheim leading in a straight line to the Water Tower was the particular pride of the city leaders. Accompanying the freeway opening was a simultaneously running exhibition in the Castle Museum entitled "From Trail to Imperial Freeway", which contributed to the mythologization of the "Roads of the Führer."

(left) The freeway entrance to Mannheim with the griffin from Baden's coat of arms on the bridge. Photo, circa 1940.
(middle) A view of the freeway exit with two steles carrying the swastika and the imperial eagle. To the left is the Rhein-Neckar-Hall. Photo, circa 1938.
(right) The freeway entrance today has been widened. Photo, 2012.

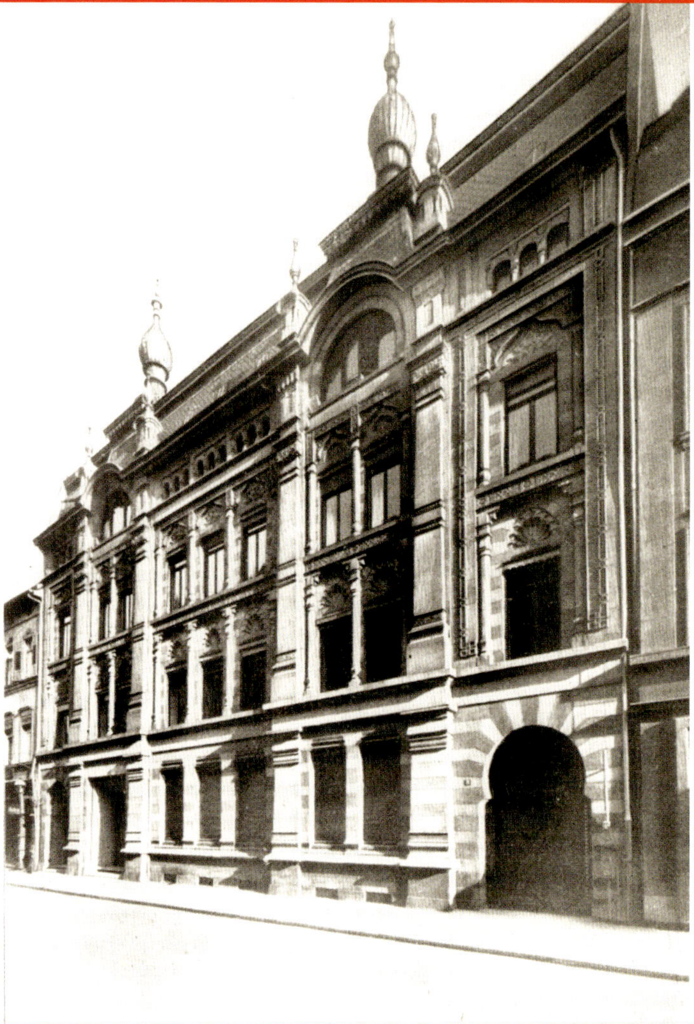

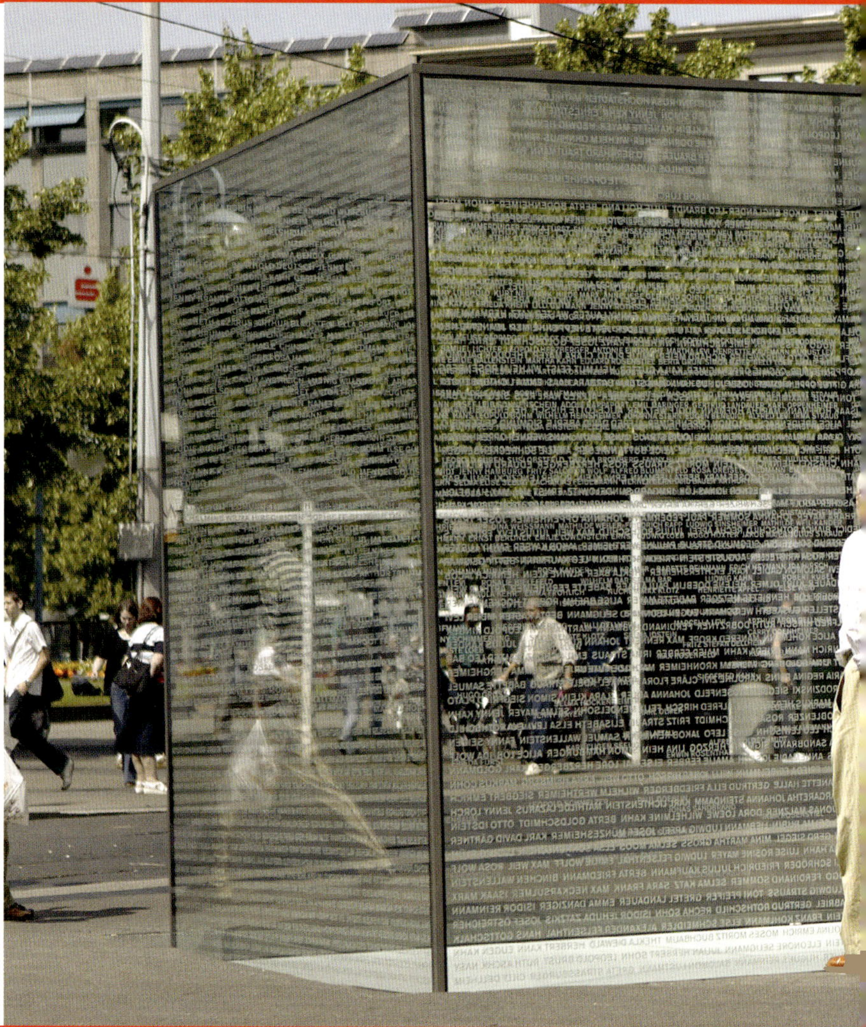

1938 Die Verwüstung der Klaussynagoge in der „Reichspogromnacht" (Mannheim-Innenstadt, F 1, 11)

Am 10. November 1938 verwüsteten in Zivil gekleidete NS-Horden jüdische Kultstätten wie die Haupt- und die Klaussynagoge und machten auch nicht vor Geschäften und Privatwohnungen von Juden Halt. Dieser „spontane Volkszorn" war in Wirklichkeit eine sorgsam inszenierte Fortführung der von Goebbels initiierten Reichspogromnacht vom vorausgegangenen 9. November. Mit der physischen Bedrohung bekam die Verfolgung der Juden nach der seit 1933 erfolgten rechtlichen, wirtschaftlichen und sozialen Ausgrenzung eine neue Qualität, die sich schließlich bis zur Vernichtung steigern sollte. Am 22./23. Oktober 1940 schoben die Nationalsozialisten mehr als 6.500 Juden aus Baden und der Pfalz, darunter fast 2.000 Mannheimer, ins unbesetzte Frankreich ab, wo sie in einem Lager im Pyrenäenort Gurs unter unmenschlichen Bedingungen interniert wurden. Viele von ihnen wurden in die Vernichtungslager des Ostens weiterverschleppt und getötet. Insgesamt starben bis Kriegsende mehr als 2.200 Juden aus Mannheim, während lediglich rund 60 Juden versteckt in der Quadratestadt überlebten.

(links) Blick auf die Lemle-Moses-Klaussynagoge. Foto, um 1929.
(Mitte) Der 2003 errichtete Gedenkkubus erinnert an die jüdischen Opfer der NS-Herrschaft in Mannheim. Foto, 2004.
(rechts) Die Synagoge wurde im Zweiten Weltkrieg schwer beschädigt und nicht mehr aufgebaut. Foto, 2012.

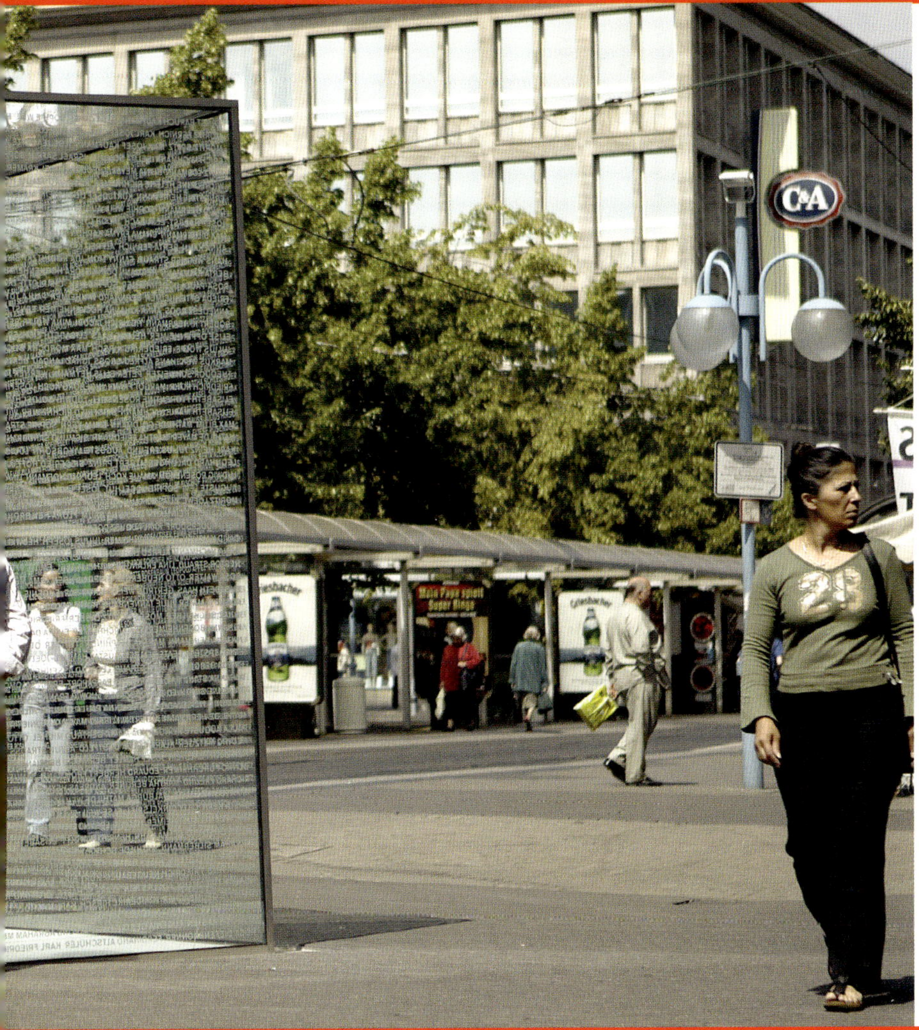

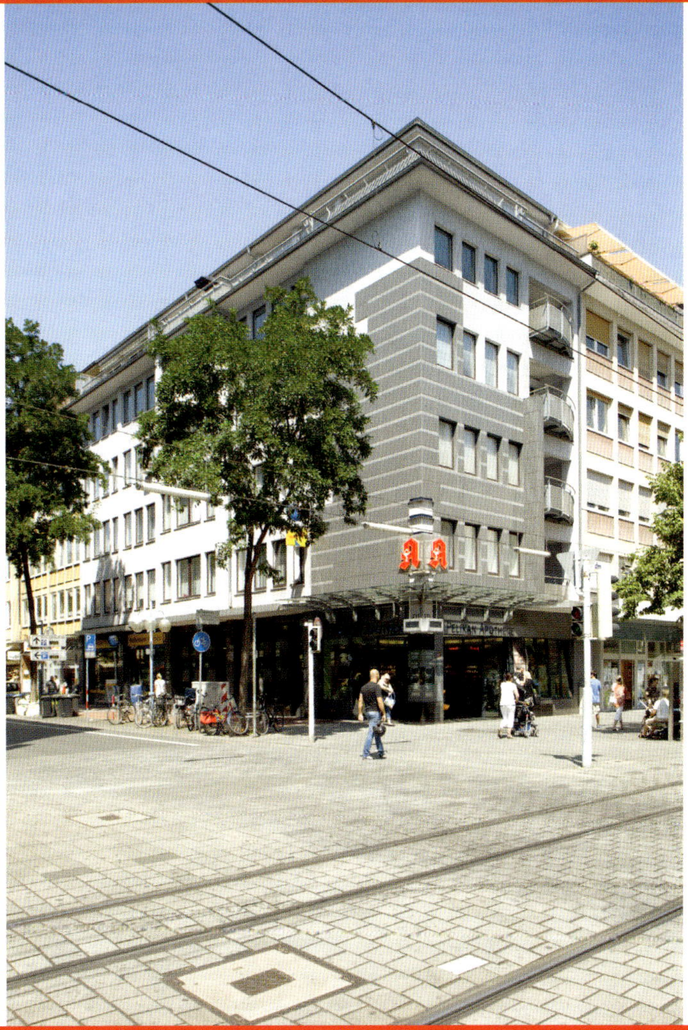

The devastation of the Klaus Synagogue in the "Reichspogromnacht" (Night of Broken Glass) (Mannheim city center, F 1, 11) *1938*

On 10 November 1938, mobs of plain-clothed Nazi followers desecrated and devastated Jewish places of worship such as the Main Synagogue and the Klaus Synagogue, and went on to the stores, shops and private homes of Jews. This "spontaneous show of the people's anger" was in reality a carefully staged continuation of the "Night of Broken Glass," initiated by Goebbels on the previous day, 9 November. Along with the actual physical threats, the persecution of Jews had reached a new level after the legal, economic and social ostracism so successful since 1933, and would finally end in nothing short of extermination. On 22/23 October 1940, the national socialists deported more than 6,500 Jews from Baden and the Palatinate, among them almost 2,000 men, women and children from Mannheim, to Gurs in the Pyrenees in unoccupied France, where they were held in a concentration camp under inhuman conditions. Many of them were later shipped to death camps in the east and killed. By the end of the war, a total of more than 2,200 Jews from Mannheim had died, and only some 60 could survive hidden in the City of the Squares.

(left) A view of the Lemle-Moses-Klaus Synagogue. Photo, circa 1929.
(middle) The Gedenkkubus (Memorial Cube) was dedicated in 2003 to the memory of Jewish victims of the Nazi regime in Mannheim. Photo, 2004.
(right) The synagogue was badly damaged in World War II and not rebuilt. Photo, 2012.

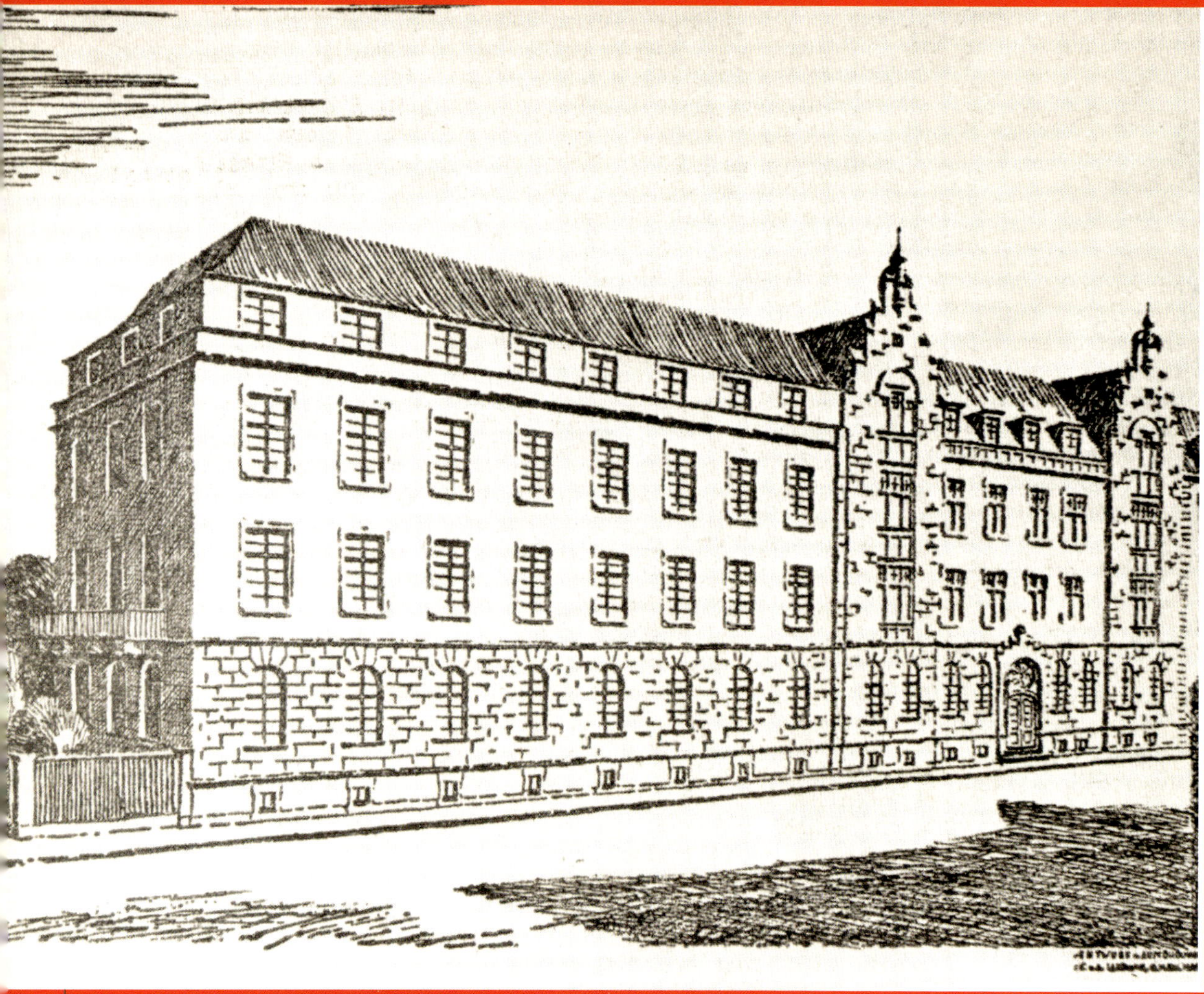

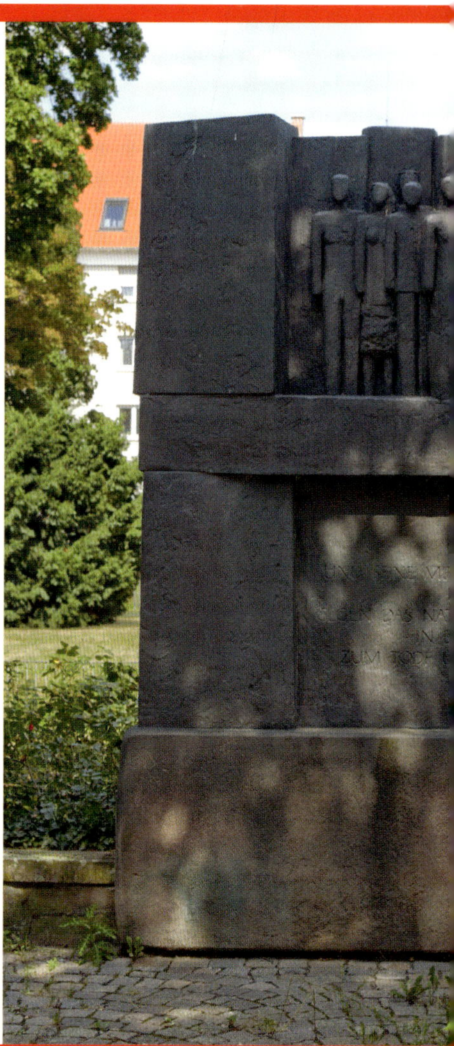

1942 Widerstand gegen das NS-Regime (Mannheim-Innenstadt, C 7, 1–4)

„Vorbereitung zum Hochverrat, Feindbegünstigung, Zersetzung der Wehrkraft und Verbreitung ausländischer Rundfunksendungen“ – mit dieser Begründung ließ der Mannheimer Volksgerichtshof am 15. September 1942 insgesamt 13 Männer und eine Frau hinrichten. Sie gehörten zur mehrheitlich kommunistischen Widerstandsgruppe um Georg Lechleiter und hatten mit ihrer heimlich verteilten Zeitung „Der Vorbote“ in der Arbeiterschaft gegen das NS-Regime agitiert, bis sie im Frühjahr 1942 verhaftet wurden. Sie legten in Mannheim sicherlich ein herausragendes Zeugnis für den Arbeiterwiderstand gegen das NS-Regime ab, andere Oppositionsbewegungen waren zumeist schon Mitte der 1930er Jahre von der Gestapo zerschlagen worden. Nonkonformes Verhalten und verdeckter Widerstand sind auch in kirchlichen Kreisen zu beobachten. Nur ganz wenige hatten dabei den Mut, so weit zu gehen wie der 1907 in Mannheim geborene und später in München wirkende Jesuitenpater Alfred Delp. Dieser arbeitete mit dem „Kreisauer Kreis“ Pläne für die Neuordnung Deutschlands aus. Nach dem Attentat auf Hitler wurde er verhaftet und am 2. Februar 1945 in Berlin hingerichtet.

(links) Das Wöchnerinnen-Asyl „Luisenheim“, der Geburtsort von Alfred Delp. Zeichnung, 1929.
(Mitte) Denkmal für die Lechleiter-Gruppe am Georg-Lechleiter-Platz in der Schwetzinger Vorstadt. Foto, 2008.
(rechts) Das Luisenheim wurde nach der Zerstörung im Zweiten Weltkrieg in veränderter Form wieder aufgebaut und diente lange Zeit dem Amt für Lastenausgleich als Unterkunft. Foto, 2012.

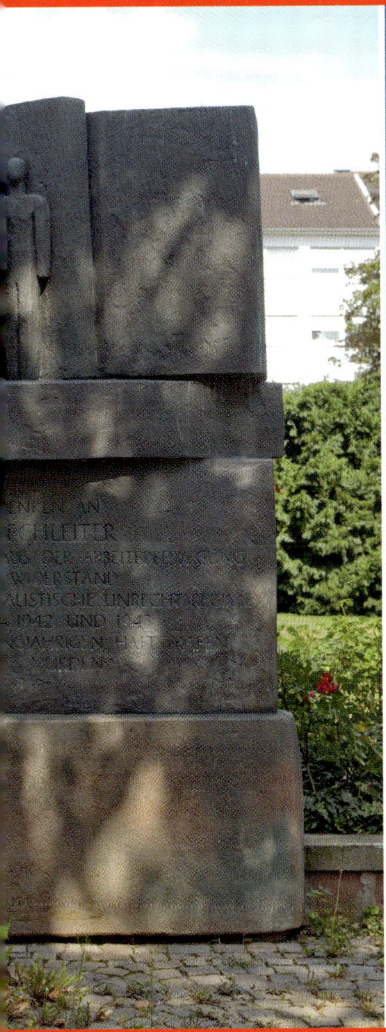

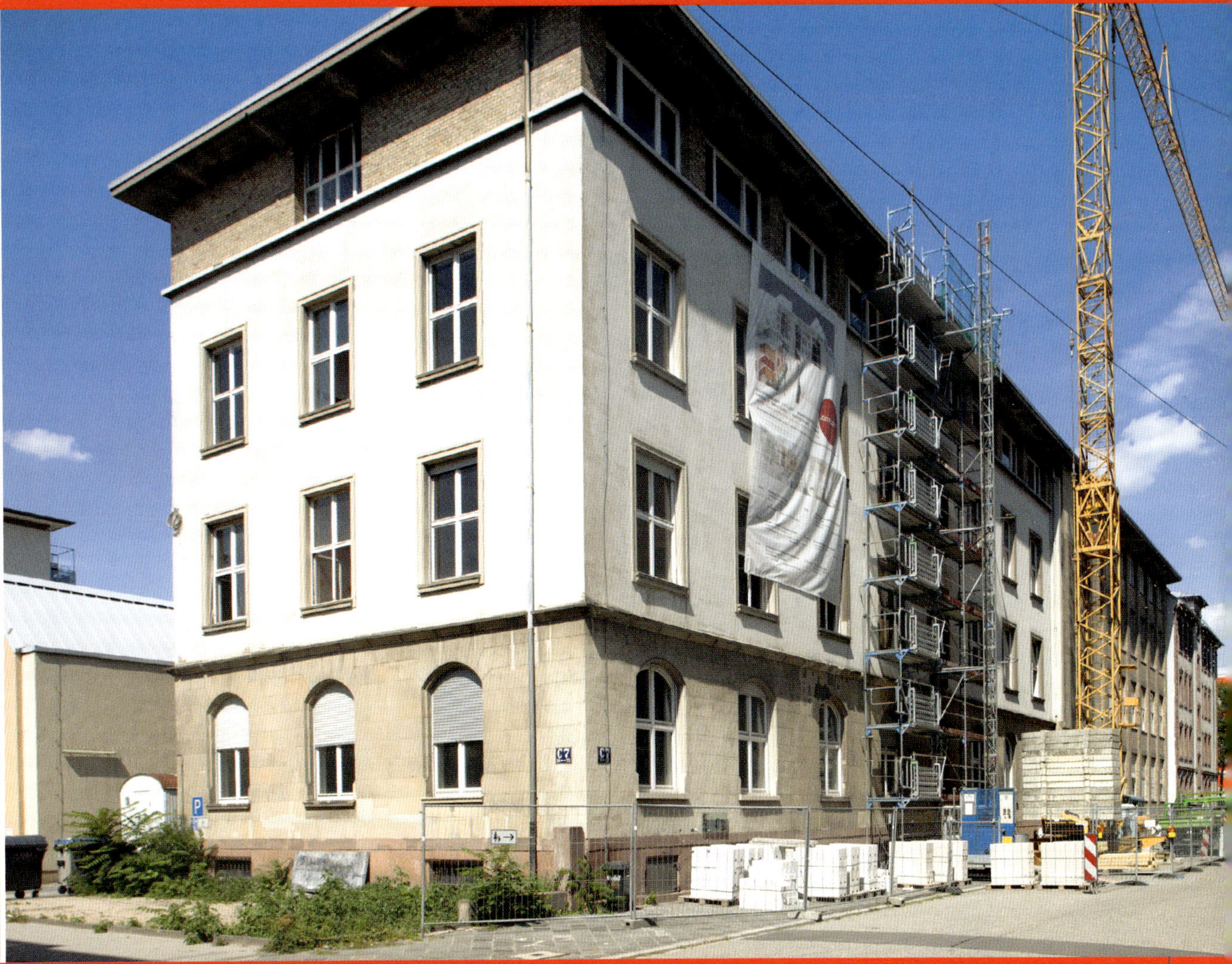

Resistance to the Nazi regime (Mannheim city center, C 7, 1–4) 1942

"Preparations for high treason, aiding the enemy, undermining military morale, and circulation of foreign radio programs" – with this verdict, the Mannheim "People's Court" sentenced 13 men and one woman to death on 15 September 1942. They belonged to a mostly communist resistance group around Georg Lechleiter, and with their secretly circulated newspaper "Der Vorbote" (The Herald) had worked against the Nazi regime among workers, until they were arrested in the Spring of 1942. As perhaps few others, they bore witness to the workers' resistance against the Nazi regime in Mannheim, where most other opposition groups had been crushed by the Gestapo in the mid-1930's. Nonconformity and underground resistance were also observed in church circles. But only few had the courage to go as far as the Jesuit priest Alfred Delp, who was born in Mannheim in 1907 and later worked in Munich. With other members of the "Kreisau Circle," he worked on plans for a new social order in Germany. After the assassination attempt on Hitler, Delp was arrested and executed in Berlin on 2 February 1945.

(left) "Luisenheim," a home for unwed mothers, Alfred Delp's birthplace. Drawing, 1929.
(middle) The monument for the Lechleiter Group in Georg-Lechleiter-Square in the Schwetzinger Vorstadt. Photo, 2008.
(right) The Luisenheim was destroyed in World War II, and rebuilt in a different form, and housed the Office of Compensation for many years. Photo, 2012.

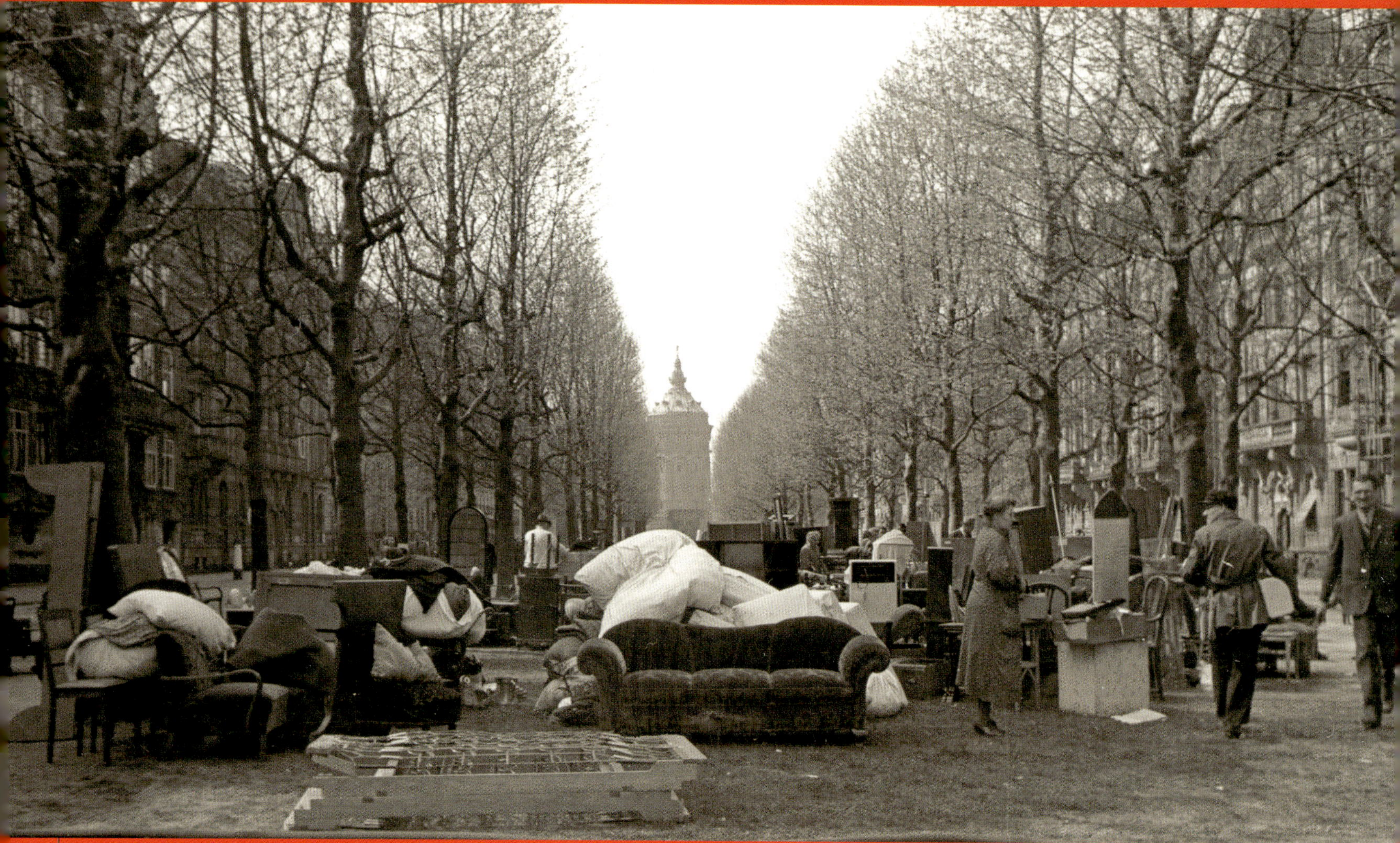

1943 Die letzten Habseligkeiten werden gerettet (Augustaanlage)

„Mannheim existiert nicht mehr." Mit diesen Worten beschrieb ein Augenzeuge das Resultat des Luftangriffs vom 5./6. September 1943, bei dem mehr als 600 alliierte Flugzeuge weite Teile der Innenstadt zerstörten. Seit Kriegsbeginn hatte die Bevölkerung zahlreiche Angriffe erlebt, doch dieser übertraf alles Bisherige. Ihre Rolle als Verkehrsknotenpunkt, als wichtiger Industriestandort im Verbund mit Ludwigshafen wie auch die hohe Militärpräsenz vor Ort machten die Stadt zu einem strategischen Ziel im Luftkrieg. Ganze Stadtteile wurden ausgelöscht und massenhaft Wohnraum ging verloren. Und auch die kulturellen Denkmäler wurden in Mitleidenschaft gezogen. Bereits 1940 hatte das Schloss große Schäden erlitten, die Bombardierung im September 1943 vernichtete weite Teile des barocken Mannheim. Ein normales Leben war angesichts ständiger Luftalarme und Bombardierungen kaum noch möglich. Kinder und alte Menschen wurden evakuiert, der Rest verharrte in den Luftschutzkellern und Bunkern. Mehr als 2.000 Menschen kamen dabei ums Leben – weit weniger als in anderen Städten ähnlicher Größe, doch viel zu viele.

(links) Gesichertes Mobiliar von getroffenen Häusern in der Augustaanlage nach den Angriffen vom 16./17. April 1943. Foto, 1943.
(rechts) Blick von der Augustaanlage Richtung Wasserturm. Foto, 2012.

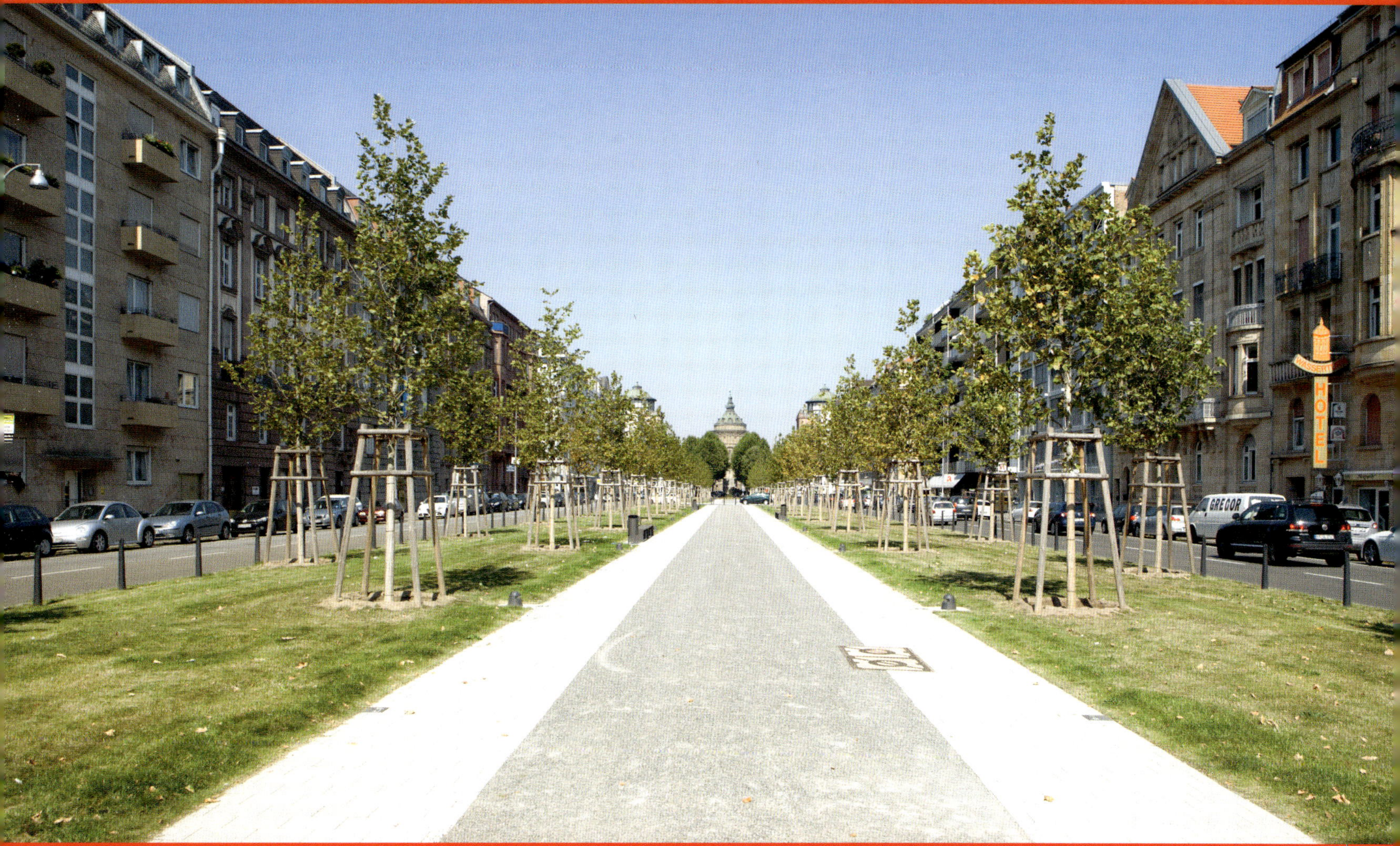

Saving the last possessions (Augustaanlage) 1943

"Mannheim no longer exists." With these words, an eye witness described the results of the air raids on 5/6 September 1943 by more than 600 allied airplanes, which destroyed huge portions of the city center. The population had endured numerous attacks since the beginning of the war, but this was the worst yet. In its role as transportation junction, as an important industrial center together with Ludwigshafen as well as with the presence of innumerable military troops, Mannheim was a strategic target. Entire districts were obliterated and a huge proportion of available housing was lost. Cultural monuments were affected as well. The castle had suffered great damage already in 1940, but the raids in September 1943 demolished most of Baroque Mannheim. Any kind of normal life was nearly impossible due to the constant air alerts and bombing raids. Children and older people were evacuated, but the rest of the inhabitants had no choice but to remain in air raid shelters and cellars. More than 2,000 people were killed – fewer perhaps than in cities of comparable size, but still too many.

(left) The last possessions saved from houses along Augustaanlage after the bombing on 16/17 April 1943. Photo, 1943.
(right) A view of Augusta Boulevard in the direction of the Water Tower. Photo, 2012.

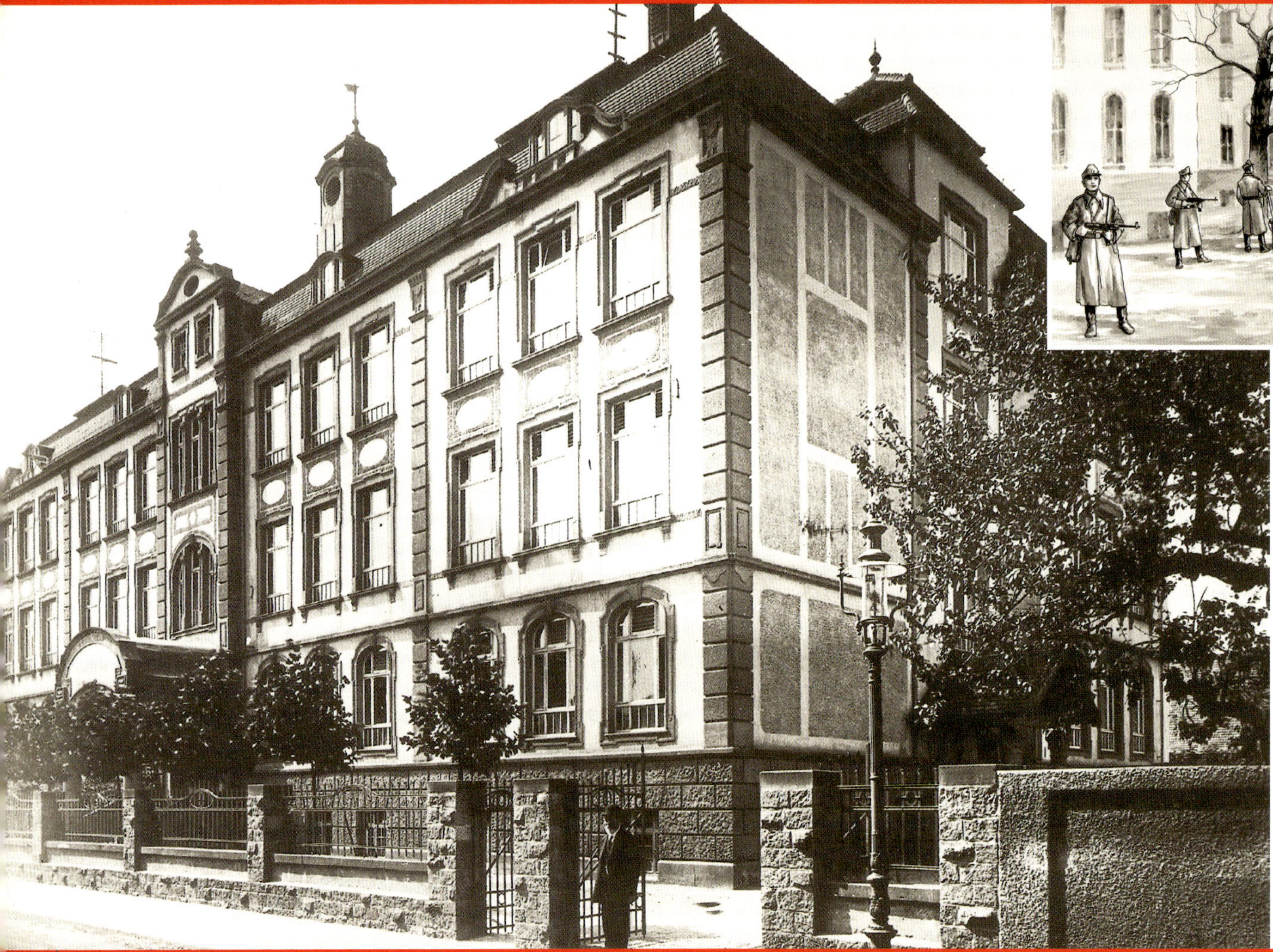

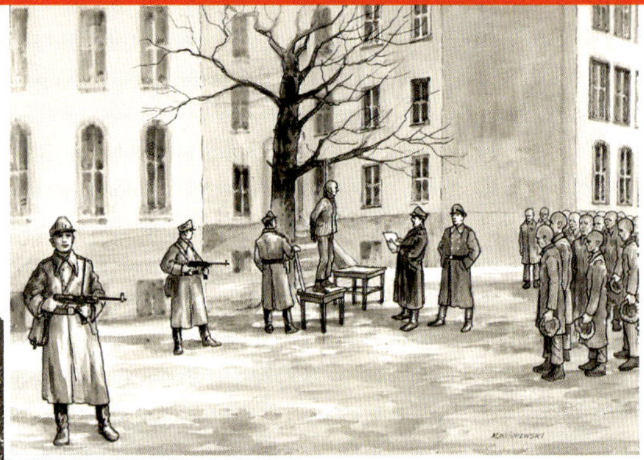

1944 Die KZ-Außenstelle in Mannheim-Sandhofen (Kriegerstr. 28)

Am 4. Januar 1945 wurde im Hof der Friedrichschule Marian Krainski wegen angeblicher Sabotage erschossen. Dieser Mord markiert einen Tiefpunkt in der Geschichte der nach Mannheim verschleppten Zwangsarbeiter. Mehr als 30.000 Ausländerinnen und Ausländer, ein Viertel davon Kriegsgefangene, wurden zwischen 1939 und 1945 in der Quadratestadt zur Arbeit gezwungen. Sie kamen aus mehr als 30 Ländern, vor allem aus Frankreich, Polen, Russland, Holland und Italien. Die Zwangsarbeiter hatten bei der Trümmerbeseitigung, in der Landwirtschaft, in Handwerksbetrieben, vor allem aber in den Großunternehmen wie Daimler-Benz oder BBC zu arbeiten. Eine traurige Sonderrolle kam 1.060 Polen zu, die als Gefangene des Warschauer Aufstands 1944 verschleppt wurden. Eigens für sie wurde in der Sandhofener Friedrichschule ein Außenlager des KZ Natzweiler eingerichtet, wo sie unter menschenunwürdigen Bedingungen hausen und gleichzeitig bei Daimler-Benz arbeiten mussten. Viele von ihnen wurden Ende 1944/Anfang 1945 in einem der berüchtigten Todesmärsche in andere KZs verlegt. Nur wenige sollten überleben.

(links) Friedrichschule in Sandhofen kurz nach dem Neubau. Foto, um 1913.
(Mitte) Erschießung von Marian Krainski im Hof der Friedrichschule. Zeichnung von Mieczyslaw Wisniewski, um 1990.
(rechts) Die Schule wurde nach dem Zweiten Weltkrieg nach dem Schweizer Sportfunktionär Gustav Wiederkehr umbenannt. In ihr befindet sich heute eine Gedenkstätte für das frühere KZ. Foto, 2012.

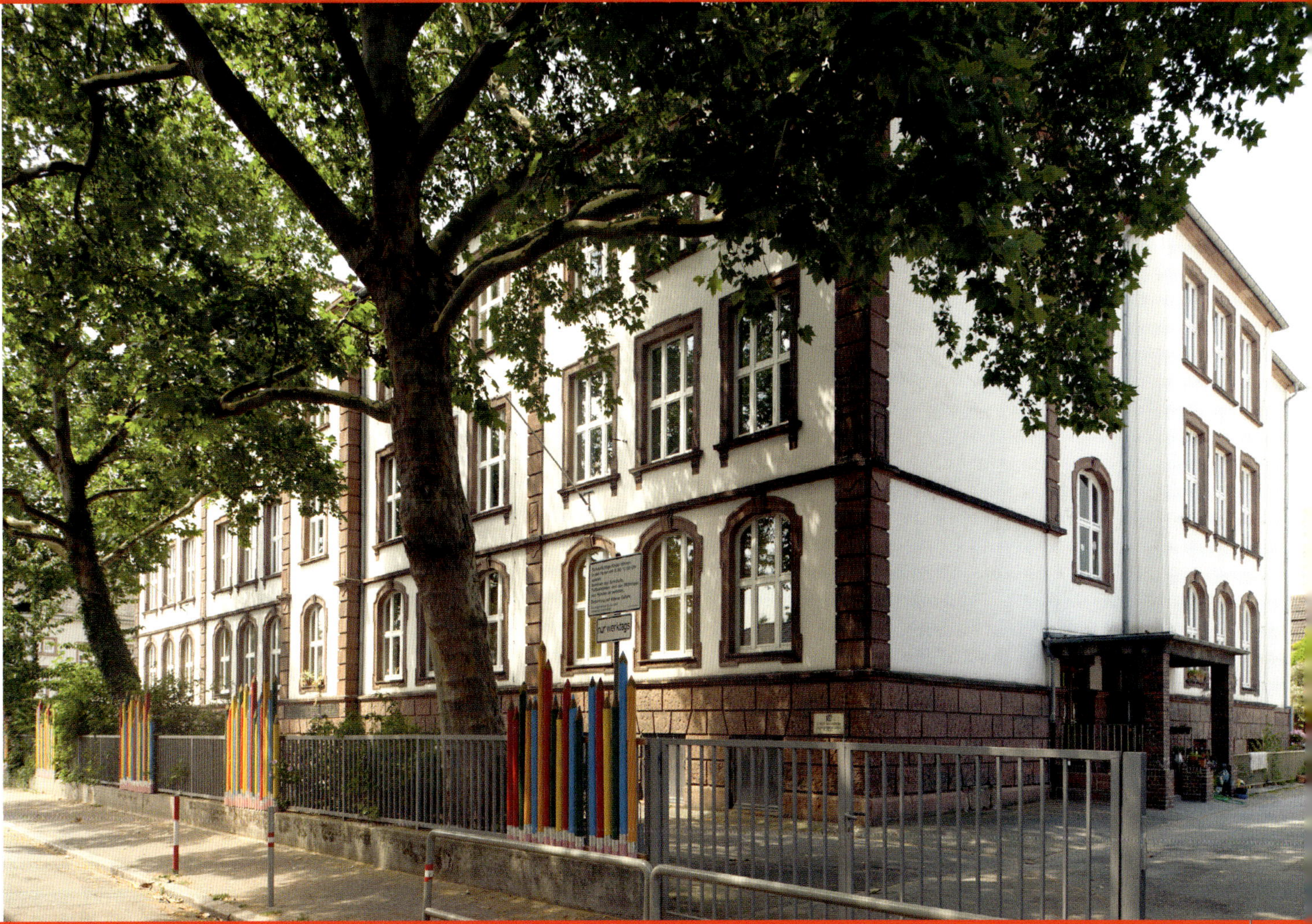

The local annex of the concentration camp in Sandhofen (Kriegerstr. 28) *1944*

On 4 January 1945, Marian Krainski was shot to death for alleged sabotage in the courtyard of Friedrich School. This murder marked a low point in the story of forced laborers who had been seized and brought to Mannheim. More than 30,000 foreigners, men and women, a good fourth of them prisoners of war, were forced to work in the City of the Squares between 1939 and 1945. They came from more than 30 countries, but especially France, Poland, Russia, Holland and Italy. The forced laborers worked to clear rubble, in agriculture, in workshops, and especially in large factories like Daimler-Benz or BBC. A tragic special role was played by 1,060 Poles who had been seized after the Warsaw uprising in 1944. A local annex of the concentration camp in Natzweiler was set up for them alone in Friedrich School in Sandhofen, where they were housed under inhuman conditions and forced to work at the Daimler-Benz factory. At the end of 1944 and the beginning of 1945, many of them were transferred to other concentration camps in infamous death marches. Only very few would survive.

(left) Friedrich School in Sandhofen shortly after its construction. Photo, circa 1913.
(middle) The execution of Marian Krainski in the courtyard of Friedrich School. Drawing by Mieczyslaw Wisniewski, circa 1990.
(right) After World War II, the school was renamed for Gustav Wiederkehr, a Swiss sports functionary.
It also houses a memorial for victims of the former concentration camp. Photo, 2012.

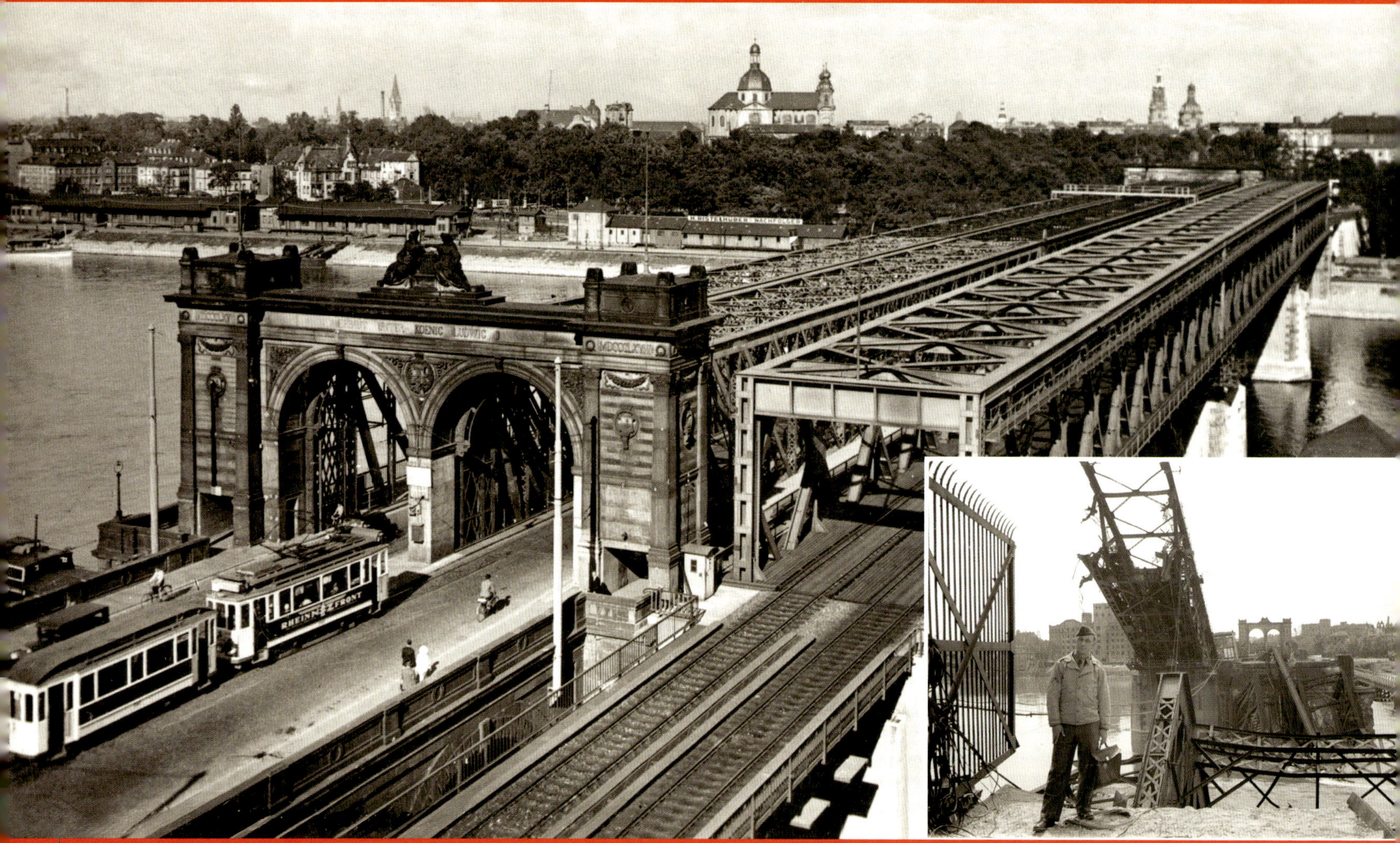

1945 Umgehung des Rheins und Kapitulation per Telefon (Rheinbrücke)

Ende März 1945 standen die Amerikaner am linken Ufer des Rheins. Dennoch sollte Mannheim „bis zum Letzten verteidigt werden". Wenige Tage zuvor hatte die Wehrmacht die Brücken über den Fluss – darunter die große eiserne Rheinbrücke – sprengen lassen. Um größere Verluste zu vermeiden, entschieden sich die Amerikaner gegen eine direkte Rheinüberquerung bei Mannheim und griffen stattdessen die Stadt von Norden an. Über Sandhofen und Käfertal stießen sie in Richtung Innenstadt vor. Bestrebungen mutiger Bürger, die Stadt vorzeitig zu übergeben, schlugen die Nationalsozialisten brutal nieder. Noch am 28. März ließen sie drei Männer in den Lauer'schen Gärten exekutieren. Erst nach weiteren Bombardements durch die Amerikaner zogen die letzten Wehrmachtstruppen aus der Stadt ab. Diese wurde am 29. März von Zivilbeamten fernmündlich über eine noch intakte Leitung von K 5 ins Käfertaler Wasserwerk, das bereits erobert worden war, an die Alliierten übergeben. Die neue Militärregierung nahm im Parkhotel in der Augustaanlage ihren Sitz und bestimmte Josef Braun zum kommissarischen Oberbürgermeister.

(links) Die eiserne Rheinbrücke wurde 1867 eröffnet und diente dem Personen- und Eisenbahnverkehr. Foto, um 1940.
(Mitte) Die gesprengte Rheinbrücke mit Blick auf Ludwigshafen. Rechts eine von den Amerikanern eingerichtete Notbrücke. Foto, 1945.
(rechts) Die 1959 wieder eröffnete Rheinbrücke trägt seit 1967 den Namen „Konrad-Adenauer-Brücke". Foto, 2012.

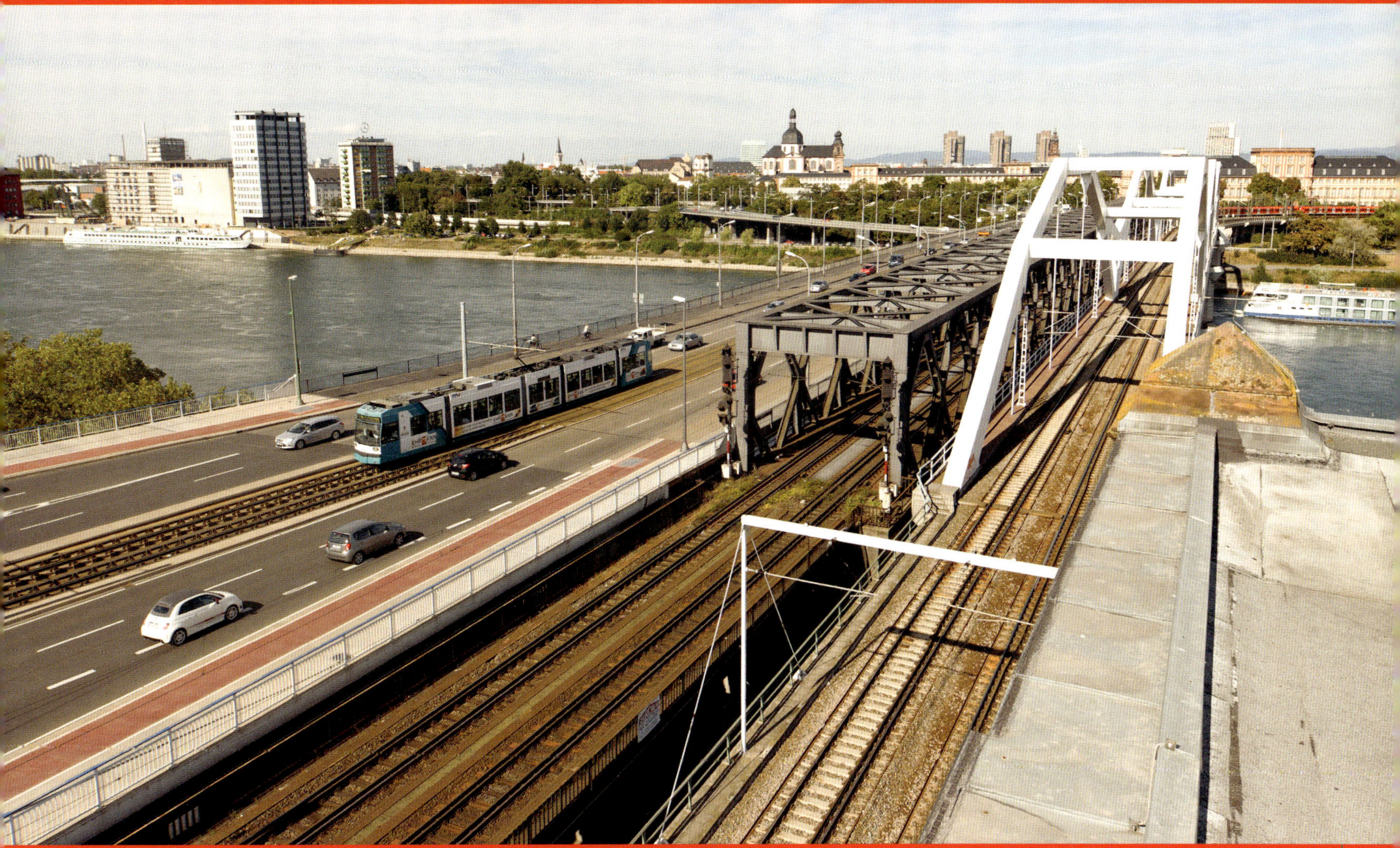

Outflanking the Rhine and a surrender by telephone (Rhine Bridge) 1945

By the end of March 1945, American troops had reached the left bank of the Rhine. In spite of that, Mannheim was to be "defended to the last." Only a few days before, the Wehrmacht had blown up the bridges over the river – including the heavy iron Rhine Bridge. In order to avoid further casualties, the Americans decided against a direct Rhine crossing and attacked the city instead from the north. Through Sandhofen and Käfertal, they pushed toward the city center. Earlier attempts of courageous citizens to surrender the city were brutally suppressed by the national socialists. As late as 28 March 1945, they executed three men in the Lauer gardens. The remaining German troops were finally withdrawn from the city only after further air raids by the Americans. Mannheim was formally surrendered to the Allies on 29 March by civilian employees over the last intact telephone line from K 5 to the Käfertal water works, which had already been taken. The new military government took as its interim seat rooms in the Park Hotel on Augusta Boulevard, and named Josef Braun as temporary mayor.

(left) The iron Rhine Bridge was opened in 1867 and served foot traffic as well as railroad lines. Photo, circa 1940.
(middle) The destroyed Rhine Bridge with a view of Ludwigshafen. On the right the temporary bridge built by the Americans. Photo, 1945.
(right) The reconstructed bridge was reopened in 1959 and renamed Konrad-Adenauer-Bridge in 1967. Photo, 2012.

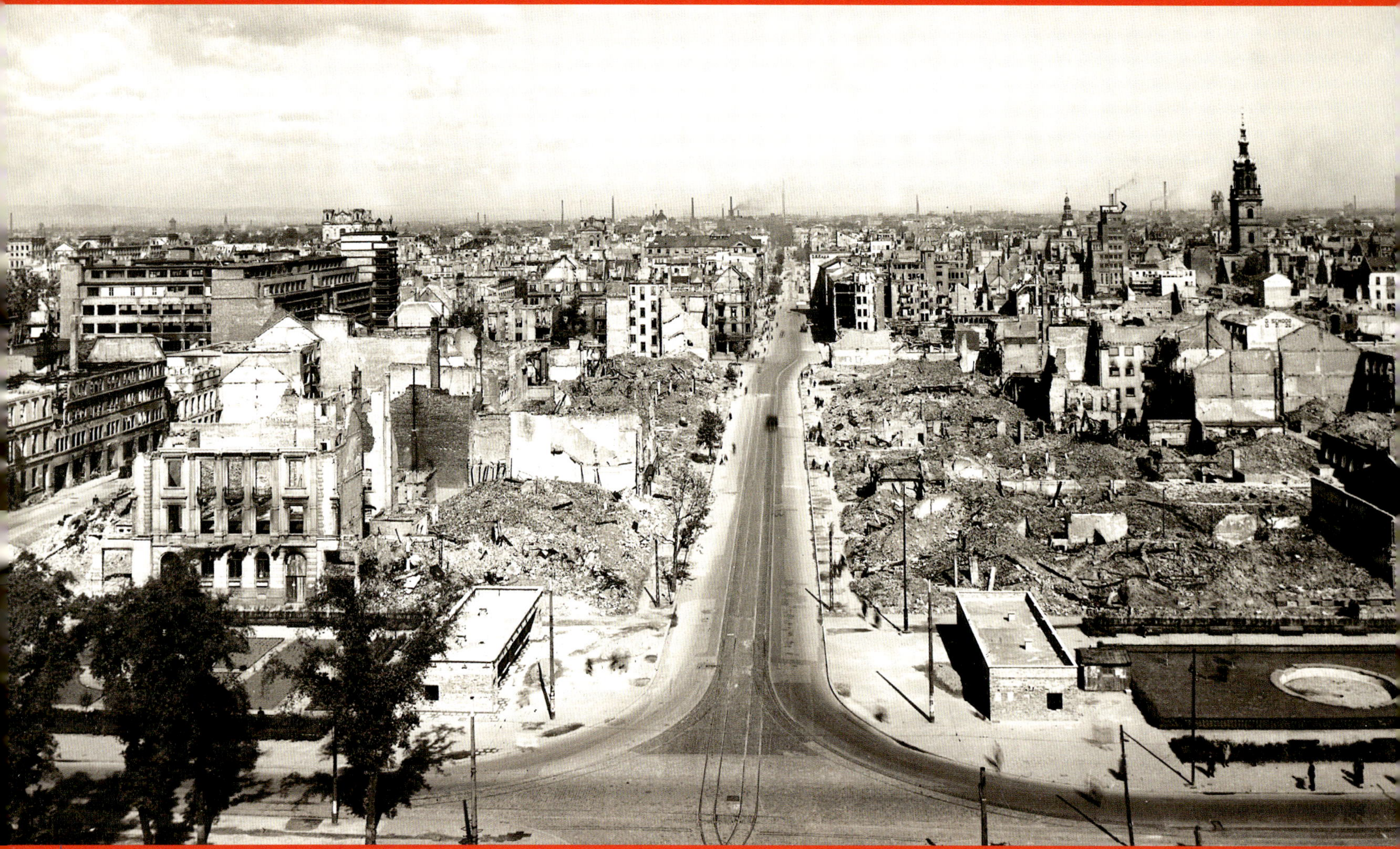

1945 Mannheim – eine Trümmerlandschaft (Wasserturm)

Die NS-Herrschaft und der von ihr ausgelöste Zweite Weltkrieg hatten Deutschland und damit auch Mannheim in eine humanitäre, materielle und auch moralische Katastrophe gestürzt. Fast 20.000 Bewohner der Quadratestadt hatten ihr Leben gelassen – auf dem Schlachtfeld, als Zivilopfer oder auch im Vernichtungslager. Die Stadt selbst war zu weiten Teilen zerstört, mehr als 5 Millionen Tonnen Schutt mussten aus dem Weg geräumt werden. Und es war auch ein moralischer Bankrott gewesen, die meisten waren blind einem verbrecherischen System gefolgt, das nahezu alle zivilisatorischen Werte mit Füßen getreten hatte. Die Unsicherheit darüber, wie es weitergehen sollte, war groß. Dabei kämpften die meisten ums eigene Überleben – Nahrungsmittelknappheit, die Sorge um den Verbleib der Angehörigen und die Wohnungsnot waren stete Begleiter im Alltag, so dass viele nur zu gerne bereit waren, die im Namen Deutschlands begangenen Verbrechen zu verdrängen. Letztlich war es vor allem den Amerikanern mit ihrer Politik – Demokratisierung, Entnazifizierung und Marshallplan – zu verdanken, dass die Quadratestadt recht schnell wieder auf die Beine kam.

(links) Blick vom Wasserturm in die zerstörte Innenstadt. Foto, 1945.
(rechts) Blick vom Wasserturm in die Innenstadt. Das veränderte Stadtbild ist zu großen Teilen auf die Katastrophe des Zweiten Weltkriegs zurückzuführen. Foto, 2012.

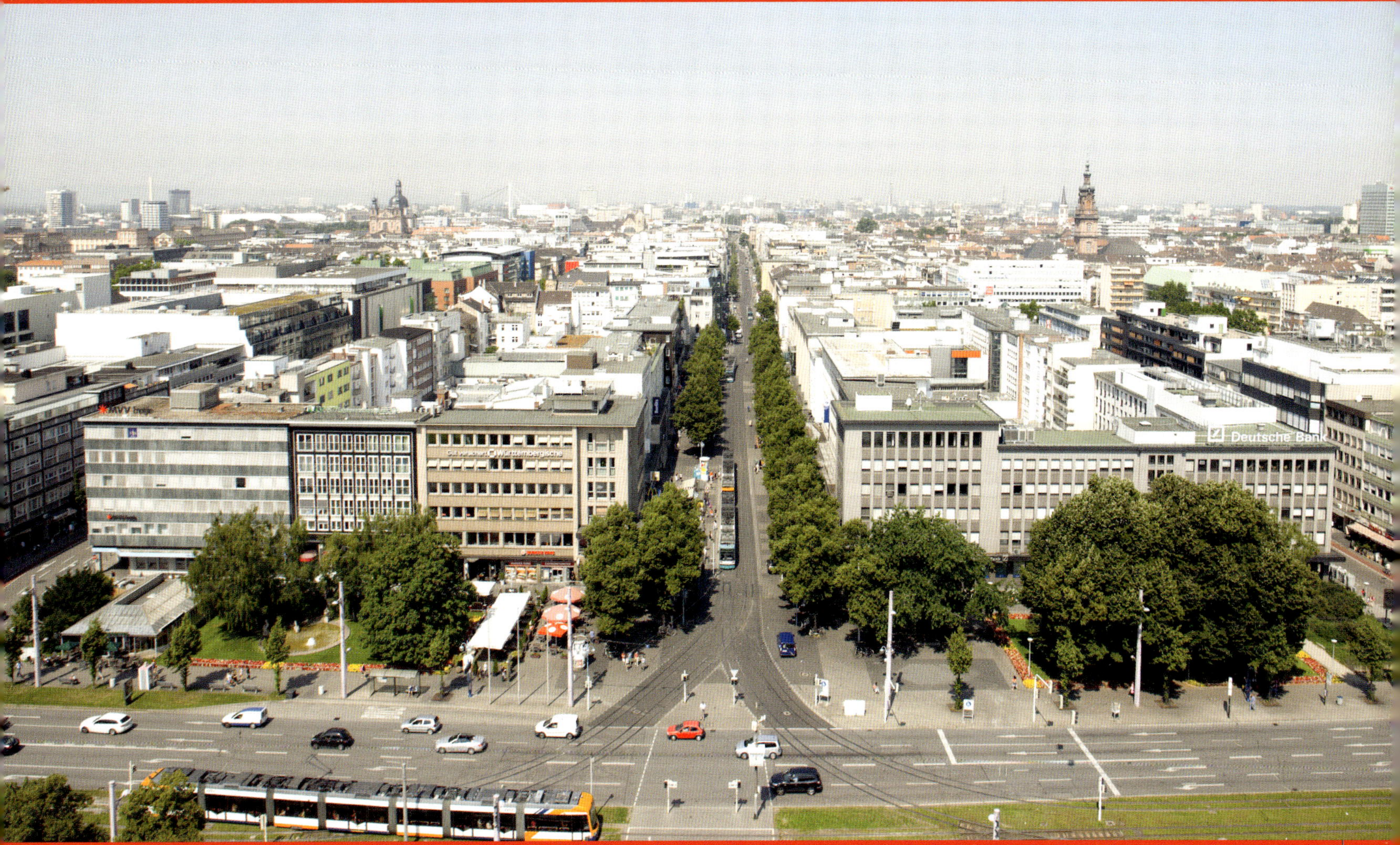

Mannheim – an expanse of rubble (Water Tower) 1945

The Nazi regime and the Second World War it started plunged Germany, including Mannheim, into a human, material and moral catastrophe. Almost 20,000 inhabitants of the City of the Squares had lost their lives – either on the battlefield, as civilian victims or in extermination camps. The city itself was to a large extent destroyed, and more than 5 million tons of rubble had to be cleared away. It was a moral bankruptcy as well, where most people had blindly followed a criminal system which treated with contempt almost every civilizing value it could. Uncertainty about the future was great. At the same time, most people were merely fighting to stay alive – the scarcity of food, fears for missing family members and the housing shortage were daily and constant companions, so that many were more than happy to just forget about the crimes committed in Germany's name. In the end, it was thanks to the American policies – democratization, denazification and the Marshall Plan – that the City of the Squares recovered so quickly.

(left) A view from the Water Tower towards the city center in ruins. Photo, 1945.
(right) A view from the Water Tower towards the city center. The changed cityscape is mostly the product of the catastrophe of World War II. Photo, 2012.

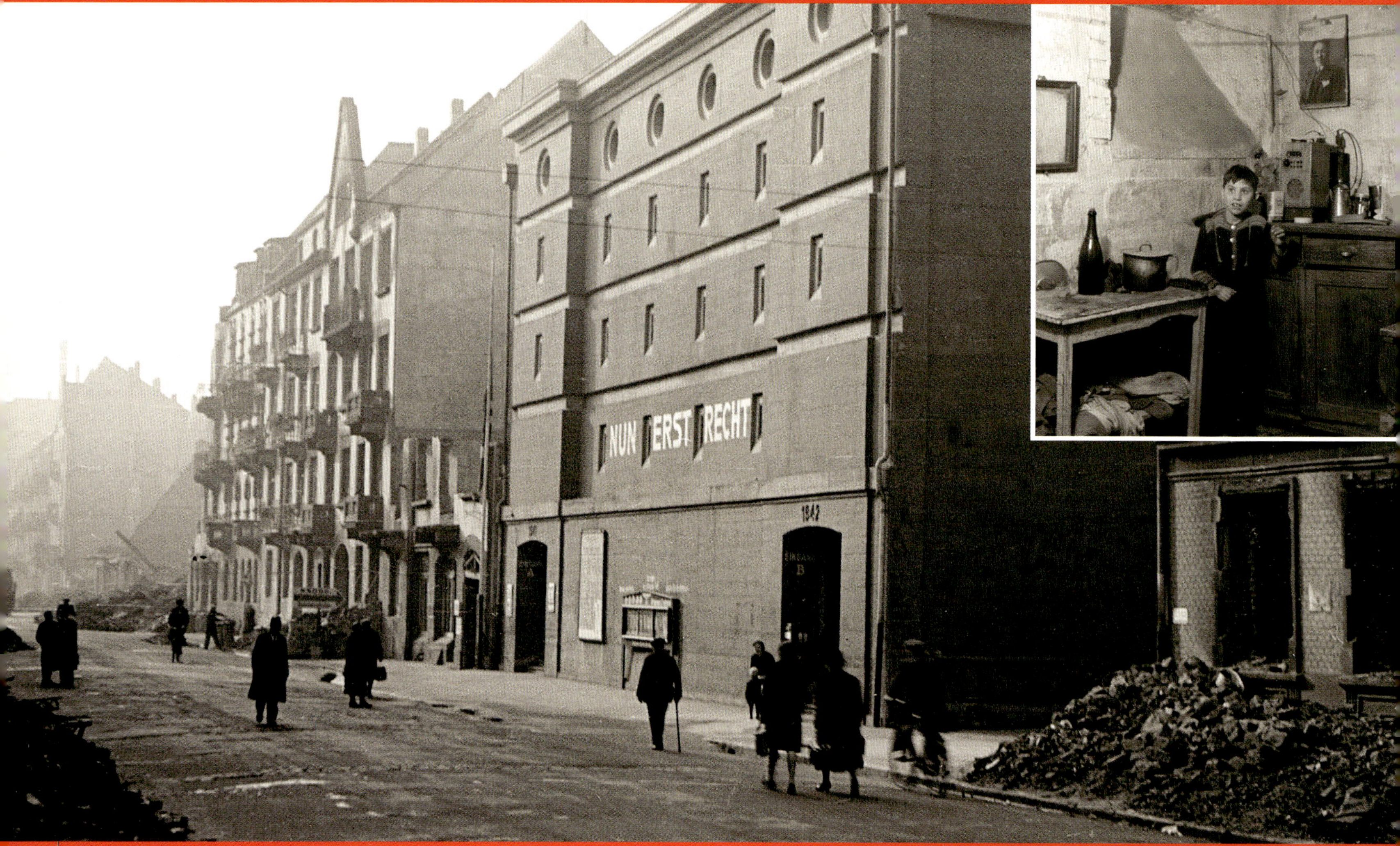

1949 Luftschutzbunker als Notunterkünfte (Meerfeldstr. 56–58)

„Notwendiger als alles andere ist der soziale Wohnungsbau.“ Mit diesen Worten beschrieb 1949 Oberbürgermeister Fritz Cahn-Garnier seine politische Agenda. Die Bombardierungen der alliierten Luftflotten hatten zwar in erster Linie den Industrieanlagen und Verkehrsverbindungen gegolten, vor allem aber hatten sie den Wohnbestand in Mannheim in Mitleidenschaft gezogen. Mehr als drei Viertel der Bausubstanz und die Hälfte aller Wohnräume waren zerstört worden. Zahlreiche Menschen kamen vorerst nur in Notunterkünften unter, in Schulen, in Gemeindehäusern oder aber auch in teilweise ausgebombten Wohnungen. In Luftschutzbunkern wurden Wohnparzellen eingerichtet, wo ganze Familien auf engstem Raum, teilweise nur durch Tücher oder Bretter vom Nachbarn getrennt, hausen mussten. Angesichts dieser Zustände machte sich die Stadtverwaltung daran, billigen Wohnraum zu schaffen. Und so wurde manches Barock- und Jugendstilhaus nicht wieder aufgebaut, um an seiner Stelle einen funktionalen Neubau errichten zu können. Die Wohnungsnot blieb bis in die 1960er Jahre ein vorrangiges Thema der Stadtverwaltung.

(links) Der Hochbunker in der Meerfeldstraße auf dem Lindenhof wurde 1941/42 an der Stelle des früheren Kinos „Scala“ errichtet. Foto, 1944.
(Mitte) Notwohnung im Bunker. Foto, 1949.
(rechts) Der ursprünglich freistehende Lindenhofbunker ist heute in eine Häuserzeile integriert. Foto, 2012.

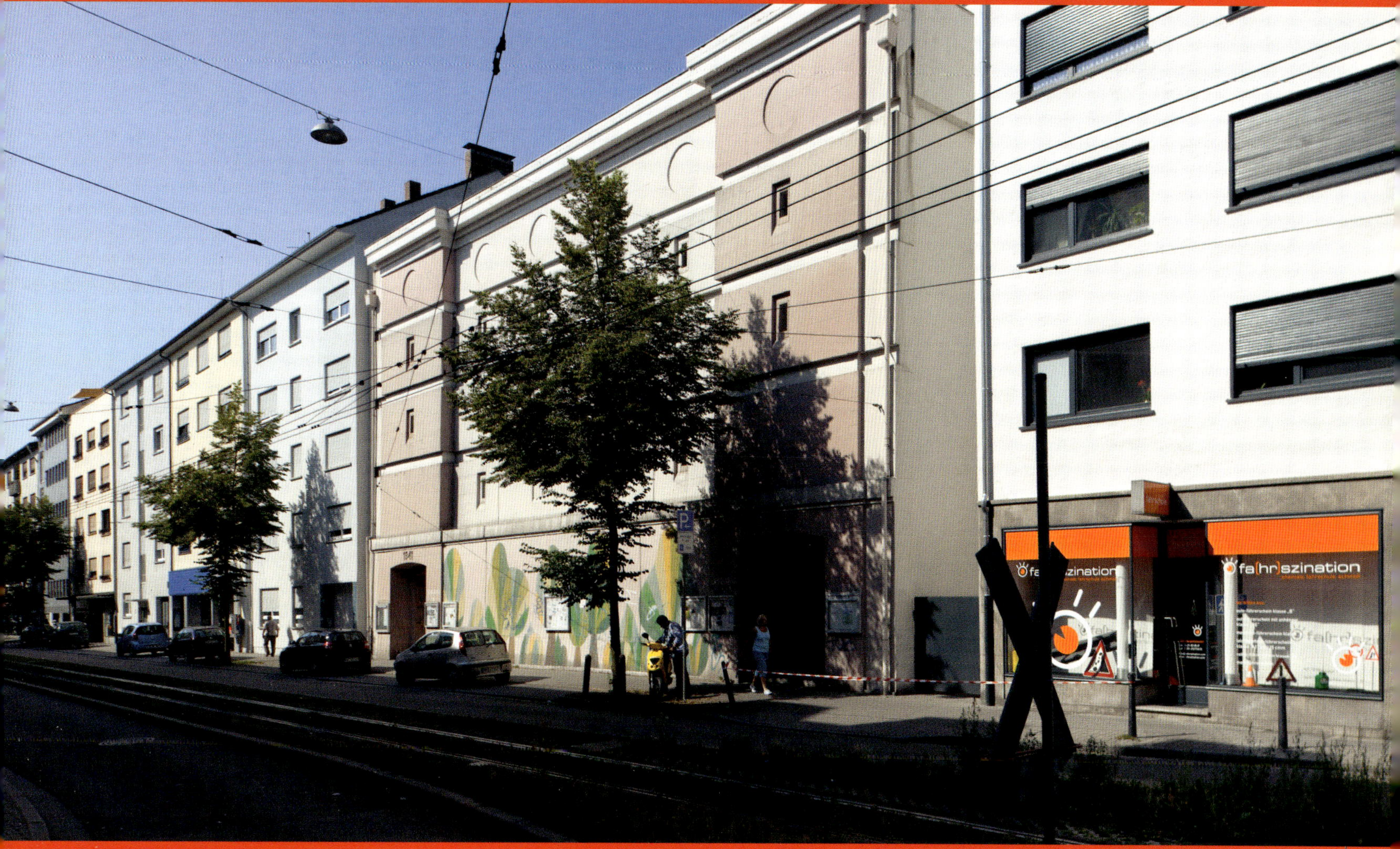

An air raid shelter used as temporary housing (Meerfeldstr. 56–58) 1949

"More important than anything else is the social housing program." Lord Mayor Fritz Cahn-Garnier characterized his political agenda with these words in 1949. The air raids of the Allied forces had been primarily aimed at industrial and transportation targets, but what they hit were mainly living quarters in Mannheim. More than three fourths of all buildings and half of all dwellings were destroyed. Countless people had no recourse but to look for temporary shelter in schools, in community centers or in apartments that were partially in ruins. Even air raid shelters were used as makeshift accommodations, with entire families housed in cramped quarters, sometimes only separated from their neighbors by curtains or boards. In view of these conditions, the city set about creating inexpensive living quarters. Many Baroque or Art Nouveau buildings could not be rebuilt, but had to make way for functional, new apartment buildings. The housing shortage was one of the primary problems of the city council into the 1960's.

(left) The bunker in the Meerfeldstraße in Lindenhof was built in 1941/42 on the site of the "Scala" theater. Photo, 1944.
(middle) Temporary shelter in the bunker. Photo, 1949.
(right) The originally freestanding Lindenhof bunker is today integrated into a row of houses. Photo, 2012.

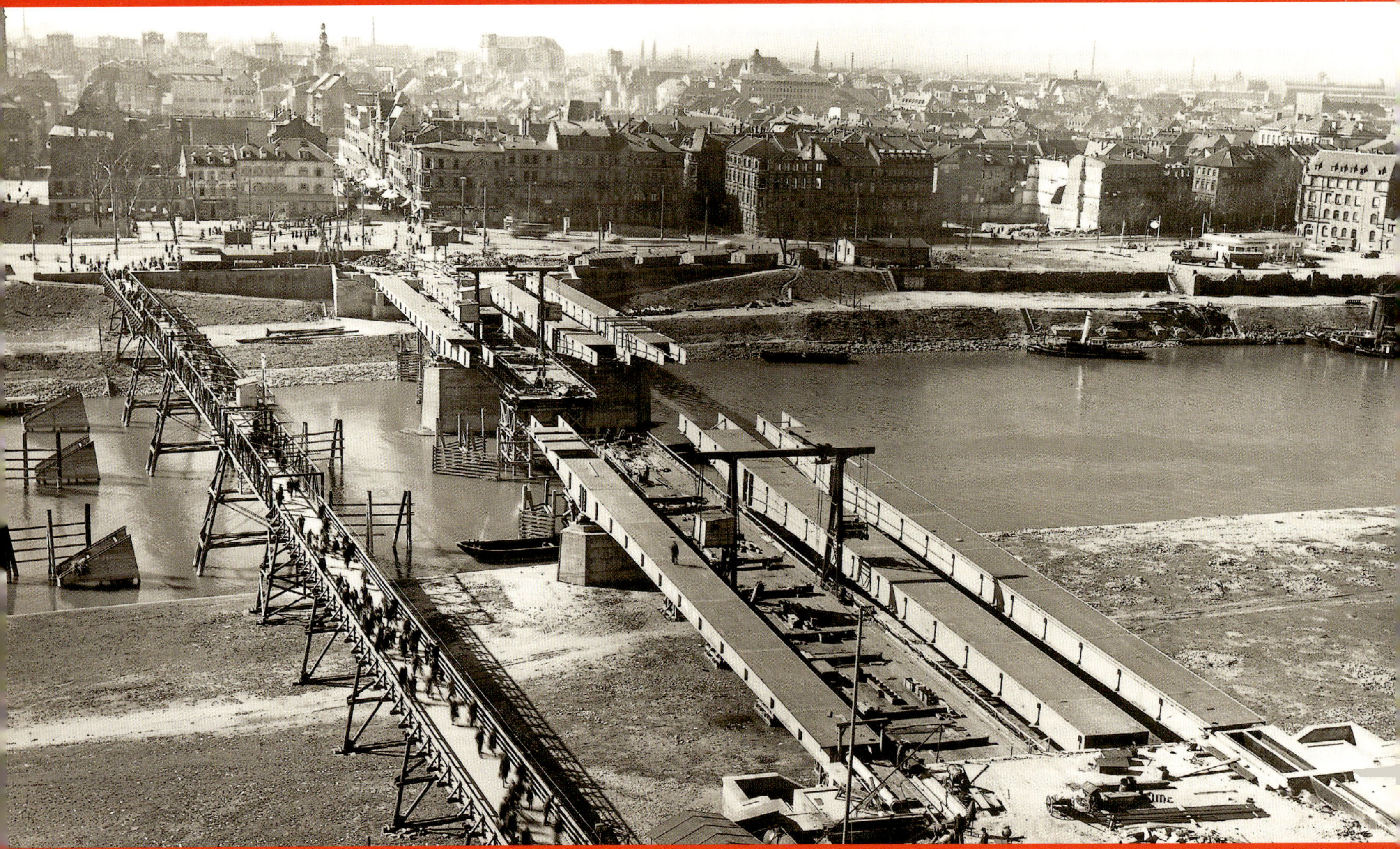

1950 Die Einweihung der Kurpfalzbrücke (Kurpfalzbrücke)

Die Einweihung der Kurpfalzbrücke über den Neckar am 31. August 1950 in Anwesenheit des neuen Bundespräsidenten Theodor Heuss kann rückblickend als wichtiger symbolträchtiger Akt gelten, der für den Wiederaufbau der Stadt und das beginnende Wirtschaftswunder in Mannheim steht. Dabei waren die Zeiten äußerst schwierig. Zwar konnten die Ernährungs- und Versorgungsengpässe der Jahre 1946/1947 als überwunden gelten, doch waren die Wohnungsnot und auch die hohe Arbeitslosigkeit nach wie vor drängende Probleme. Letztere hatte sich seit der Währungsreform von 1948 auch in Mannheim deutlich erhöht und umfangreiche gewerkschaftliche Protestaktionen ausgelöst. Doch das Warenangebot in den Geschäften und Kaufhäusern hatte sich seither deutlich erhöht, ebenso wie, wenn auch noch eher unspektakulär, die Gewinne der Unternehmen. Demgegenüber konnte die Schattenwirtschaft des Schwarzmarkts zurückgedrängt werden. Von 1950 an stieg die Zahl der Beschäftigten kontinuierlich an und mit ihr der Konsum, seit Mitte der 1950er Jahre klagten die ersten Unternehmen bereits über Arbeitskräftemangel.

(links) Blick auf die Baustelle der neuen Kurpfalzbrücke (ehemals Friedrichsbrücke).
Im Hintergrund sind noch die zahlreichen Ruinen in der Innenstadt sichtbar. Foto, um 1949.
(rechts) Blick auf Kurpfalzbrücke und Innenstadt vom Turm der Feuerwache aus. Foto, 2012.

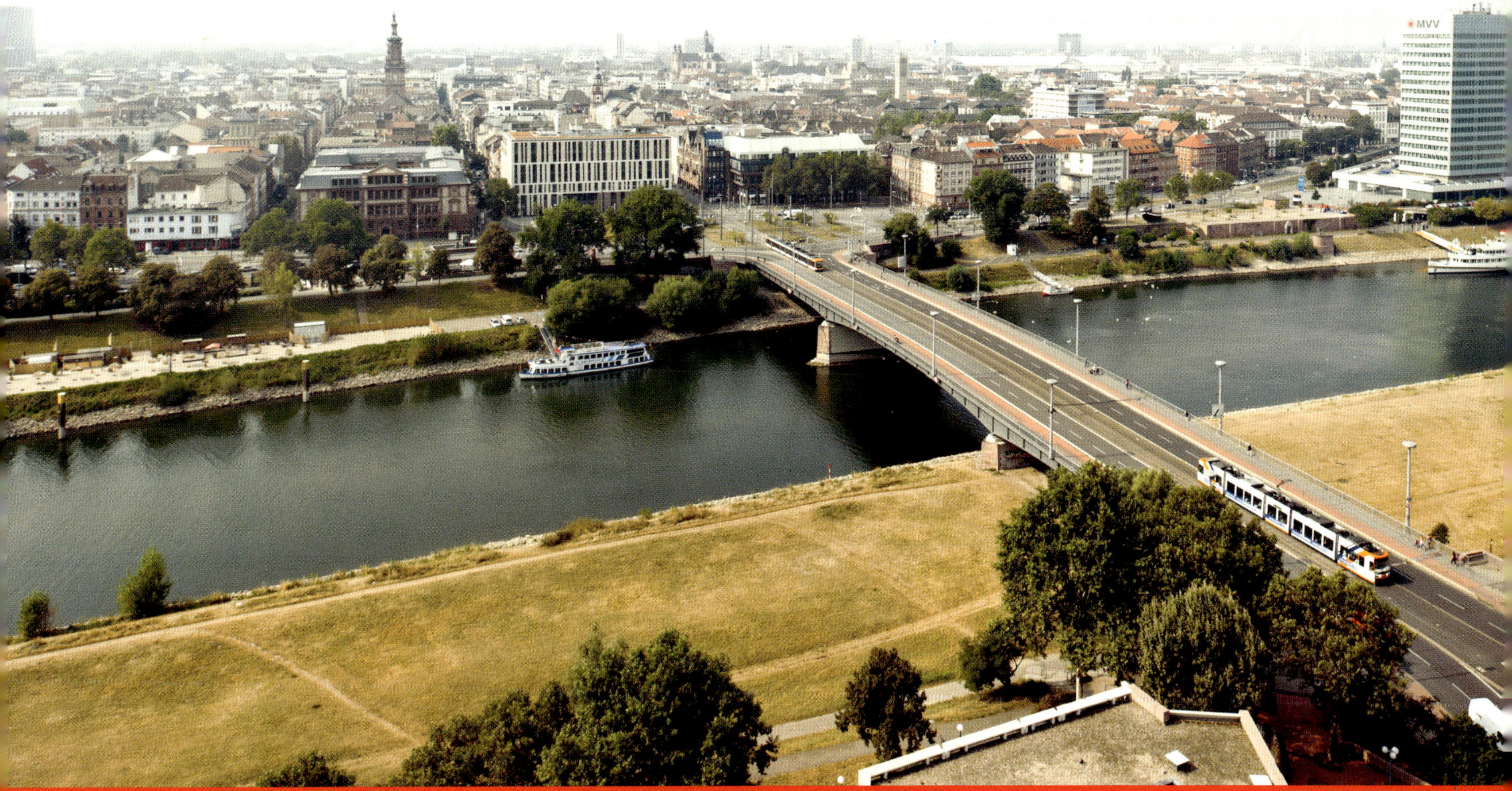

The official opening of the Kurpfalz Bridge (Kurpfalzbrücke) 1950

The official opening of the Kurpfalz Bridge over the Neckar on 31 August 1950 in the presence of President Theodor Heuss can be viewed in retrospect as an important and symbolic act, representing the reconstruction of the city and the beginning Wirtschaftswunder in Mannheim. But times were still extremely difficult. The food and supply shortages of the years 1946 and 1947 had been overcome, but the housing shortage and high unemployment were still pressing problems. Unemployment had risen markedly in Mannheim after the Monetary Reform of 1948 and had provoked wide protests by the unions. But the range of goods for sale in the shops and department stores had greatly increased, although the profits of companies still remained rather unspectacular. On the other hand, the shadow economy of the black market had been contained. After 1950, the numbers of the employed increased continually, and with them their consumption, so that after the mid-1950's the first companies began to complain about the lack of manpower.

(left) A view of the construction site of the new Kurpfalz Bridge (the former Friedrich Bridge). Many ruins in the city center are still visible in the background. Photo, circa 1949.
(right) A view of the Kurpfalz Bridge and the city center from the tower of the Fire Station. Photo, 2012.

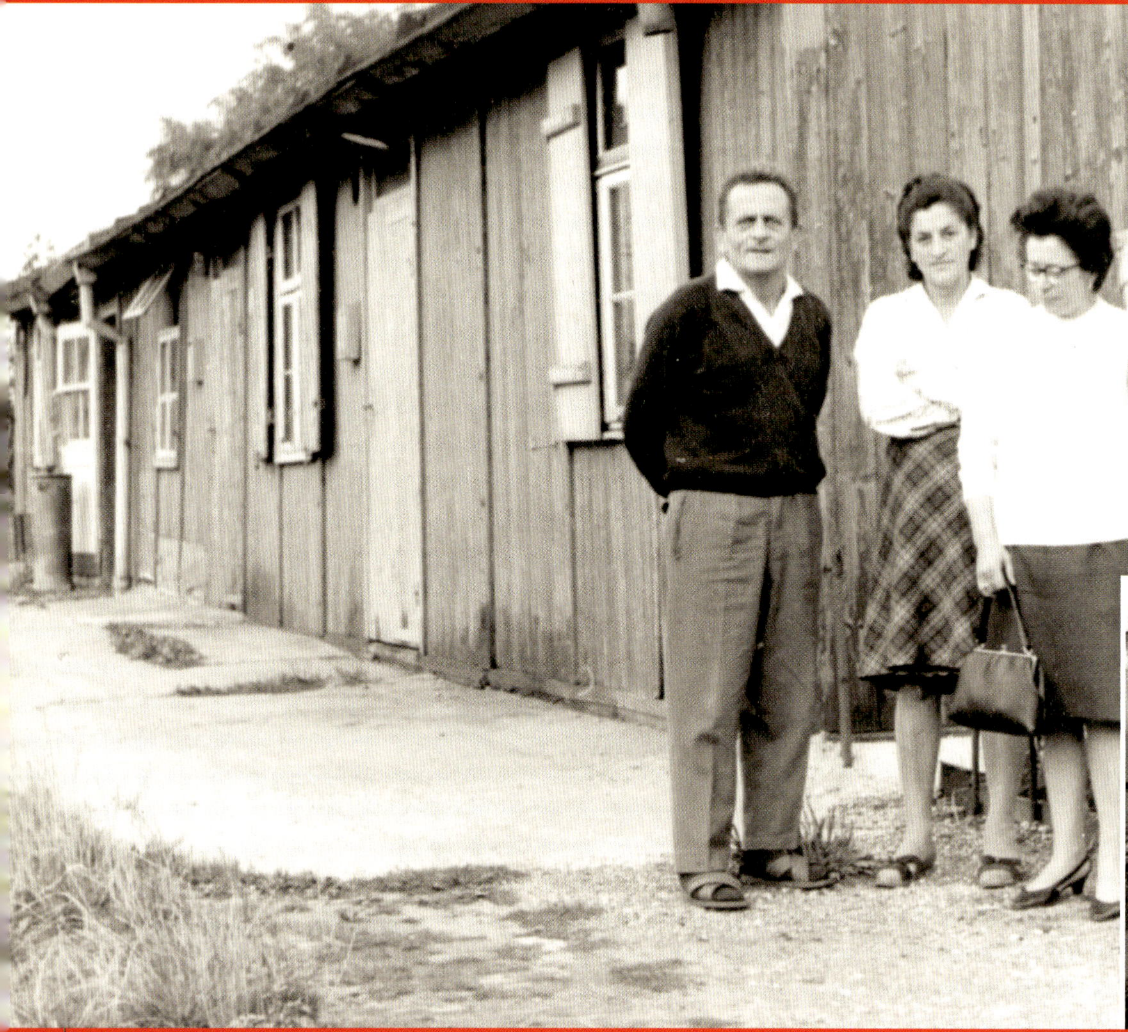

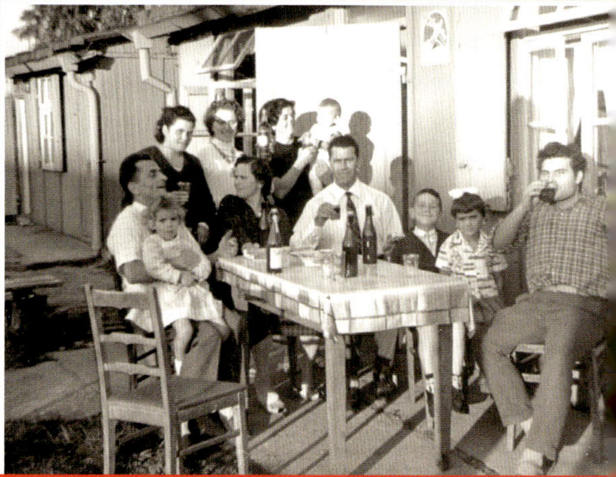

1955 Bella Italia im Barackenlager (Pfingstweidstr. 10–12)

Das Wirtschaftswunder in den 1950er Jahren brachte einen enormen Bedarf an Arbeitskräften mit sich. Dies war der Grund für die Abkommen über die Anwerbung von Gastarbeitern, welche die Bundesregierung seit 1955 mit diversen südeuropäischen Ländern schloss. Auch Mannheimer Unternehmen nutzten die neuen Möglichkeiten und warben um Arbeitskräfte vorrangig aus Italien, Spanien, Griechenland, Jugoslawien und der Türkei. Bereits 1960 wurden über 8.500 Gastarbeiter in Mannheim gezählt. Sie wurden zumeist gegen geringen Lohn für die körperlich härtesten Tätigkeiten herangezogen. Als Unterkunft dienten anfangs häufig ehemalige Kriegsgefangenenlager, Bretterbaracken oder aber überteuerte „Pensionen", in denen sich ein halbes Dutzend Personen ein Zimmer zu teilen hatte – Verhältnisse, die sich nur langsam bessern sollten. Nur mühsam akzeptierte die deutsche Gesellschaft, dass der als vorübergehend geplante Aufenthalt der Gastarbeiter von Dauer sein würde. Mitte der 1970er Jahre lebten bereits über 40.000 Menschen ohne deutschen Pass in der Stadt – die Grundlage für das moderne multikulturelle Mannheim von heute.

(links) Holzbarackensiedlung für italienische Gastarbeiter in der Pfingstweidstraße in Mannheim-Neckarau. Foto, Anfang der 1960er Jahre.
(Mitte) Familienfest in der „Gastarbeiter-Siedlung" Pfingstweidstraße. Foto, Anfang 1960er Jahre.
(rechts) Die Barackensiedlung wurde in den 1970er Jahren aufgelöst, hier entstanden Gewerbeansiedlungen aus dem Bereich der Logistik und des Pharmahandels. Foto, 2012.

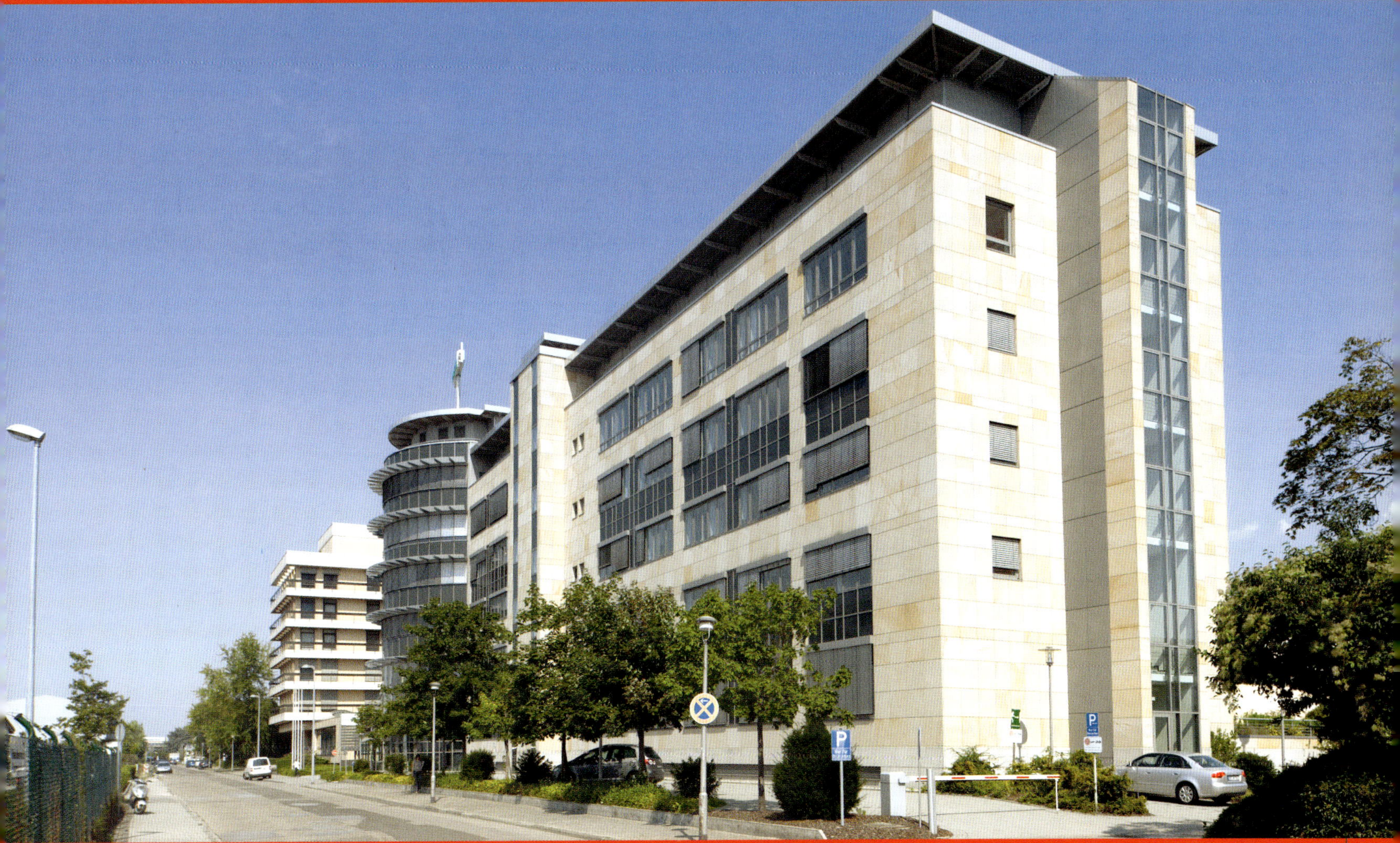

Bella Italia in the barracks (Pfingstweidstraße 10–12) 1955

The Wirtschaftswunder of the 1950's brought with it the enormous need for a larger workforce. This was the reason for the agreements made to recruit guest workers signed by the federal government with several southern European countries after 1955. Companies in Mannheim also took advantage of the new situation and advertised for workers mainly from Italy, Spain, Greece, Yugoslavia and Turkey. By 1960, there were already some 8,500 guest workers in Mannheim. They worked mainly at poorly paid but physically demanding jobs. In the beginning, former prisoner of war barracks, boarded huts or overpriced "boarding rooms," in which up to six people had to share a room, often served as housing – conditions that only slowly improved. German society accepted only with difficulty the fact that the guest workers, who had been brought in for a limited time, now intended to stay. By the mid-1970's, over 40,000 people without a German passport lived in the city – forming the basis for the modern multi-cultural Mannheim of today.

(left) The camp of wooden barracks for Italian guest workers in Pfingstweidstraße in Mannheim-Neckarau. Photo, beginning 1960's.
(middle) A family celebration in the "Guest worker settlement" in Pfingstweidstraße. Photo, beginning 1960's.
(right) The barracks camp was dismantled in the 1970's, and new logistics and pharmaceutical businesses moved in. Photo, 2012.

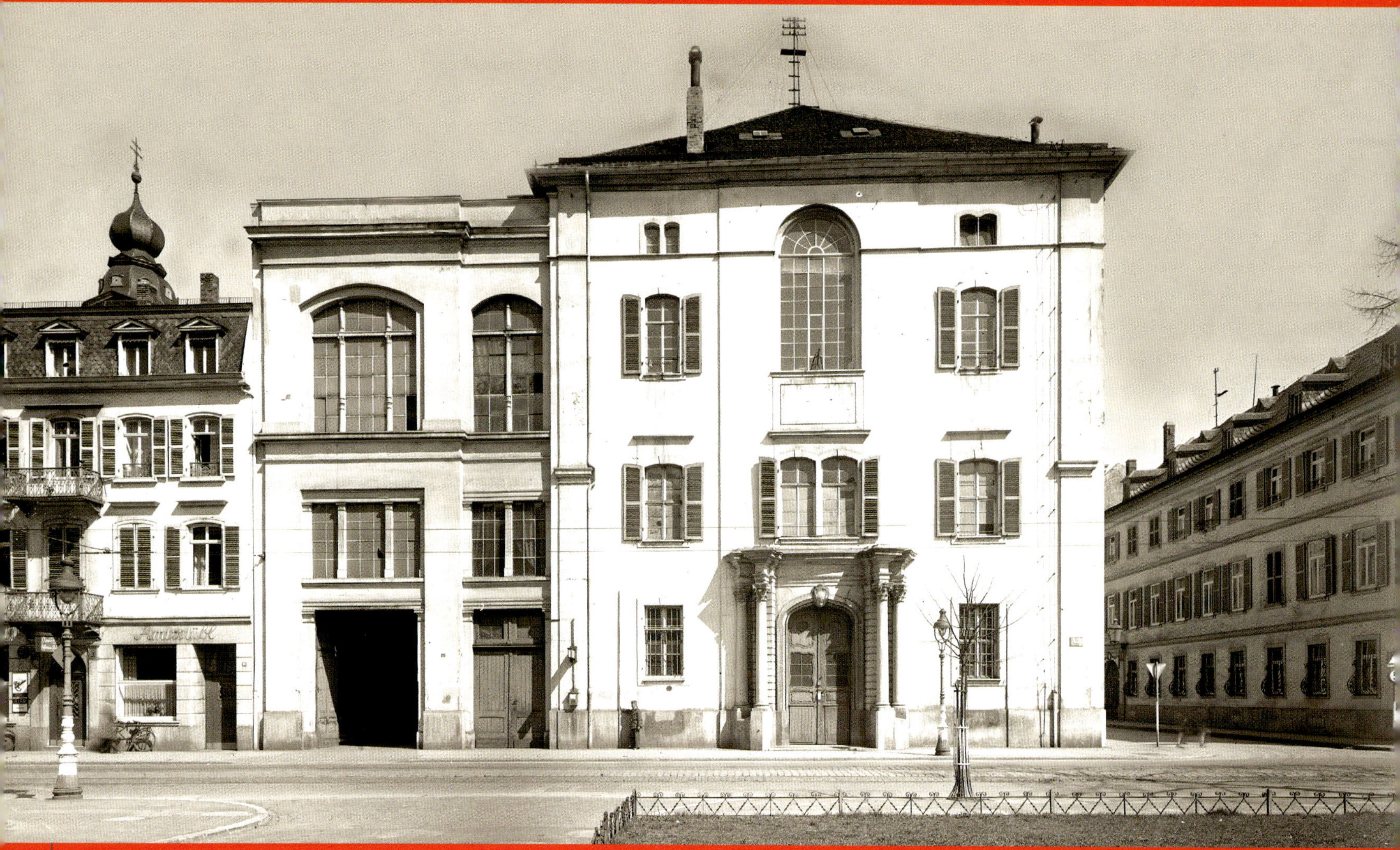

1967 Die Gründung der Universität (Mannheim-Innenstadt, A 3)

Als der baden-württembergische Ministerrat am 4. Juli 1967 beschloss, die Wirtschaftshochschule Mannheim in eine Universität umzuwandeln, sollte sich für die Quadratestadt ein lang gehegter Traum erfüllen. Lange Zeit hatte man um eine eigene Universität gekämpft und dabei immer wieder herbe Niederlagen einstecken müssen. Dabei konnte Mannheim zumindest für die Wirtschaftswissenschaften an ältere Traditionen anknüpfen. 1907 hatte der badische Staat die Einrichtung einer Handelshochschule genehmigt, die wesentlich von der Stadt wie auch von Stiftungen finanziert werden sollte. Das Projekt hatte zunächst großen Erfolg, 1914 zählte die Handelshochschule über 200 Studenten. Finanzielle Engpässe, Raumprobleme sowie nicht zuletzt die Nähe der Universität Heidelberg führten in den 1920er Jahren dazu, dass die Hochschule immer wieder von der Schließung bedroht war. Das Ende kam 1933, als der Stadtrat die Auflösung der Hochschule und die Verlegung der Restfakultäten nach Heidelberg billigte. 1946 gab es einen Neuanfang als Wirtschaftshochschule, die 1954 im Schloss untergebracht wurde.

(links) Blick auf A 3, 1 mit der ehemaligen Sodalitätskirche, die seit 1812 als Theatermagazin diente. Foto, um 1941.
(Mitte) Eingangsportal der Wirtschaftshochschule im Ostflügel des Schlosses. Foto, 1967.
(rechts) Blick auf das 1988 fertig gestellte Hörsaal- und Bibliotheksgebäude der Universität in A 3. Foto, 2012.

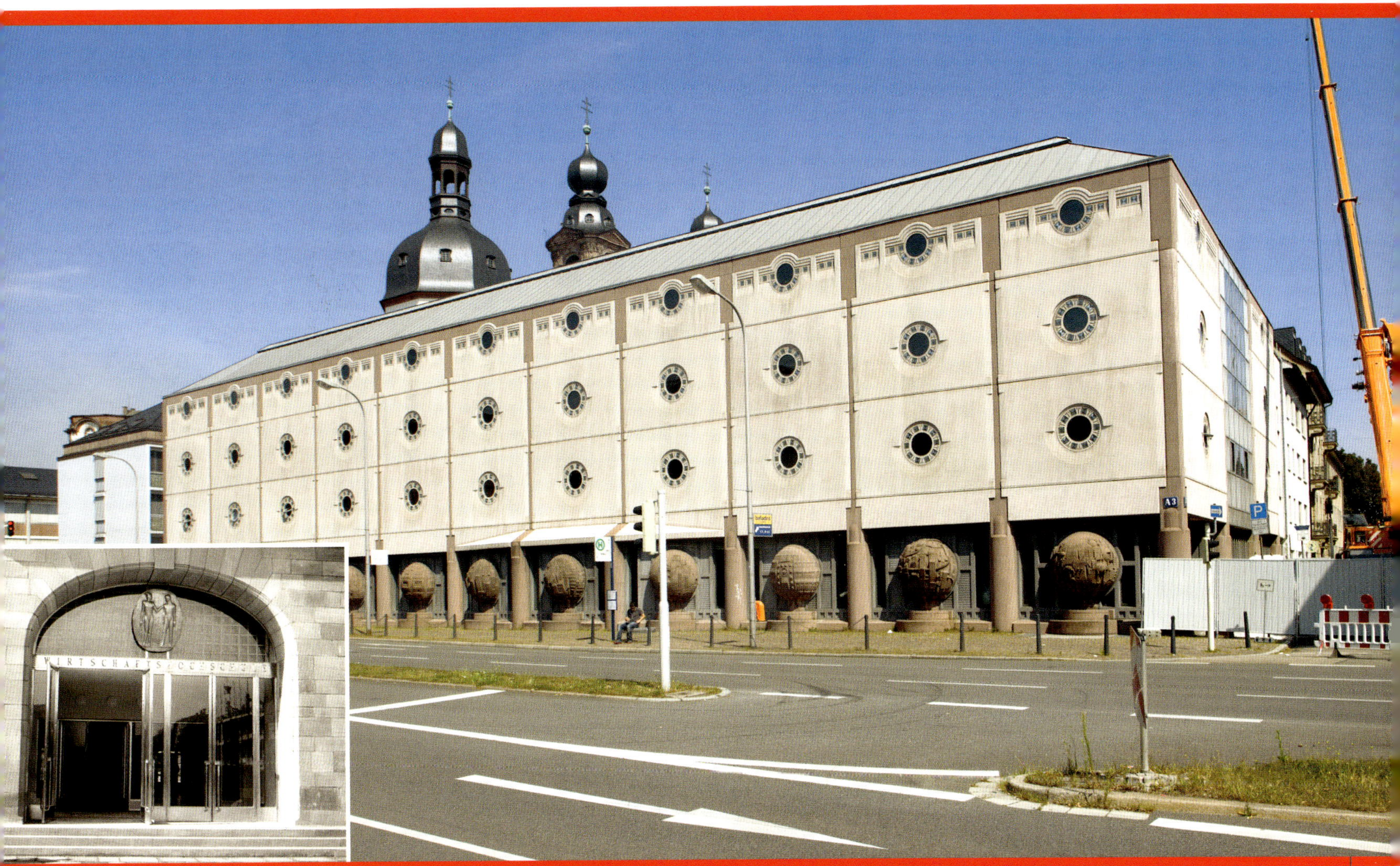

The founding of the University (Mannheim city center, A 3) 1967

When the Council of Ministers of Baden-Württemberg decided on 4 July 1967 to convert the College of Economics of Mannheim into a university, a long-awaited dream for the City of the Squares came true. For many years, the city had fought for a university in Mannheim, and lost time and again, in spite of the fact that Mannheim could at least look back on a long tradition in the economic sciences. In 1907, Baden approved the establishment of a business college to be supported financially mainly by the city and endowments. The project began successfully, and in 1914 the business college had over 200 students. Financial difficulties, lack of room and not least the proximity to the university in Heidelberg, however, meant that after the 1920's the college was often threatened with closure. The end came in 1933, when the city council agreed to the closing of the economic college and the transfer of the rest of the departments to Heidelberg. In 1946 a new beginning was made with the founding of the College of Economics, which was housed in the castle in 1954.

(left) A view of A 3, 1. To the right, the former Sodality Church, which served as a theater storehouse after 1812. Photo, circa 1940.
(middle) The entrance to the College of Economics in the east wing of the castle. Photo, 1967.
(right) A view of the lecture halls and library building of the university in A 3, finished in 1988. Photo, 2012.

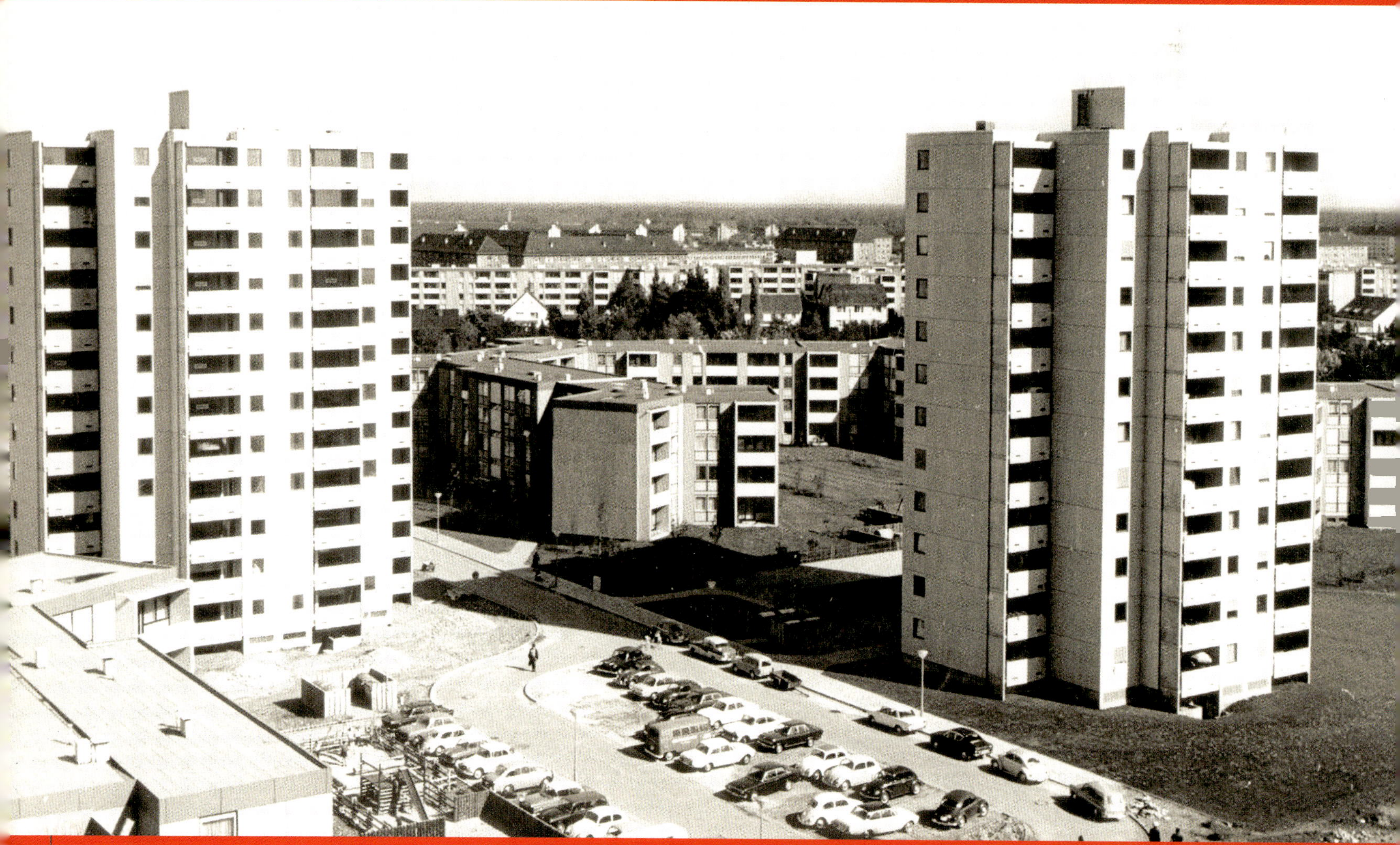

1969 Ein neuer Stadtteil entsteht – die Vogelstang (Potsdamer Weg)

Trotz der Bemühungen um den Wiederaufbau konnte der Wohnraum nicht mit dem rasanten Bevölkerungswachstum Mannheims Schritt halten. Allein von 1950 bis 1970 stieg die Zahl der Einwohner von 245.000 auf 332.000. Seit den 1950er Jahren bemühte sich die Stadtverwaltung daher um die Erschließung zusätzlicher Baugebiete. Dabei folgte sie der Idee, durch eine offene Bebauung ein „neues Verhältnis zwischen Mensch und Natur" zu schaffen. Die Aubuckelsiedlung in Mannheim-Feudenheim mit insgesamt 734 Wohneinheiten hatte hier Pilotcharakter. Zu voller Reife gelangte dieses „neue Bauen" jedoch mit dem Projekt Vogelstang. Auf über 155 Hektar wurde von 1964 an ein neuer Stadtteil östlich von Käfertal mit unterschiedlichen Wohnhochhäusern, Ein- und Mehrfamilienhäusern, Schulen, Geschäften sowie vielen Grün- und Freiflächen errichtet. Bei der offiziellen Einweihung 1969 umfasste das Areal 5.255 Wohnungen, ausgelegt für rund 20.000 Bewohner; zuletzt lebten hier rund 13.000 Menschen. Die Vogelstang stieß bundesweit auf großes Interesse und diente als Modell für zahlreiche Siedlungsprojekte in ganz Deutschland.

(links) Blick vom Wohnhochhaus Potsdamer Weg auf die Vogelstang. Foto, 1968.
(Mitte) Planmodell für die Vogelstang (Ausschnitt). Foto, 1964.
(rechts) Blick vom Wohnhochhaus Potsdamer Weg auf die Vogelstang. Foto, 2012.

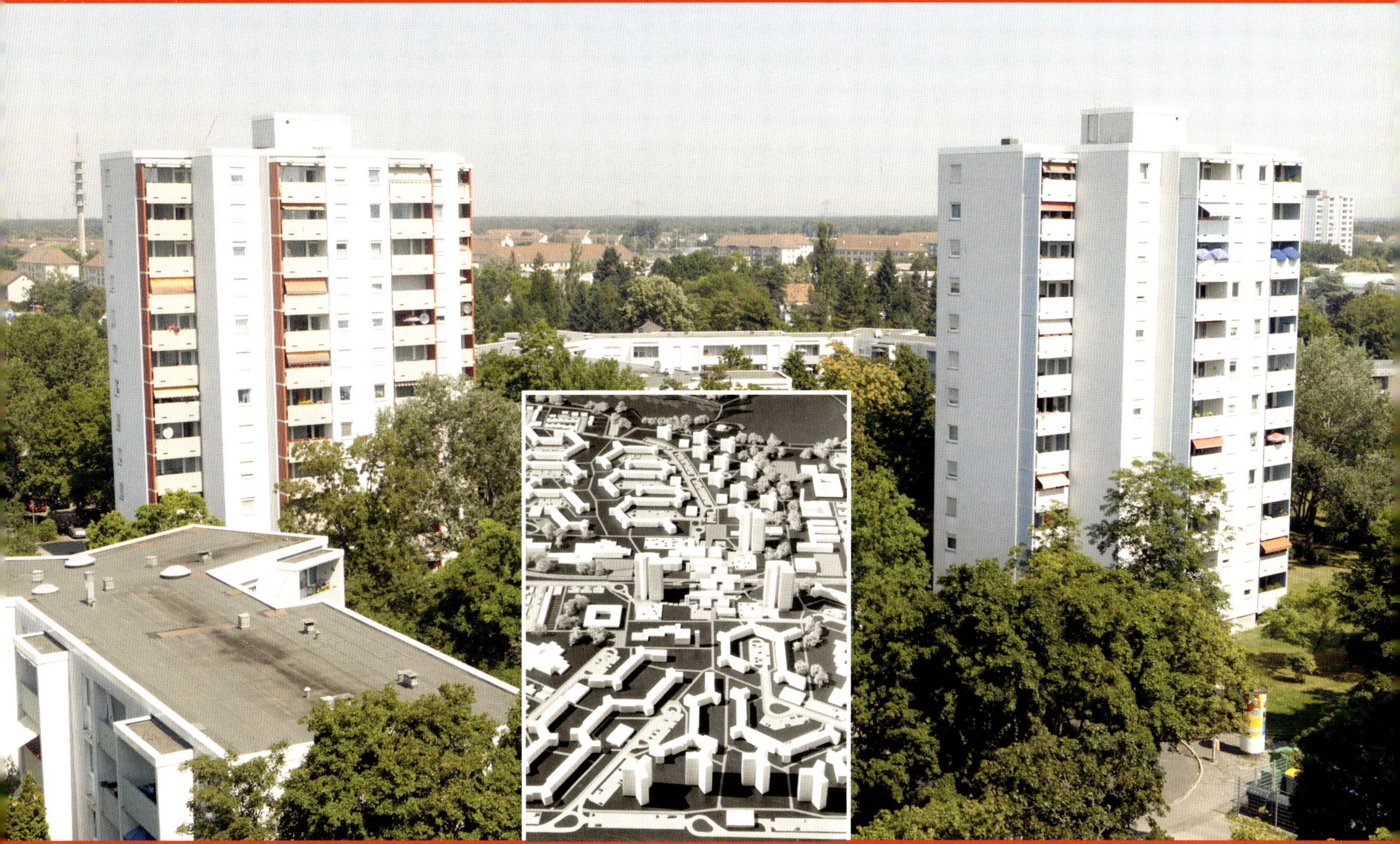

A new community is born – Vogelstang (Potsdamer Weg) 1969

In spite of all efforts to rebuild, available housing in Mannheim could not keep up with the rapidly growing population. From 1950 to 1970 alone, the number of inhabitants grew from 245,000 to 332,000. After the 1950's therefore, the city council worked diligently to create additional areas for building. An important aspect of this was the push to place new developments in open areas, allowing for "a new relationship between Man and Nature." The Aubuckel settlement in Mannheim-Feudenheim with a total of 734 residences was a pilot project. This idea of "new building" was improved upon, however, with the Vogelstang project. Built on over 380 acres to the east of Käfertal after 1964, the new community boasted several different home and apartment types, schools and shops as well as parks and open spaces. At the official opening in 1969, the community had 5,255 dwellings for about 20,000 people. At last count, about 13,000 people live here. Vogelstang attracted country-wide interest and served as a model for numerous other such projects all over Germany.

(left) A view from the Potsdamer Weg apartment high-rise onto Vogelstang. Photo, 1968.
(middle) A model of Vogelstang (detail). Photo, 1964.
(right) A view from the Potsdamer Weg apartment high-rise onto Vogelstang. Photo, 2012.

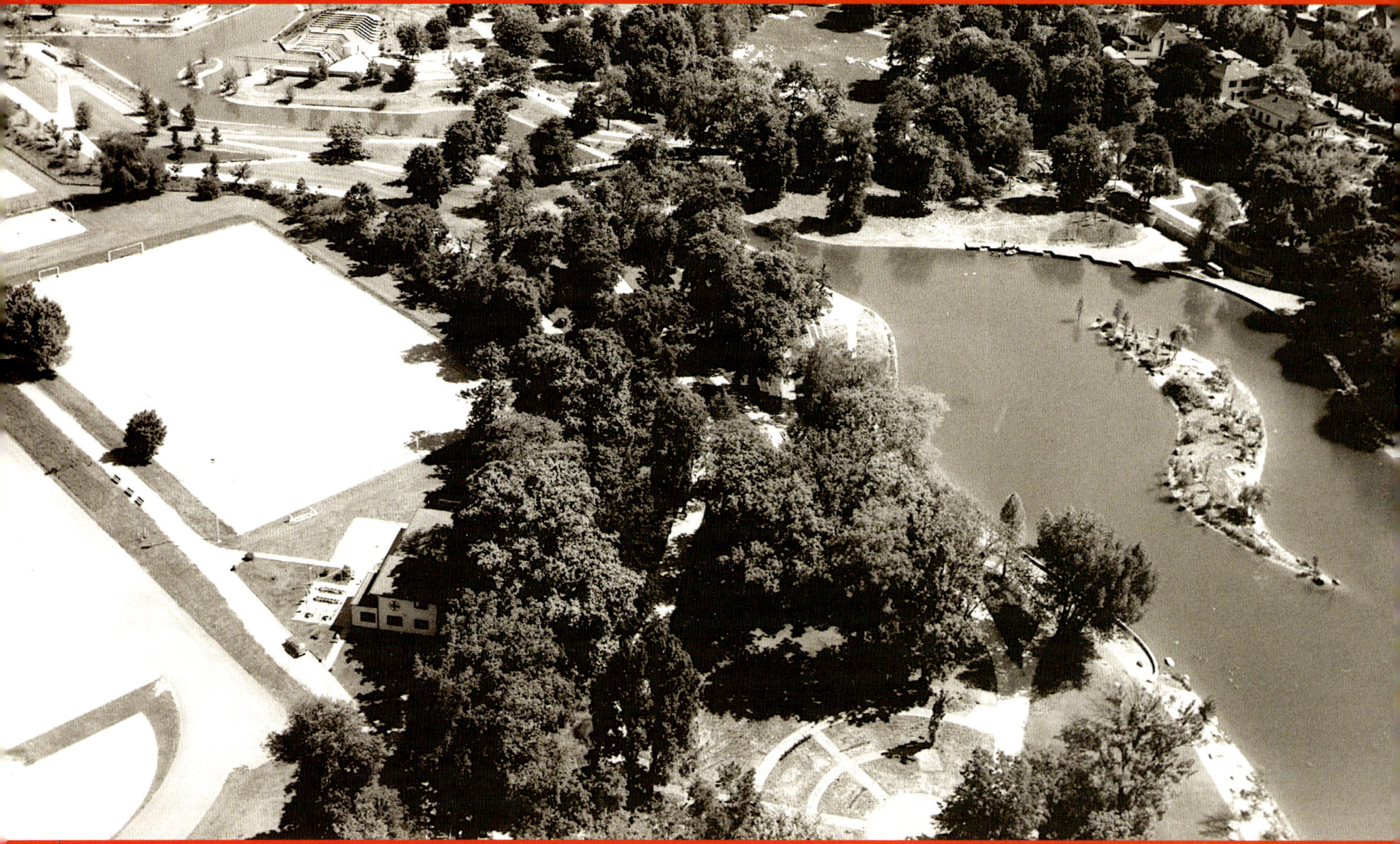

1975 Die Bundesgartenschau 1975 (Luisenpark)

Als Bundespräsident Walter Scheel am 18. April 1975 die Bundesgartenschau in Mannheim eröffnete, dürfte bei den Verantwortlichen für die Ausstellung um Oberbürgermeister Ludwig Ratzel Erleichterung wie auch Stolz vorgeherrscht haben. Denn in der Tat kam es einem Husarenritt gleich, innerhalb von lediglich sechs Jahren ein Projekt zu realisieren, das große städteplanerische Auswirkungen haben sollte. Sowohl der Luisen- als auch der Herzogenriedpark, die mittels eines Aerobusses miteinander verbunden wurden, waren massiv erweitert und ausgebaut worden. Parallel dazu erfolgte die Anlegung von Seen, Ausstellungshallen, Freizeitflächen und neuen Bepflanzungen. Die Bundesgartenschau entwickelte sich zum Publikumsmagneten. Mehr als 8,1 Millionen Besucher wurden gezählt, was damals alle Rekorde brach. Mannheim machte als Veranstalter herausragender Ausstellungen mit nachhaltigen Effekten wieder einmal von sich reden. Hatten etwa zum Stadtjubiläum 1907 die 4,6 Millionen Besucher Mannheim auf dem Zenit seines industriellen Wachstums gesehen, so sollte die Bundesgartenschau 1975 den Wandel zur attraktiven, modernen Wohnstadt mit grünen Erholungsoasen signalisieren.

(links) Vorbereitende Arbeiten für die Bundesgartenschau im Luisenpark. Blick vom Fernmeldeturm. Foto 1974.
(rechts) Blick auf den Luisenpark vom Fernmeldeturm aus. Foto, 2012

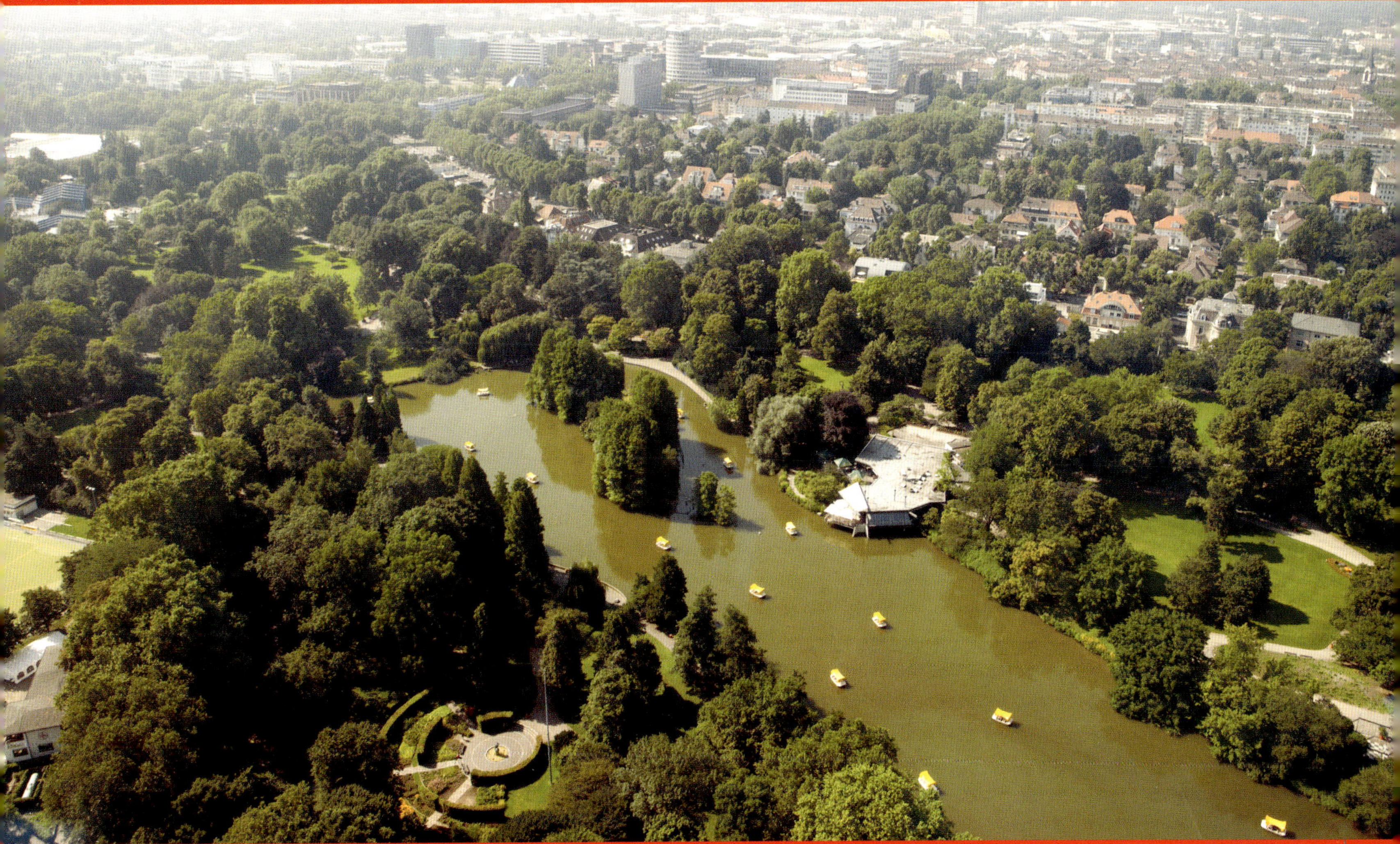

Federal Horticultural Show 1975 (Luisenpark) 1975

When President Walter Scheel opened the Federal Horticultural Show in Mannheim on 18 April 1975, the members of the planning group around Lord Mayor Ludwig Ratzel were probably as relieved as they were proud. It was indeed a daring undertaking, to finish a project with such far-reaching consequences for the city planners in the space of only six years. Both Luisenpark and Herzogenriedpark, connected by the temporary transit system of "aerobuses," were greatly expanded and developed. At the same time, lakes were laid out, exhibition halls were constructed and open park grounds and new landscaping completed. The Horticultural Show emerged as a crowd pleaser. More than 8.1 million visitors were counted, which broke all records to date. Mannheim gained a reputation as the successful organizer of such outstanding events with lasting impact. While a mere 4.6 million visitors had come to see the city's jubilee at the peak of its industrial power in 1907, the Federal Horticultural Show of 1975 presented Mannheim as an attractive, modern city with wonderful green parks as oases for relaxation.

(left) Beginning work for the Federal Horticultural Show in Louise Park. A view from the telecommunications tower. Photo, 1974.
(right) A view of Luisenpark from the telecommunications tower. Photo, 2012.

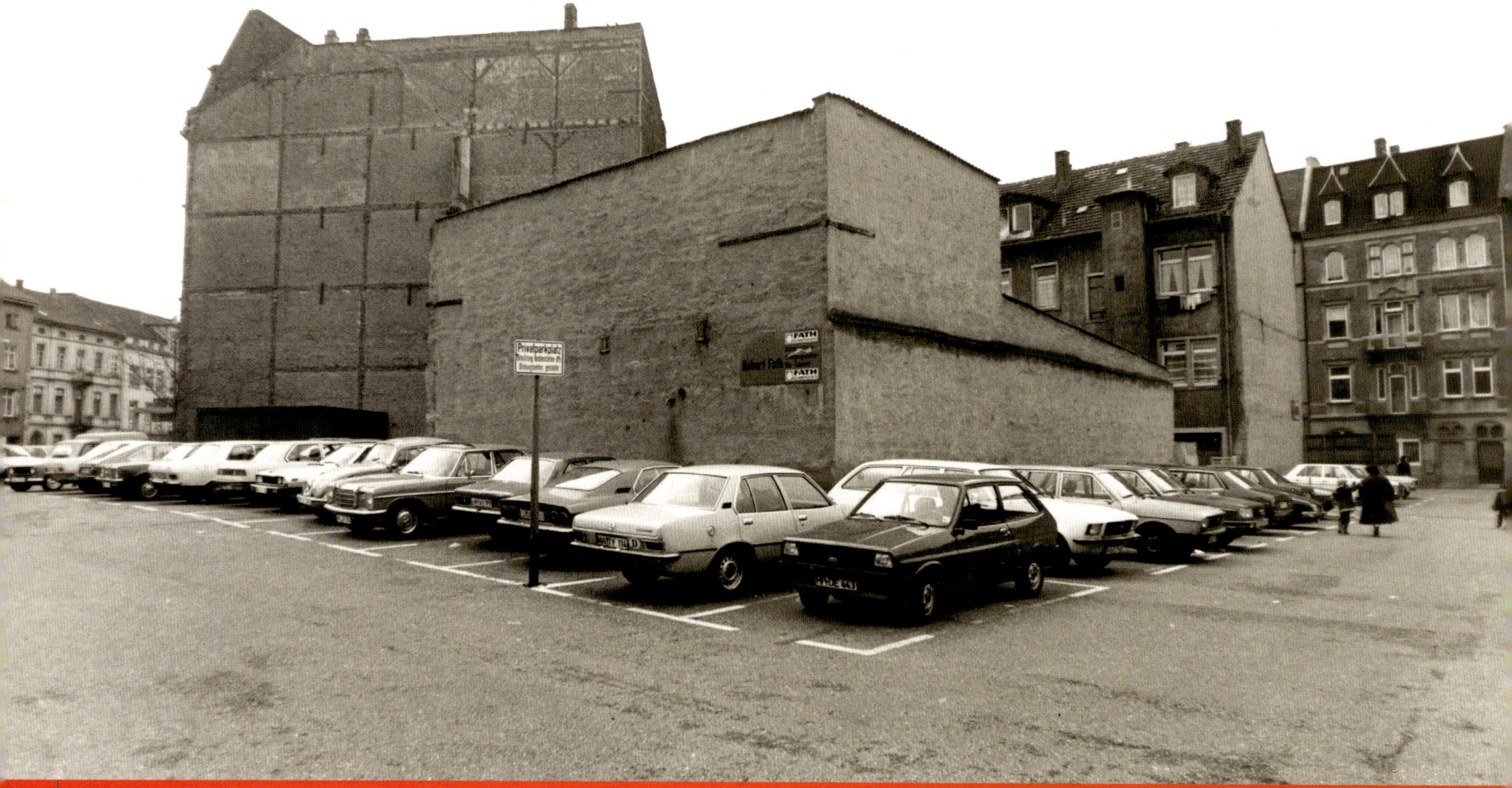

1995 Der Bau der Yavuz-Sultan-Selim-Moschee (Luisenring)

Im letzten Viertel des 20. Jahrhunderts bewahrte sich Mannheim seinen Charakter als Zuwandererstadt. Auch nach dem Anwerbestopp für Gastarbeiter 1973 zog es zahlreiche Migranten in die Quadratestadt, sei es im Zuge von Familienzusammenführungen, als Spätaussiedler, Flüchtlinge oder Asylbewerber. Um die Jahrtausendwende lebten über 60.000 Einwohner mit ausländischem Pass aus rund 170 Nationen in Mannheim, mehr als ein Drittel der Bevölkerung hatte einen Migrationshintergrund. Ein bauliches Zeugnis des multikulturellen Mannheim ist die Yavuz-Sultan-Selim-Moschee am Luisenring. Das imposante Bauwerk mit einem über 30 m hohen Minarett wurde 1995 eröffnet und bietet rund 2.500 Gebetsplätze. Der Bau selbst wie auch seine Lage neben der katholischen Liebfrauenkirche waren zunächst durchaus umstritten, dennoch konnten im Rahmen eines Moderationsprozesses emotionale Hürden zwischen Anwohnern, der muslimischen Gemeinde wie auch anderen Interessensgruppen abgebaut und der interkulturelle Dialog verstärkt werden. Die Moschee ist heute ein vielbeachtetes Bauwerk und markanter Teil der Stadtsilhouette.

(links) Unbebaute Freifläche im Jungbusch: Ecke Luisenring / Seilerstraße, der Standort der späteren Moschee. Foto, 1984.
(Mitte) Moschee von innen. Postkarte, um 1995.
(rechts) Blick auf die Yavuz-Sultan-Selim-Moschee. Foto, 2012.

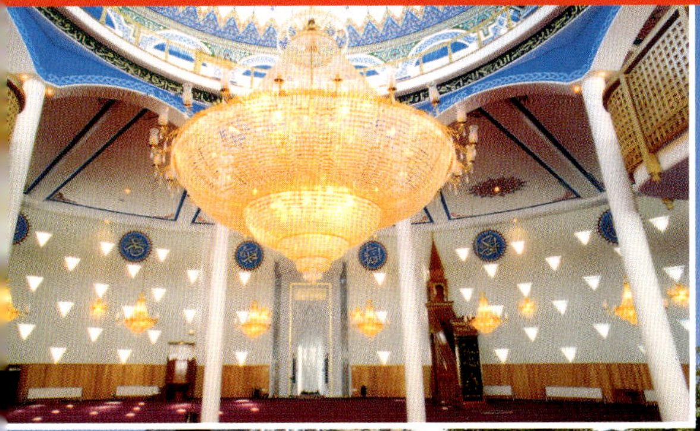

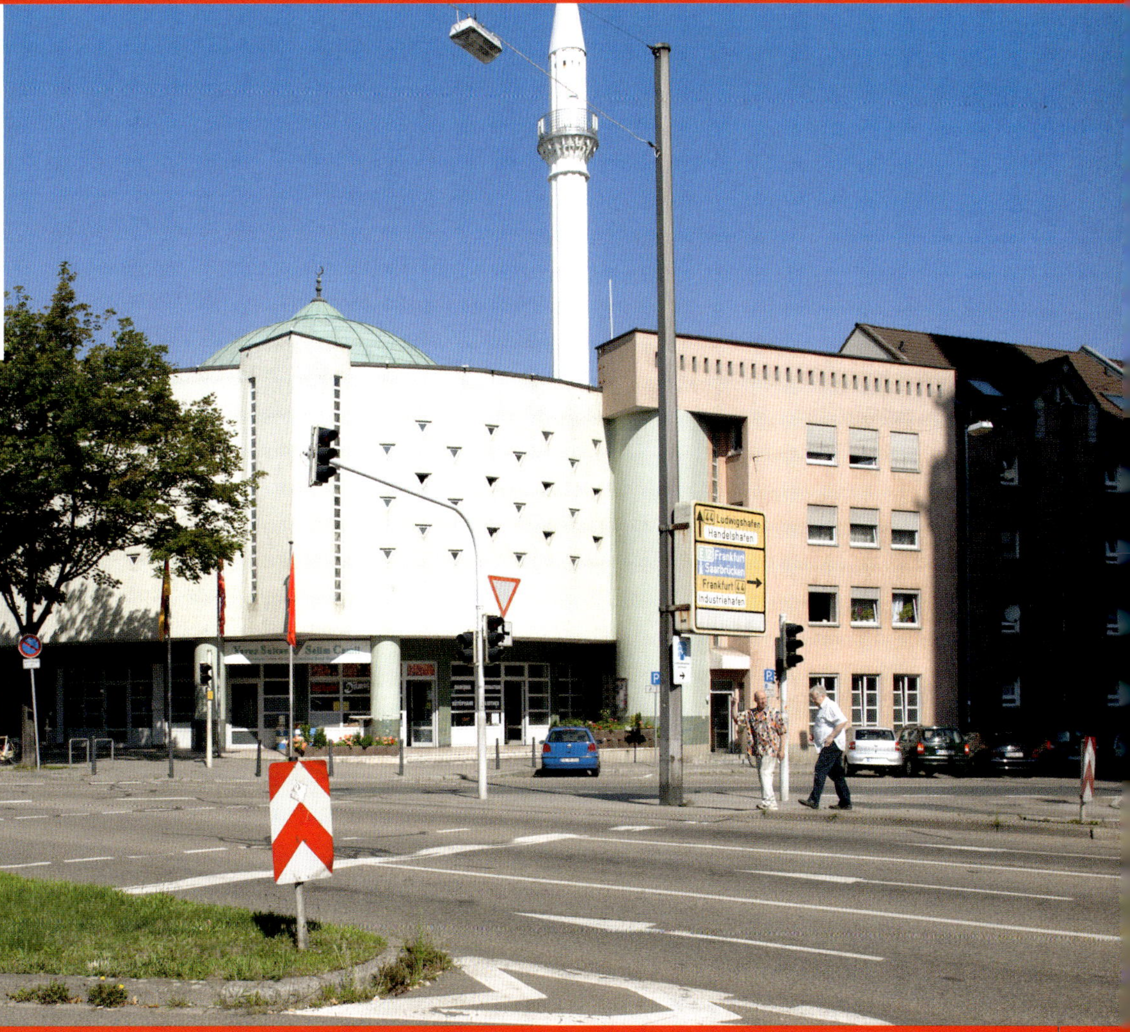

Construction of the Yavuz-Sultan-Selim-Mosque (Luisenring) 1995

Into the last quarter of the 20th century, Mannheim preserved its character as a city of immigrants. Even after the conclusion of the program to recruit guest workers in 1973, many immigrants continued coming to the City of the Squares, whether in the course of reuniting families, as late emigrants of German origin, refugees or asylum seekers. At the turn of the millennium, over 60,000 inhabitants of Mannheim had foreign passports and came from over 170 countries around the world, and more than one third of the population had a migrant background. An architectural witness to multi-cultural Mannheim is the Yavuz-Sultan-Selim-Mosque on Luisenring. The imposing building seating around 2,500 has an almost 100 foot high minaret and was constructed in 1995. The building itself, as well as its location directly beside the Catholic Church of Our Lady, was quite controversial at first, but through a mediation process, the emotional barriers between neighbors, the Muslim community and other interest groups could be overcome and the intercultural dialog strengthened. Today, the mosque is a notable building and a striking addition to the cityscape.

(left) Still a vacant lot in Jungbusch at the corner of Luisenring and Seilerstraße, the later site of the mosque. Photo, 1984.
(middle) An inside view of the mosque. Postcard, circa 1995.
(right) A view of the Yavuz-Sultan-Selim-Mosque. Photo, 2012.

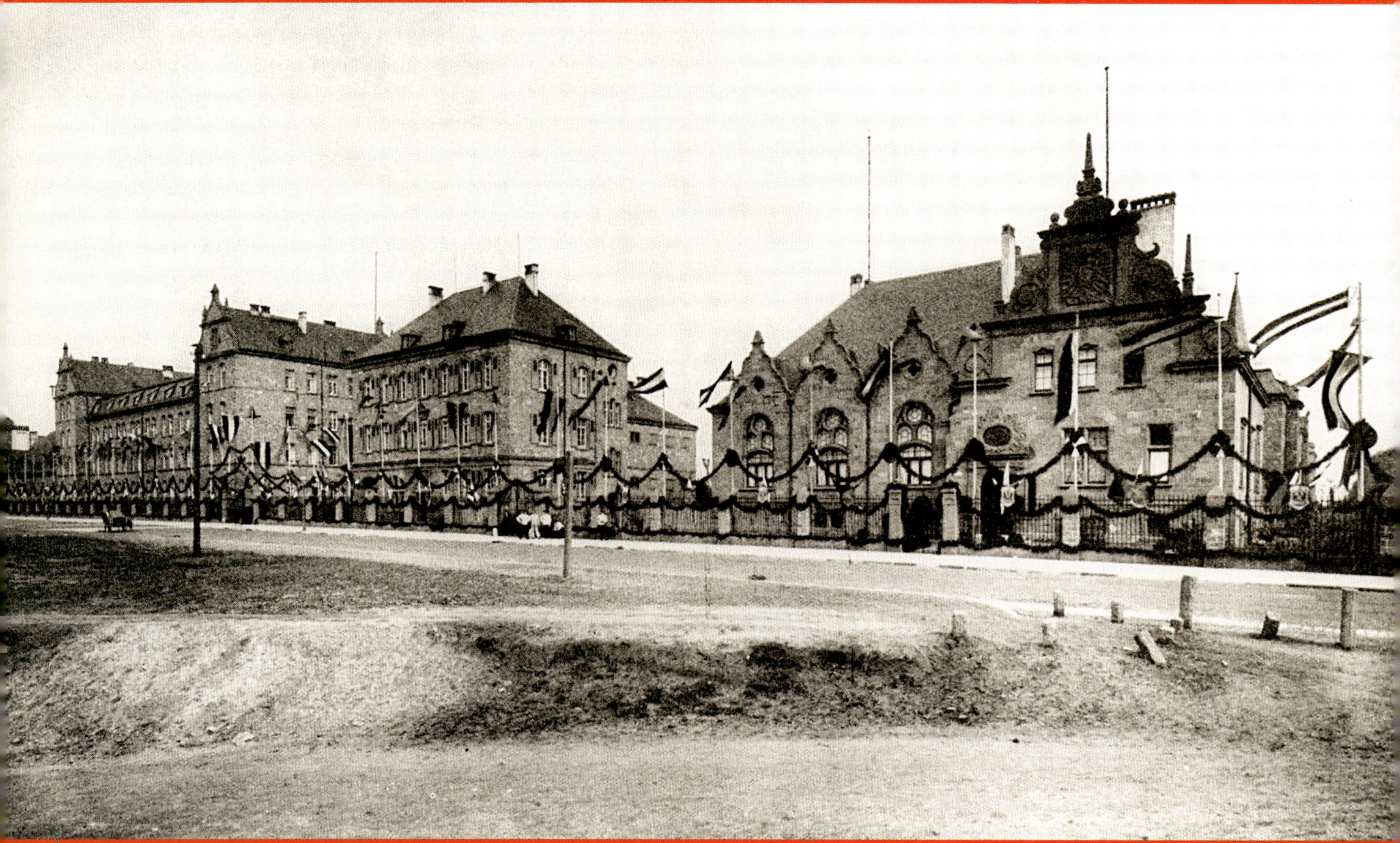

2007 Der Abzug der US-Truppen (Grenadierstraße)

Die Räumung der Turley Barracks im Jahr 2007 bildete einen Wendepunkt in der Mannheimer Militärgeschichte. Mit diesem Schritt begann der Abzug der US-Truppen aus der Quadratestadt nach über 60 Jahren Präsenz. Längst waren aus den ehemaligen Besatzern Befreier und Freunde geworden. Hierzu hatte nicht nur die politische Großwetterlage mit dem Kalten Krieg beigetragen, sondern auch zahlreiche Aktionen vor Ort wie gegenseitige Weihnachtsbesuche, gemeinsame Sportturniere oder das bekannte deutsch-amerikanische Volksfest. Darüber hinaus stellten die US-Truppen einen wichtigen Wirtschaftsfaktor in Mannheim dar. Das gute Verhältnis war allerdings in den 1980er Jahren mit dem Streit um atomare Nachrüstung und den Käfertaler Panzerwald Belastungen ausgesetzt. Die deutschen Solidariätsbekundungen nach den New Yorker Anschlägen vom 11. September 2001 zeigten jedoch wieder die enge Verbundenheit beider Seiten. Der Umschwung im Kräfteverhältnis der Weltpolitik war letztlich ursächlich für den Strategiewechsel der US-Politik, durch den auch Mannheim seine Funktion als Garnisonsstadt verlieren sollte.

(links) Mit dem Bau des Kasernenareals an der Grenadierstraße wurde 1902 begonnen. Bis 1945 trug es den Namen „Kaiser-Wilhelm-Kaserne“. Foto, um 1907.
(rechts) Blick auf die ehemaligen Turley Barracks, benannt nach dem farbigen US-Soldaten Samuel J. Turley, der 1944 in Frankreich fiel. Foto, 2012.

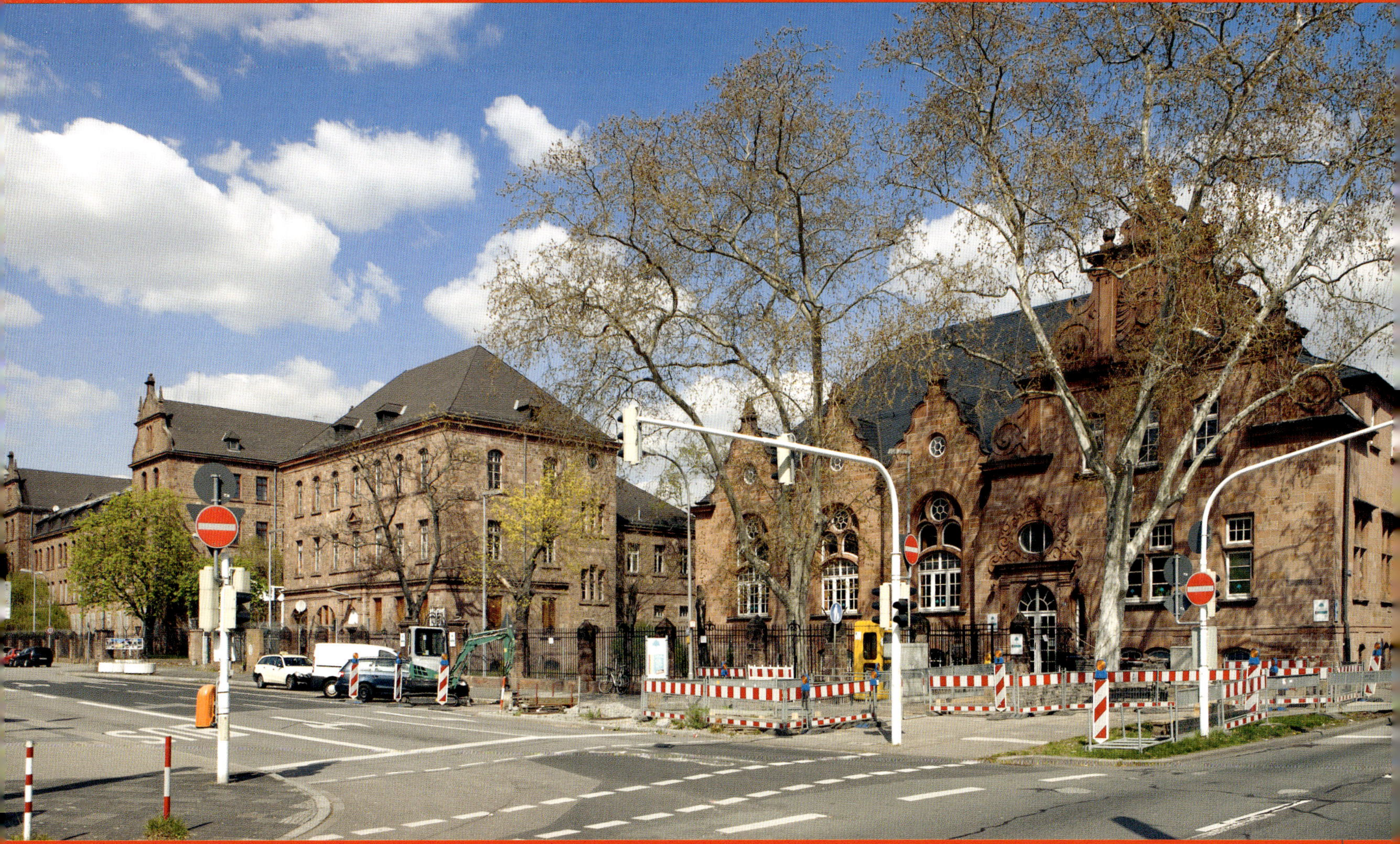

The US Troops withdraw (Grenadierstraße) 2007

The departure of the Americans from Turley Barracks in 2007 was a turning point in Mannheim's military history. With this step began the withdrawal of all US troops from the City of the Squares after over 60 years. One-time occupiers had long since become liberators and friends. Not only the general political landscape of the Cold War, but also countless local activities such as reciprocal visits at Christmas, co-sponsored sports events and the well-known German-American Festival contributed to this improvement. The American troops were also an important economic factor in the city. This positive relationship was clouded in the 1980's, with the controversy about new nuclear warheads and the concerns over the Käfertal Panzerwald forest. German demonstrations of solidarity after the attacks of 9/11 in 2001, however, demonstrated again the close ties between the two countries. This reversal in the world political landscape was also responsible for the change in US politics, making Mannheim no longer strategic as a garrison city.

(left) Construction of the barracks on Grenadierstraße began in 1902. Until 1945, they were called the Kaiser-Wilhelm-Kaserne. Photo, circa 1907.
(right) A view of the former Turley Barracks, named after the African-American soldier Samuel J. Turley, who was killed in action in France in 1944. Photo, 2012.

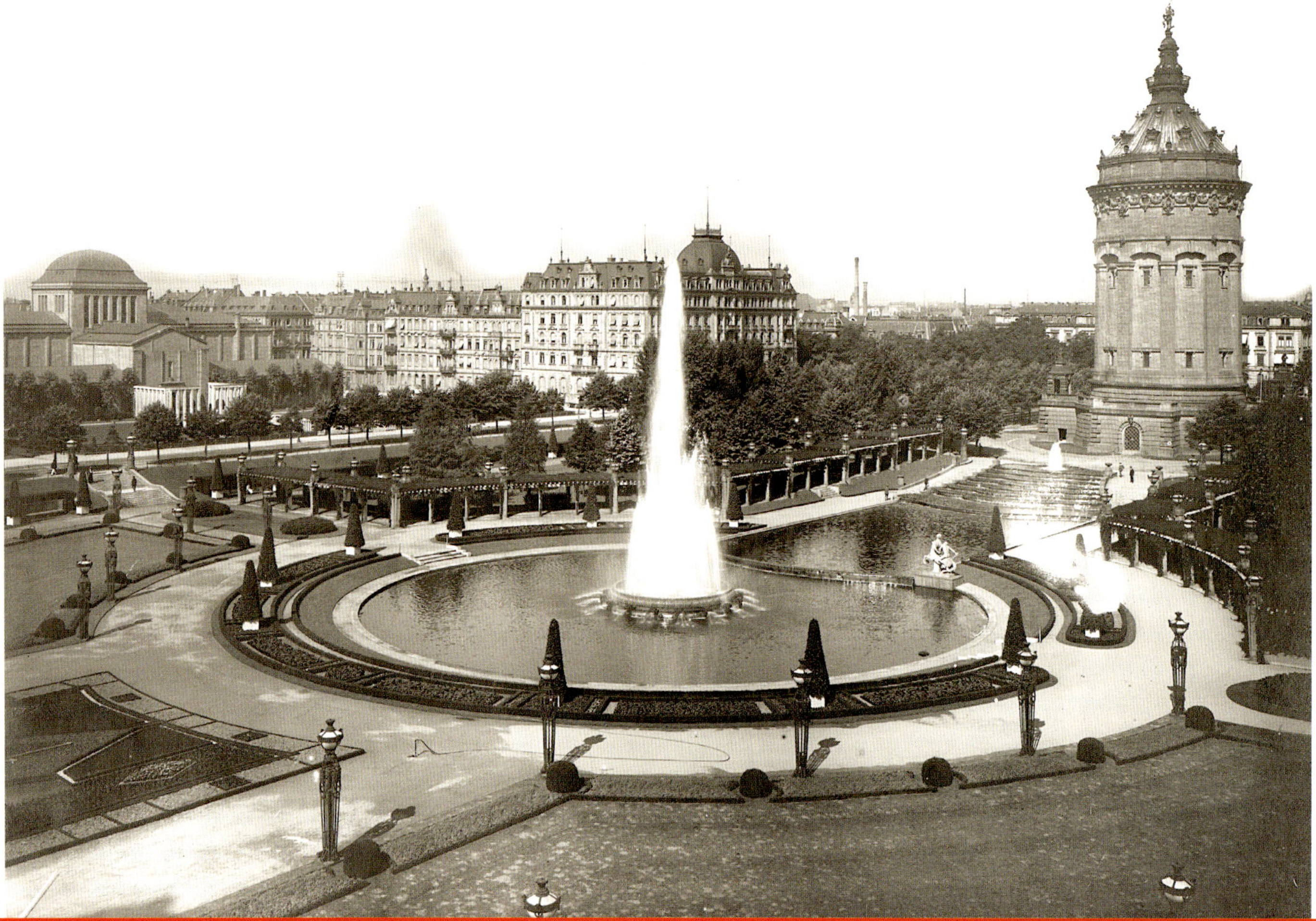

2025 Kunst und Kultur am Friedrichsplatz (Friedrichsplatz)

Die Strukturveränderungen seit den späten 1970er Jahren wirkten sich nachhaltig auf Mannheim aus. Wichtige Industriebetriebe zeigten sich dem Wettbewerb nicht mehr gewachsen und verschwanden – mit gravierenden sozialen Auswirkungen. Nur mühsam konnten der Industriesektor konsolidiert und die wirtschaftliche Struktur der Stadt in Richtung eines Dienstleistungs- und Wissenschaftszentrums ausgerichtet werden. Neue Chancen eröffnen mittlerweile die Flächen im Stadtgebiet, die aufgrund des Abzugs der US-Armee frei werden. Trotzdem gelingt es nur langsam, das Bild von Mannheim als grauer Industriestadt zu korrigieren. Dabei verkennen diese Urteile den forcierten Wandel der Stadt in den letzten Jahren zu einem Zentrum der Innovation und der Kreativwirtschaft. Auch weitere Initiativen weisen in diese Richtung, etwa der Neubau der Kunsthalle oder Bewerbungen um eine Bundesgartenschau und mehr noch, um den Rang einer Europäischen Kulturhauptstadt. Dies alles kann Mannheim ein neues Gesicht geben und einen Weg in die Zukunft weisen wie einst die Projekte zum Stadtjubiläum 1907 mit dem Friedrichsplatz im Zentrum.

(links) Friedrichsplatz mit Wasserturm. Foto, um 1914.
(rechts) Blick auf den Friedrichsplatz. Links die Kunsthalle, noch mit dem alten Mitzlaffbau. Foto, 2012.

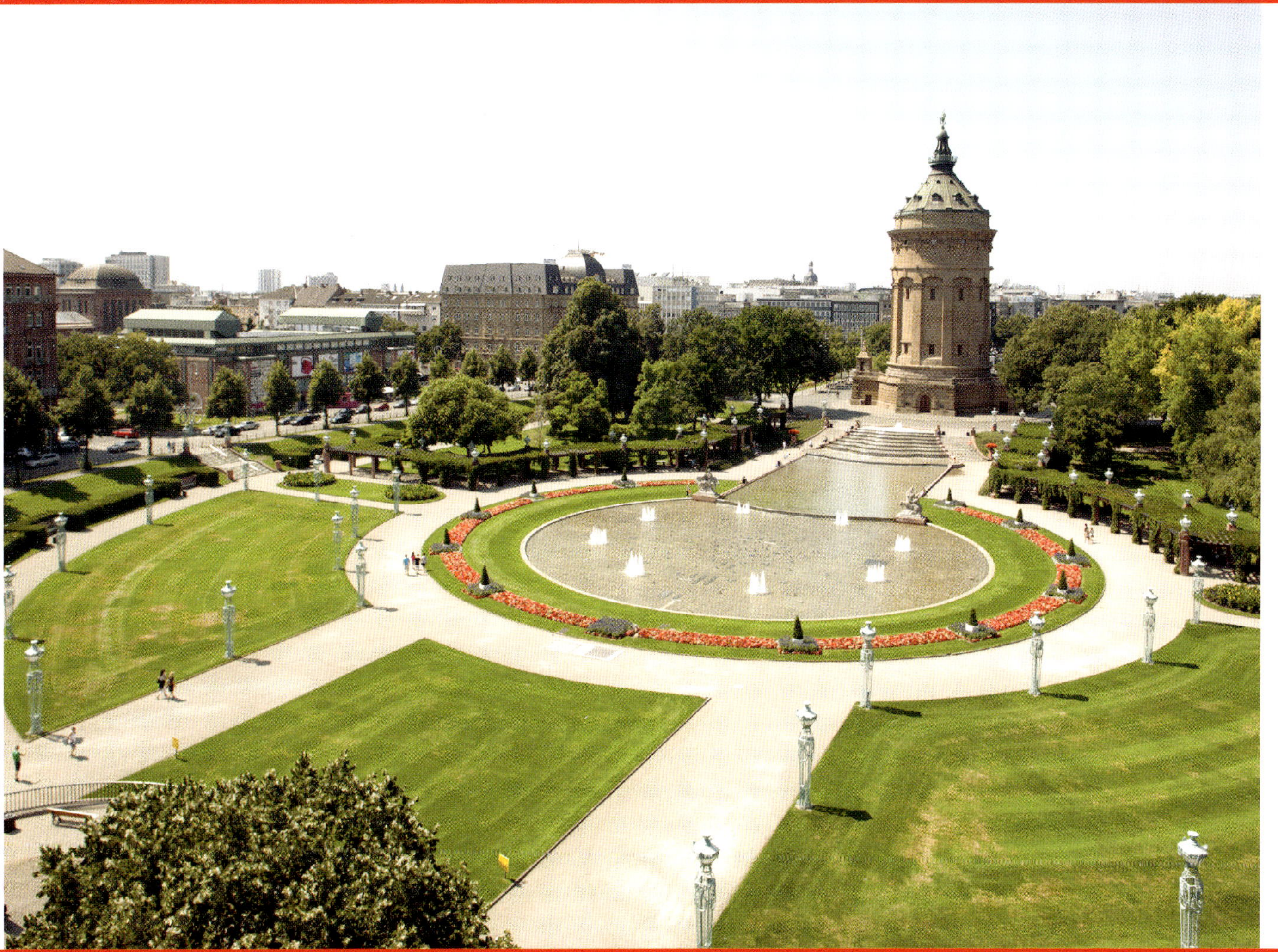

Art and Culture on Friedrich Square (Friedrichsplatz) 2025

Fundamental changes in the infrastructure since the late 1970's have affected Mannheim greatly. Once important industries were unable to remain competitive and have disappeared – with serious social consequences. Only with some difficulty could the industrial sector consolidate and the economic structure of the city move in the direction of establishing a services and academic center. In the meantime, new opportunities were offered in parts of the city which had been vacated by the US troops. Nevertheless, it has not been easy to correct the prevailing picture of Mannheim as a gray, industrial city. This prejudice does not recognize the changes made by the city in becoming a center for innovation and creative industry in recent years. Further initiatives point in this new direction, for example the new construction of the Kunsthalle or the bids for a second Federal Horticultural Show, and even to become a European Capital of Culture. All these plans could give Mannheim a new face and open new roads to the future, much as did the 1907 project for the city's jubilee with Friedrich Square as its centerpiece.

(left) Friedrich Square with the Water Tower. Photo, circa 1914.
(right) A view of Friedrich Square. To the left is the Kunsthalle, still with the older Mitzlaff building. Photo, 2012.

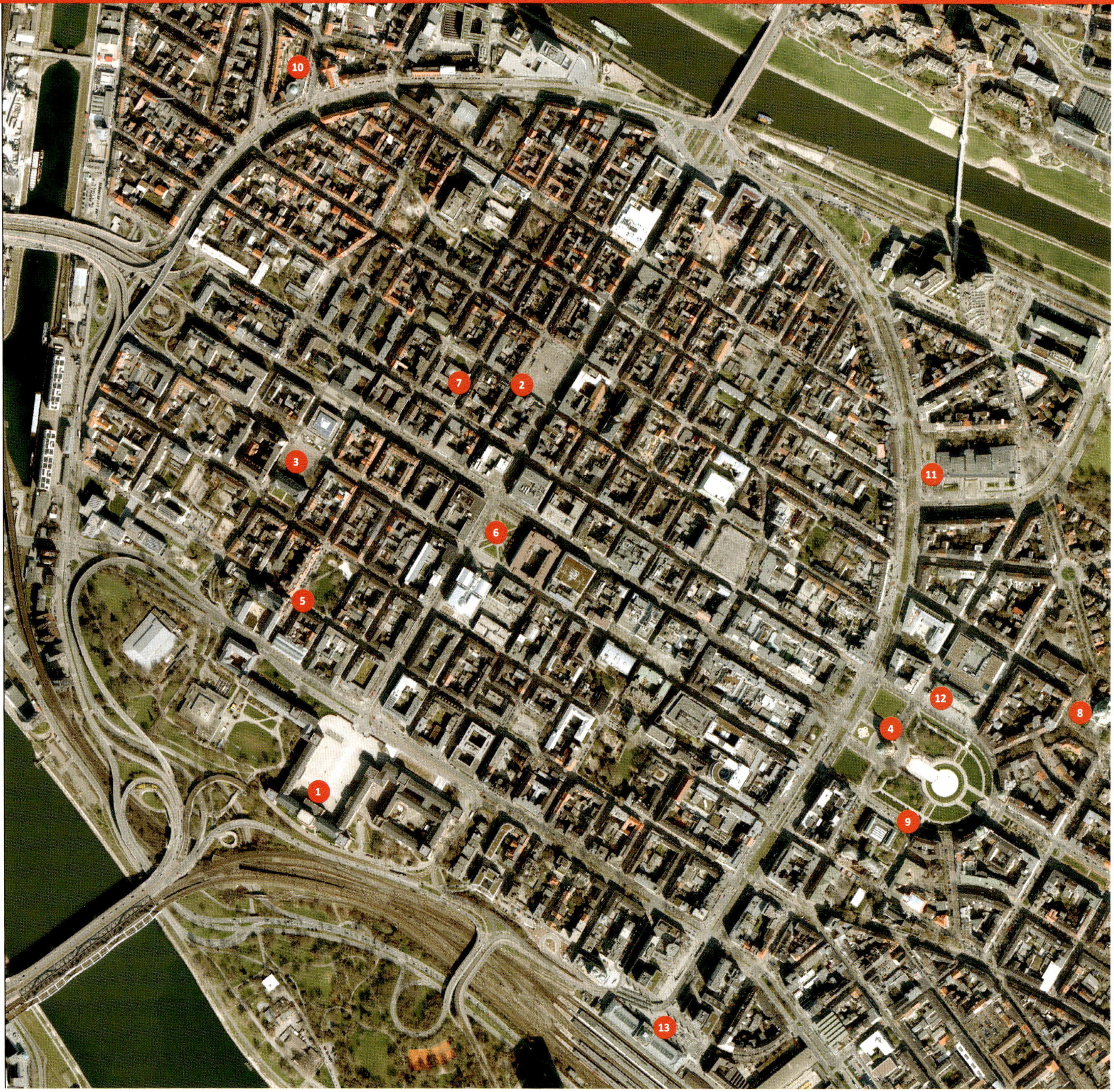
10
7
2
3
11
6
5
12
8
4
1
9
13

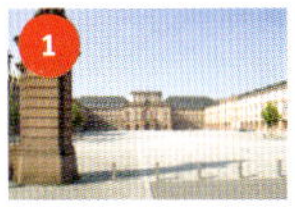

Kurfürstliches Barockschloss S. 22
Palatine Baroque Castle p. 23
www.schloss-mannheim.de

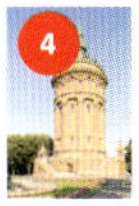

Wasserturm S. 58
Water Tower p. 59

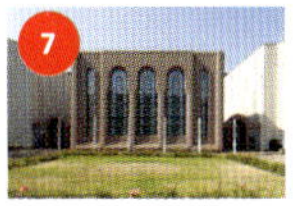

Synagoge S. 50
Synagogue p. 51
www.jgem-net.de

TOURISTENINFORMATION / *TOURIST INFORMATION*

Mannheim ist eine Reise wert! Lernen Sie die Metropole der Rhein-Neckar-Region kennen mit ihren zahlreichen historischen Sehenswürdigkeiten, ihren herausragenden kulturellen Einrichtungen und nicht zuletzt dem einzigartigen Flair der Quadrate.
Auf dieser Seite finden Sie einige der Örtlichkeiten in der City aufgelistet, die im vorangegangenen Text als Meilensteine der Geschichte der Quadratestadt beschrieben wurden und die Sie auf jeden Fall gesehen haben sollten. Aus Platzgründen konnten leider die Sehenswürdigkeiten in den Stadtteilen nicht berücksichtigt werden.
Informationen für einen Besuch in Mannheim erhalten Sie bei der

Tourist Information
Willy-Brandt-Platz 3
68161 Mannheim
Tel.: +49 621 293-8700
Fax: +49 621 293-8701
www.tourist-mannheim.de
www.mannheim.de

Mannheim is worth a visit! Get to know the Metropolitan area in the Rhine-Neckar Region with its many historical points of interest, its outstanding cultural institutions and last but not least the flair of the Squares. On this page, you will find some of the city's most important locations mentioned in the text above as milestones in the history of the City of the Squares. They are all worth seeing! Only lack of space keeps us from mentioning all of the points of interest in the city's suburbs and communities. Further information for a visit to Mannheim can be obtained at the above address.

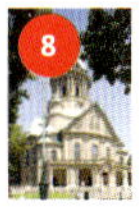

Christuskirche S. 76
Christ Church p. 77
www.christuskirchemannheim.de

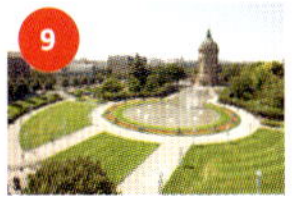

Friedrichsplatz mit Kunsthalle S. 128
Friedrich Square and Kunsthalle p. 129
www.kunsthalle-mannheim.de

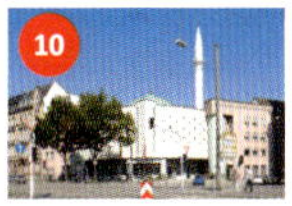

Yavuz-Sultan-Selim-Moschee S. 124
Yavuz-Sultan-Selim-Mosque p. 125
www.ditib-ma.de

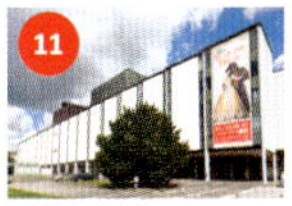

Nationaltheater am Goetheplatz S. 32
National Theater on Goethe Square p. 33
www.nationaltheater-mannheim.de

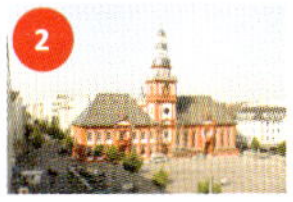

Altes Rathaus und Sebastianskirche S. 18
Old City Hall and St. Sebastian's Church p. 19

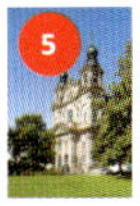

Jesuitenkirche S. 24
Jesuit Church p. 25
www.jesuitenkirchemannheim.de

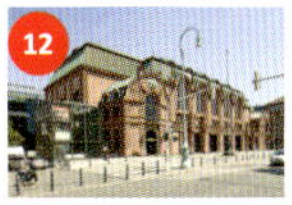

Rosengarten S. 70
Rosengarten p. 71
www.rosengarten-mannheim.de

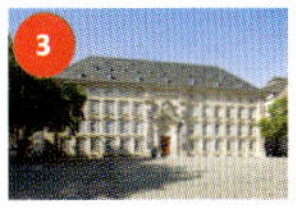

Zeughaus mit Reiss-Engelhorn-Museen S. 34
Armory and Reiss-Engelhorn-Museums p. 35
www.rem-mannheim.de

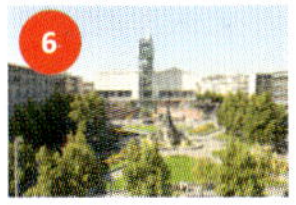

Paradeplatz mit Stadthaus S. 38
Parade Square and Stadthaus p. 39

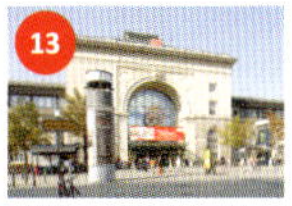

Hauptbahnhof mit Tourist Information S. 54
Main Train Station and Tourist Office p. 55
www.tourist-mannheim.de

AUTOR

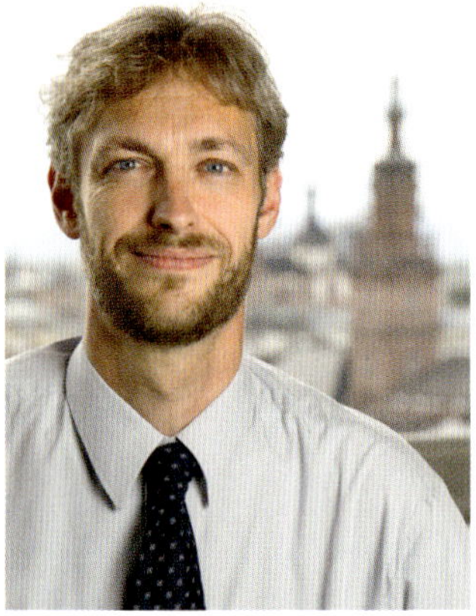

Dr. Harald Stockert,
geb. 1970 in Tauberbischofsheim; 1990–1996 Studium der Geschichte, Germanistik und Mathematik an den Universitäten Mannheim und Amsterdam; 1998 Promotion; 1998–2000 Referendariat für den höheren Archivdienst; 2000–2001 Konzernarchivar bei der GEHE AG, Stuttgart. Seit 2001 Abteilungsleiter Zwischenarchiv und EDV beim Stadtarchiv Mannheim – Institut für Stadtgeschichte, seit 2009 stellvertretender Institutsleiter. Publikationen zur Geschichte des Adels, der Kurpfalz und Mannheim sowie zu archivfachlichen Themen.

Dr. Harald Stockert,
born in 1970 in Tauberbischofsheim; 1990–1996 studied History, German Studies and Mathematics at Mannheim University and the University of Amsterdam; 1998 doctoral degree; 1998–2000 training in Advanced Archive Science; 2000–2001 company archivist for GEHE AG, Stuttgart. Since 2001, department manager of the Zwischenarchiv and computer system of the City Archives of Mannheim – Institute for City History, since 2009 Assistant Director. Publications include works on the history of the aristocracy, the Electoral Palatinate and Mannheim, as well as other topics in the field of archival science.

FOTOGRAF

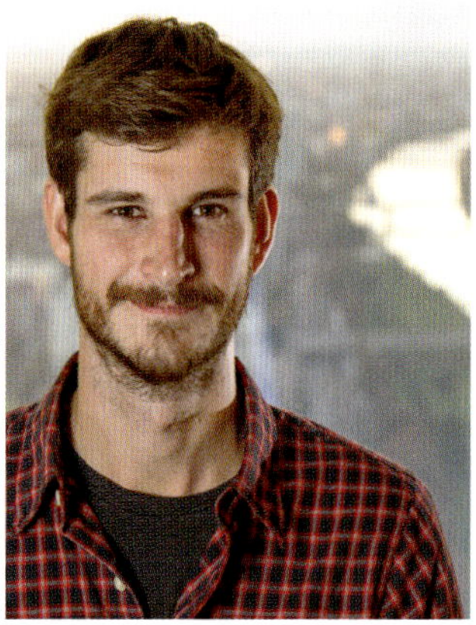

Andreas Henn,
geb. 1983 in Buchen (Baden); 2005–2009 Fotografiestudium in München und Berlin. Von 2009 bis 2012 Fotograf des Stadtarchivs Mannheim – Institut für Stadtgeschichte; seit 2008 freier Fotograf mit den Schwerpunkten Portrait, Reportage und Event. Mitarbeit bei verschiedenen Buchprojekten.

Andreas Henn,
born in 1983 in Buchen (Baden); 2005–2009 studied Photography in Munich and Berlin. From 2009 to 2012 photographer for the City Archives of Mannheim – Institute for City History; since 2008 independent photographer with focus on portraits, reporting and events. Cooperation on numerous book projects.

LITERATURE

This work is based mainly on the three volume city history, published by the City Archives – Institute for City History on the occasion of Mannheim's 400th jubilee. Each of the three volumes contains over 600 pages, including numerous black and white and colored illustrations; cloth hardcover with a dust jacket.

A detailed city history can be found at the City Archives – ISG website www.stadtarchiv.mannheim.de

LITERATUR

Die vorliegende Darstellung stützt sich im Wesentlichen auf die dreibändige Stadtgeschichte, die vom Stadtarchiv Mannheim – Institut für Stadtgeschichte anlässlich des 400. Jubiläums der Stadtgründung Mannheims vorgelegt wurde:

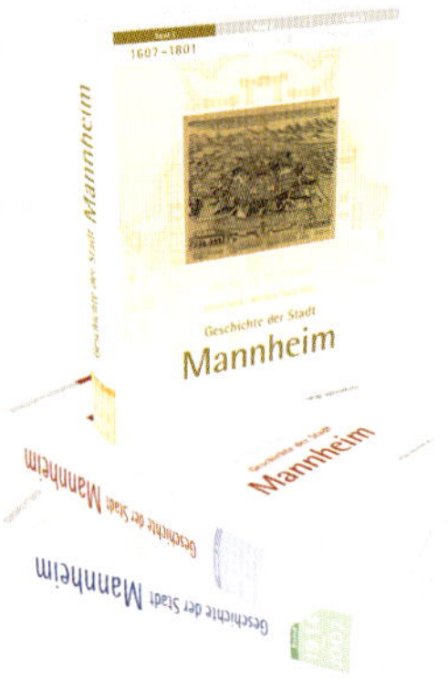

Jeder der drei Hauptbände beinhaltet über 600 S. mit zahlreichen, z. T. farbigen Abb., fester Einband. Schutzumschlag mit Leineneinband.

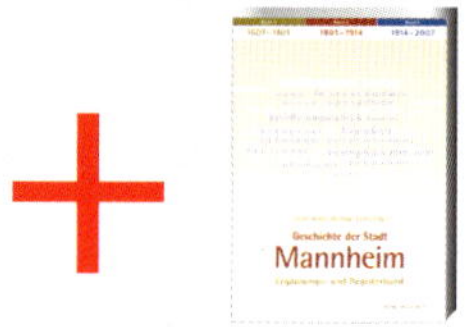

Ulrich Nieß / Michael Caroli (Hg.): Geschichte der Stadt Mannheim. 3 Bände. 2007–2009 incl. Ergänzungsband.
Band 1 | 1607-1801
ISBN 978-3-89735-470-8. € 39,90.
Band 2 | 1801-1914
ISBN 978-3-89735-471-5. € 39,90.
Band 3 | 1914-2007
ISBN 978-3-89735-472-2. € 39,90.
Incl. CD-ROM (Stadtchronik mit über 25 000 elektronisch recherchierbaren Einträgen, großformatigen Karten und Plänen).
Ergänzungs- und Registerband
ISBN 978-3-89735-642-9. € 19,90.
125 S., mit 132 z. T. farbigen Abb., fester Einband, mit CD-ROM (Textfassung der Hauptbände mit weiteren Recherchemöglichkeiten).

Die dreibändige Geschichte der Stadt Mannheim incl. Ergänzungsband ist auch als Gesamtwerk erhältlich.

Gesamtwerk „Geschichte der Stadt Mannheim" in drei Bänden incl. Ergänzungs- und Registerband
ISBN 978-3-897355-487-6. € 130,-.

Eine ausführliche Stadtchronik findet sich auf der Homepage des Stadtarchivs – ISG unter www.stadtarchiv.mannheim.de